光启新史学译丛

光启新史学译丛

# 历史阐释：

## 从孔子到汤因比

# Interpretations of History:

## From Confucius to Toynbee

Alban Gregory Widgery

[英] 奥尔本·格雷戈里·韦杰瑞 著

冉博文 译

上海三联书店

# “光启新史学译丛”弁言

20 世纪展开的宏伟历史画卷让史学发展深受其惠。在过去半个世纪里，历史研究领域延伸出许多令人瞩目的分支学科，诸如性别史、情感史、种族史、移民史、环境史、城市史、医疗社会史等，这些分支学科依然聚焦于人，但又深化了对人的理解。举凡人类活动的核心领域如经济关系、权力运作、宗教传播、思想嬗变、社会流动、人口迁徙、医疗进步等等都曾在史学的视野之内，而当代史家对这些领域的研究已大大突破了传统史学的范畴，并与普通人的日常生活息息相关。如今，一位普通读者也能够从自身生存状态出发，找到与历史作品的连接点，通过阅读历史，体悟人类过往智慧的种种精妙，进而在一定程度上主动去塑造自己的生活理念。通过阅读历史来定位我们的现在，通过历史研究为当下的种种决策提供依据，这已经是我们的现实中基于历史学的一种文化现象。不论是对物质生活或情感世界中细节的把握，还是期望对整个世界获得深邃的领会，当代历史学都提供了无尽的参照与启迪。这是一个史学的时代，也是一个人人都需要学习、参悟历史的时代。千百种貌似碎片化的历史专题研究、综合性的学术史研究、宏观化的全球史研究，都浸润着新时代的历史思维，为亿万读者提供了内涵丰富、层次多样、个性鲜明的历史读本。

微观史学或新文化史可视为一种新社会史学的重要方向，对此国内有不少译介，读者也较为熟悉。但新社会史学的研究远不止这两个方向，它在各方面的成就与进展，当然是我们这套译丛不会忽视的。除此之外，我们尤为关注代表着综合性史学思维的全球史，它是当代西方史学的重要分支，是新的世界史编纂方法和研究视角。

全球史的出现是一个非常重要的“历史性时刻”，它不仅是“从下往上看历史”新视角下所包括的普通民众，而且这标志着全球史已深入到前殖民，囊括第三世界的方方面面。为纠正传统西方中心论和以民族国家为叙事单位所带来的弊端，全球史自20世纪60年代诞生以来，越来越受到史学界的重视。全球史关注不同民族、地区、文化、国家之间的交往与互动，强调传播与接受，重视文化多元与平等，摈弃特定地区的历史经验，犹如斯塔夫里阿诺斯所说，要站在月球上观察地球，“因而与居住在伦敦或巴黎、北京和新德里的观察者的观点迥然不同。”

当代史学的创造力所在，可从全球史研究的丰富内涵中窥见一斑。全球史研究奠基在一种历史写作的全球语境之中，诉诸全球视野，构建起全球化叙事，突出历史上民族、国家、文化之间的交流、碰撞与互动。在当代史家笔下存在以下几种全球互动模式：一是阐述世界历史上存在的互动体系或网络，如伊曼纽尔·沃勒斯坦的《现代世界体系》（1974—1989年）、德烈·冈德·弗兰克的《白银资本》（1998年）、彭慕兰《大分流》（2000年）；二是关注生态与环境、物种交流及其影响的，如艾尔弗雷德·罗斯比的《哥伦布大交换》（1972年）、约翰·麦克尼尔《太阳底下的新鲜事：20世纪人与环境的全球互动》（2001年）；三是研究世界贸易、文化交流的，如卜正民的《维梅尔的帽子》（2008年）、罗伯特·芬雷《青花瓷的故事：中国瓷的时代》（2010年）、贝克特的《棉花帝国》（2014年）；四是以全球眼光进行比较研究的，这包括劳工史、移民史等，如菲力普·方纳的《美国工人运动史》（1947—1994年）、孔飞力的《他者中的华人：中国近现代移民史》（2009年）；五是审视区域史、国别史之世界意义的，如迪佩什·查卡拉巴提的《地方化欧洲》（2000年）、大卫·阿米蒂奇的《独立宣言：一种全球史》（2007

年)、妮娜·布雷的《海市蜃楼：拿破仑的科学家与埃及面纱的揭开》(2007年)等；以致出现了所谓的跨国史研究。“跨国史”(transnational history)这一术语自20世纪90年代以来一直和美国历史研究的那些著作相关联。这一新的研究方法关注的是跨越边疆的人群、观念、技术和机构的变动。它和“全球史”(global history)相关，但又并不是一回事。“跨文化史”(transcultural history)或“不同文化关系”(intercultural relation)是与“跨国史”相匹配的术语，但研究者认为在阐明那些跨国联系时，这两个术语过于模糊。“跨国”这个标签能够使学者认识到国家的重要性，同时又具体化其发展过程。该方法的倡导者通常把这一研究方法区别于比较史学(comparative history)。尽管如此，他们认为比较方法和跨国方法彼此是互为补充的。(A. Iriye and P. Saunier, ed., *The Palgrave Dictionary of Transnational History*, Macmillan, 2009, p. 943)

全球史研究不断尝试以全球交互视角来融合新社会史学的微小题材，总体看来，这些新趋势和新热点在一定程度上纠正了全球史对整体性和一致性的偏好，为在全球视野中理解地方性知识乃至个体性经验做出了示范，同时凸显了人类历史中无处不在、无时不在的多样性与差异性。

本译丛是以当代历史学的新发展为重点，同时兼及以历史学为基础的跨学科研究成果，着眼于最新的变化和前沿问题的探讨。编者既期望及时了解国外史学的最新发展，特别是理论与方法上的新尝试和新变化，又要选择那些在研究主题上有新思路、新突破的作品，因而名之为“新史学译丛”。

近现代史学自18世纪职业化以来发展到今天，已经走完了一轮循环。时至今日，史学研究不再仅限对某一具体学科领域作历史的探讨，而是涉及哲学、文学、艺术、科学、宗教、人类学等多个领域，需要各个领域的专家协手共进。在一定意义上，史学是对人类文化的综合研究。这是一种现实，但更是一种理想，因为这意味着当代新史学正在努力把传统史学很难达到的最高要求当作了入门的最低标准。

历史演进总是在波澜不惊的日常生活里缓慢地进行着，无数个微小的变化汇聚累积，悄悄地改变着人类社会生活的整体面貌，因此，历史发展的进程，以长时段的目光，从社会根基处考察，是连续累进的。知识的创造同样如此，正如我们今天的全球史观，也是得益于人类漫长智识创造留给我们的智慧。历史研究虽然履行智识传播的使命，未来会结出什么样的智慧之果，我们很难知晓，也不敢预言，但愿它是未来某棵参天大树曾经吸纳过的一滴水，曾经进入过那伟大的脉络。无论如何，我们确信的是，通过阅读历史，研究历史，人们体验到的不仅仅是分析的妙处与思维的拓展，而且是在潜移默化中悄悄促进包容性社会的发展。

“光启新史学译丛”编委会

2017年9月1日于光启编译馆

# 目录

纪念

已故的剑桥大学心灵哲学教授

詹姆斯·沃德

# 前 言

人类历史的本质是什么？历史有意义吗？如果有的话，那么，它有一种还是多种意义？ 9

在我漫长的一生中，这些问题时常萦绕在我的脑海。历史上，人们对此给出了许多答案。有些答案暗含在各种伟大的宗教和文明形态中，不论在过去或是现在，它们始终得到了广泛的认可。而另一些答案则由个别思想家或某些特定的群体所持有，这种情况往往出现在西方。在眼下这部著作中，我将对其中的一些主要观点进行梳理，以此来阐明一些可能的答案。我的论述很少是批评性的。在此后的另一部书里，我希望能呈现自己对这些问题的结论。①

无论本书涵盖或蕴含的内容有多么丰富，它并不是主要面向学者们的，尽管有的学者可能会发现我做的概括性工作尚有助益。这些问题实则关乎每一个人，有识者可能会对摆在面前的答案饶有兴

① 1967 年，即本书问世六年以后，奥尔本·韦杰瑞在新著《历史的诸意义》（*The Meanings in History*）中提出了更多具有原创性的观点，参见 Alban G. Widgery, *The Meanings in History*, London: George Allen & Unwin Ltd, 1967。——译者注

致。而年轻的历史学家和哲学家也可以从本书中获益良多。除阿诺德·汤因比（Arnold J. Toynbee）长达十余卷的《历史研究》（*The Study of History*）之外，我在本书中并未列出任何具体的参考文献，因为它们可能会分散读者的注意力。如果还需要其他参考文献的话，应该很容易就能找到出处。有关这一话题的几部最新作品并未被论及，或是因为人们对它们太了解，或是因为我不认为这些作品有多大意义。

尽管存在种种局限，本书所囊括的范围依然十分广泛。我的朋友们提前阅读了与他们各自深耕的领域相关的一些章节：达特茅斯学院中国文化教授陈荣捷博士（Dr Wing-Tsit Chan）审阅了第一章，已故的巴基斯坦拉合尔福尔曼学院哲学教授曼利博士（Dr J. T. Manry）审阅了第二章和第四章，维克森林学院拉丁语教授波蒂特博士（Dr H. M. Poteat）审阅了第三章，杜克大学基督教伦理学教授瓦尔多·比奇博士（Dr Waldo Beach）审阅了第五章，杜克大学历史学教授纳尔逊博士（Dr E. W. Nelson）审阅了第六章，哈佛大学哲学（荣休）教授霍金博士（Dr W. E. Hocking）审阅了第七章，伍斯特学院哲学教授费尔姆博士（Dr Vergilius Ferm）审阅了第八章。阿诺德·汤因比博士审阅了第九章中有关其作品的部分。我对他们的批评和建议致以诚挚的谢意。他们并未毫无保留地接受本书提出的观点。

10 四十余年前，已故的剑桥大学心灵哲学教授詹姆斯·沃德（James Ward）首次启发我以一种历史性的观点来看待经验，我把这本书献给那些关于他的记忆。这本书包含了我受雷诺兹基金会资助、在阿默斯特学院所做的系列讲座的第一部分。我还要感谢多年来杜克大学通过其研究委员会为本书撰述提供的资助。

奥尔本·G. 韦杰瑞

# 上卷　东西方一般的历史观念

# 第一章　清净论的与社会性的历史观：中国

## 一

中国历史书写的传统源远流长，数量亦十分可观。从留存至今 15
的文本来看，其内容似乎以“编年史”为主，它们大都围绕统治阶层的个别成员展开，描绘他们的生平、国家内部的纷争以及历代王朝的兴衰。古代中国人很少思索历史的本质与意义，也并未参照遥远的目标，在历史进程与历史事件中找寻意义。中国人最关心当下和过去。中国的艺术品、绘画、象牙、玉石、木雕以及北京的宫殿令西方的有识之士倾心不已。然而，这些艺术品的数量，无论客观来讲有多么众多，如果参照中国悠久的历史和繁多的人口，则是相对较少的。长久以来，广大中国民众主要从事农业和手工业。他们的生活本质上十分淳朴，我们可以从这一角度来理解他们对于历史的看法。甚至于中国哲学的发展都与这种朴素性有关，这些哲学思想在很大程度上浸润着这一秉性。

中国历史上的哲学思考以及相关论著远比西方人想象的要多。

从这一角度来讲，中国人可与某些印度人、古希腊人和19世纪的德
意志人相媲美。虽然中国哲学对于历史的本质和意义几乎没有任何
16 *具体的*考量，但认为中国哲学全然未曾涉及这些问题，则是与事实
相悖的。中国哲学家对历史怀有特别的态度，而这可能也激发了一些明确的历史哲学的理论表述和辩护。此类历史哲学思想的诞生与发展，与那些在社会群体中形成，并被这些群体所广泛认同的理念有关。其中一些观念在被纳入哲学思想之前就已然被广泛接纳了。这些哲学思想往往是大众信仰的表达；但有时候这两者至少在一定程度上不相一致。若要理解中国人的历史观，就必须关注这些早期的观念与信仰。

在这些哲学思想中，最常用的术语是“道”，但“道”在此类思想形成之前早已为人所知晓。尽管现在通常将“道”英译作“the Way”，但其早期含义可能更为宽泛。与“the Way”的意思最接近的概念是“规律”，尤其是在民众仍过着农业生活的自然进程中，节气更替，作物生长、成熟和腐败，以及天体周而复始地运动。在社会群体有组织的生活中，也存在一些规律，尽管它们可能十分简单。人们感受到自身是自然的一部分，由此带来的直观印象是，涵括一切的空间上的连续性。“道”可能已被用以指代依据自然规律所经验的广大事物的整体。作为整体的“道”统摄万物，与之抗争是徒劳的，因此人们对于事物的发展进程普遍持被动接受的态度。然而中国人认为，自然，无论其作为部分还是整体，都是具有生命的。不论这一构想多么笼统，正如人类自身所感受到的那样，万事万物都被视作并被接纳为具有内在的生命。被西方学者称为“泛灵论”

（Animism）的思想极为盛行。古代中国人会谈论河流、树木以及其他大多数事物的“神灵”。至高神叫作“上帝”，意为“天界之主”。通过农业耕种和家畜驯养的典礼和宗教仪式，人类能够与这些非人的神灵“沟通往来”。中国的最高统治者后来被称为“天子”。对于自身或对于天子，早期中国人并未形成现代西方意义上“人格化” 17
的思想观念。尽管如此，他们的态度就“仿佛”是，这些神灵，包括上帝在内，在实际的沟通过程中跟他们自身别无二致。他们所栖身的历史并不是简单地由人与人之间的联系，以及人与无生命的自然界之间的联系所构成的。

中国人普遍认可存在的二元性，这种二元性可用“阴”、“阳”这对术语来表达。“阴”意指被动与相对的消极；“阳”意指主动与积极。两极是互补的，生命就是两极更迭并交替占据主导的节律。而个人的历史即为相对被动和主动奋斗相更替的生物节律。社会群体的历史与之类似。阴、阳是作为整体的“道”之中两种不同的状态；而“道”，作为规律和秩序，在阴阳更替中得以彰显。普罗大众在整体中保持一种平衡，并服从于阴阳的普遍节律。

自古以来，中国人几乎普遍具有祖先崇拜的传统。这暗示了一种信仰，即死者的灵魂仍在生人的需求中长存。唯有心怀这样的信仰，才能够理解形式各异的祭祀、扫墓和家庭祭祖仪式。这似乎隐含了人身永生的观点。但奇怪的是，几乎没有证据表明中国人对这种观念有任何普遍的关注，永生既未影响今世，亦与历史的意义无涉。中国本土思想既没有将今生视作来世的预备，也没有将之视作在一系列轮回中达到圆满的一个阶段。大多数信仰永生的人都受到了传入中国的各佛教教派的影响。无论道家还是儒家，都并未对个人之永生进行严肃的探讨，也没有在永生中追寻任何历史的意义。独立思想家墨翟倡导这一理念，但其影响在时间和空间上都极为有限。

尽管大多数中国人生活淳朴，但他们也远非无忧无虑。即便有自然之“道”的规律，也不乏因天灾和疾病而导致的粮食歉收乃至
18 绝产。《诗经》中记载了社会不公和贫民生活疾苦的境况。战争与盗贼的劫掠在中国历史上异常频繁。任何对未来抱有热烈期望的人似乎都未曾遭遇这些逆境。相反，中国古代有一种厚古、崇古的倾向，这种思想倡导人们回归过去的生活方式。中国古代的思想家常把历史视作道德训诫，常言道：善有善报，恶有恶报，不是不报，时辰未到。不义之人或许能够获得帝王的权势，但却没有能力长期把持，虽然他们表面上看来鸿运当头，内心却极为悲苦。战争的目的应是保家卫国，应当怀有正义终将获胜的信念。

要探寻中国人的历史观，必须将他们几乎普遍具有的一项性格特质纳入考量：其内心平和的秉性。中国人泰然处之的态度甚至比印度人更普遍，也更显著。作为个体，他们不太会被人生中遭遇的恶所困扰；作为民族，他们也极少为社会历史上的灾祸而感到悲戚。这种精神状态在中国历史上贯穿始终，在某种程度上说，无论他们所宣扬的是何种思想，这是中国人共有的。他们以顺服的态度而非愉悦的心境来经验历史。

公元前3世纪，邹衍构想出一种与自然现象的往复类似的循环史观。《礼记》中记载了“三世”的概念。汉代经学家认为，《春秋》

中也蕴含着该思想。在中国历史上，这一观念长期遭到忽视。不过，它在近代由康有为（1858—1927 年）重新阐发。

考虑到上文所论及的精神状态，中国人的历史观可被称作是“清净论的”（Quietist）[①]，这在他们的诸多哲学思想中可以得到印证。相对于清净论的精神状态，各派哲学思想在敦促实践活动与切实努力的程度和方式上确实有所不同。尽管道家经典成书的时间可 19
能比某些儒家经典更为晚近，但首先探讨道家思想仍是恰当的做法。根据道家的悠久传统，其创始人是老子。虽然老子是否真实存在仍然存疑，但这一问题恐难通过科学的方法得到解决。我们关心的是道家对人们理解历史的影响，以及与之相关的、道家看待历史的态度。但在历史的长河中，道家存在着诸多不同的形式，它们看待历史的方式也有所不同。

## 二

人们认为，道家最早的发展阶段是一众隐士以利己主义的方式通过与世隔绝来享受清净。神话传说中所描绘的老子，似乎至少会在某段时间内采取这种态度，孑然漂泊。从这一角度来看，历史的意义本质上是在人内心的宁静和不受外部义务影响和支配的自由中

① “quietism”一词常被中国学界译为“寂静主义”，用以指代一条诞生于西方的哲学思想脉络，但本书作者并未把中国的历史哲学思想与这条脉络联系起来。而在西方学界，道家思想的“清静无为”常被英译作“quietism”或“inaction”。曾有学者建议，在论述老子的语境中将“quietism”译为“无为主义”（参见唐文明：《精神突破与教化模式——沃格林中国文明分析的三个遗留问题》，载《国际儒学》2021 年第 1 期，第 106 页），但在本书中，作者将“无为”统一译作“inaction”，所以译者把“quietism”别译作“清净论”。——译者注

寻求的。《道德经》被视作道家的基本经典，主要阐发的是所谓的道家第二阶段的思想①。《道德经》远远超越了思考的原始阶段，呈现出一种更加系统化的哲学思想。《道德经》从事物变化的诸方面出发，论述称，在面对转瞬即逝之物的变幻无常时，道是永恒的、获得宁静的真正根基。但转瞬即逝之物亦被接纳于道之中，因而道家思想并不强调人应当从社会生活的简单交际中抽身而出，也不鼓励人放弃现今为止所参与的社会历史。不过，笃信道家者应当避免在庙堂中谋求高位。他们相信“政府管制越少越好”。道家在认可社会关系的同时，也明确关注历史，因为这关乎个人的内在生命。道家对于治国理政兴味索然，这不是他们关注的重点。在《道德经》中见不到关于民族，或一般意义上可被称作文明的那种事物之延续、衰败或进步的历史哲学。尽管《道德经》所传达的道家思想是个人
20 主义的，但绝非是狭隘的**利己主义**的。因为当个体的宁静建立在道之上时，其根本的态度可谓是宇宙论的（cosmic），与他人的关系亦包含其中。在《道德经》中，清净论的态度通过一种自觉发展的形而上学被赋予了哲学上的正当性。因为“道”是核心和终极概念。道不再像其早期的意涵所表明的那样，是一个可以被简单而直观地感知到的整体，而是一种更深层的根本性实体。道作为终极实体是不可名状的。虽然可以用“道”这个词来表示，但它不能被“命名”，无法被划归于某一范畴之下。换言之，道无从定义。道作为永恒之物，无穷无尽，它是有形、易变之物的无形、恒常的源泉。道

---

①　作者在此受到了冯友兰的影响，下文亦有引述冯氏的观点。冯氏在《中国哲学简史》中将老子及《道德经》视作道家的第二阶段。参见“Chapter 9：The Second Phase of Taoism：Lao Tzu”，in Fun Yu-lan，*A Short History of Chinese Philosophy*，edited by Derk Bodde，New York：The Free Press，1948，pp.93—103。——译者注

是无限的：虽然道超乎形象，但它是“圆满的”，“大道泛兮，其可左右”。道不需要任何特别的施为便可发挥作用。道是宇宙整体的终极实在。理解到这一点，理解到人在其中的位置，个人便可获得宁静。有了“道”这一核心概念，个体的理念在这一时期系统化的道家思想中几无一席之地。事实上，历史上的任何细节，不论是人物抑或事件，其本身都不具有任何意义。而思想超越了任何特定的、具有个体性或社会性的事物，上升到了宇宙的层面。一切历史都只是终极整体的显现，其中的特定事件皆是相对的。

对于社会因素的认可也被涵纳于此类观点和哲学思想之中。因为“以身观身，以家观家，以乡观乡，以邦观邦，以天下观天下”。只有依据道，人才能理解天下。这句话表明，道家或许是站在世界主义或普遍主义的立场上来看待历史的，这跟晚期斯多葛哲学或基督教思想非常接近，但道家尚未达到可以清晰阐述此类思想的程度。道家并没有为了人类的普遍福祉而激发人们的热忱和艰苦的努力。在人们的印象中，道家只是要避免伤害他人。只要让人类在没有外部纷扰的情况下领悟自身的本性，那么历史上每一位个体的幸福终将会实现。道为个人赋予了自我的“本性”，而个人真正的满足也就 21
在于此。道应当在每一**个体**身上得到培育，这才是人类**真正的**福祉所系。而那些通常被看作是通过政治组织和政治活动所获得的**普遍**福祉，只是短暂的表象。

世事皆处于循环往复之中——如果领会到世事发展的此项基本特征，那么千头万绪的事件所带来的纷扰亦可得以避免。前事朝某一方向发展，后事必定会趋向相反的方向。经验处于“往复”或

"升降"的不断演变之中。"万物并作，吾以观复。""夫物芸芸，各复归其根。归根曰静，是谓复命。复命曰常。"知恒常之"道"者，便有能力镇定自若地对待历史上的世事变迁。他能够从短视的利己主义私欲和社会庶务的烦忧中脱身而出，享受清净和安宁。

道家仅次于《道德经》的重要著述是《庄子》。尽管学者们认为，《庄子》一书并不全为庄子（前369—前286年）所作，但其中很大一部分内容的确出自庄子之手。即使那些并非庄子所作的部分，大致反映的也是同一类思想。《庄子》虽成于众手，但与《道德经》相较，其哲学思想却更为系统化。可以说，它阐述的是一种唯灵论（spiritualism）或观念论（idealism）思想。这段被一再引用的文字揭示了一种贝克莱式的或印度教的观点："昔者庄周梦为胡蝶，栩栩然胡蝶也，自喻适志与！不知周也。俄然觉，则蘧蘧然周也。不知周之梦为胡蝶与，胡蝶之梦为周与？"后一段话明确表达了一种观念论思想："且有大觉而后知此其大梦也，而愚者自以为觉，窃窃然知
22 之。君乎，牧乎，固哉！丘也与女，皆梦也；予谓女梦，亦梦也。是其言也，其名为吊诡。万世之后而一遇大圣，知其解者，是旦暮遇之也。"有了人生如梦，"旦暮遇之"之感，就不会在广义上对追寻历史的意义有过多关注。

庄子通过诸多渠道暗示历史相对而言无足轻重。真是永恒的：因此"忘年忘义，振于无竟，故寓诸无竟"。道的行事总是在循环往复，庄子对此追问道："何为乎，何不为乎？"答曰："夫固将自化。"对于事物的真实看法表明，它们在根本上处于"同"的状态之中，因此，若有人要"为一"，即追求一致，便会"劳神明"。在道永恒

变幻的进程之中，历史上的琐碎之事相对来说无关紧要。庄子本人也东山高卧，不问政事。“其于治天下也，犹涉海凿河而使蚊负山也。”宁静并不是依靠社会组织来实现的。“夫圣人之治也，治外乎。”庄子强调，在历史的长河之中，一切事物都具有相对性。“虽然，方生方死，方死方生；方可方不可，方不可方可；因是因非，因非因是。”若是自然生发而非外力强加的话，那么诚实、商业效率、秩序井然的政府、仁义等事物便都能够得到认可。它们真正的意义是“内在”而非外在的。“益生曰祥，心使气曰强。物壮则老，谓之不道，不道早已。”经验历史只是表象，应当把握永恒的道：
“大丈夫处其厚，不居其薄；处其实，不居其华。”道家的态度不在 23
于追求经验性的进步，而在于“守静笃”。

因此，道家的极端形式就是这样一种哲学思想，它对历史持彻底的清净论态度。“夫虚静恬淡寂漠无为者，天地平而道德之至也。”“为道日损，损之又损，以至于无为。”当代中国思想家林语堂说得不错：“无为的原则通常不易理解。”他认为无为的意思“从科学的角度来看，是借助自然之力，以最经济的方式实现个人目标”。但是这一论述为我们理解“无为”之含义提供的帮助并不像乍看起来那么大，因为它并未指明何谓“个人目标”的本质。现代文明采用的机械方法亦会以当时已知的最经济的方式实现其目标。道家是否暗示人们也应当关注此类目标？这是某种文明的构成要素，但与道家的经验历史所倡导的朴素生活截然不同。《道德经》的许多篇章都把所谓文明的各个方面描绘为会招致（道德上的）混乱、敌对、憎恶、劫掠，等等。“民多利器，国家滋昏；人多伎巧，奇物滋起。”“不贵难得之货，使民不为盗。”但庄子的立场有时并非如此：其中一点是，要接受事物的本真面目。尽管庄子让人的思想专注于道这一无形的实体，他仍然承认“顺其自然的必要性”。以至于庄子称，他宁愿“藏金于山，珠于渊”。顺其自然，道家的清净论思想反对任何急于改变世界的努力，也反对争取历史的进步。“果且有成与亏乎哉？果且无成与亏乎哉？”人应当效法“古之真人”，他们“不知说生，
24 不知恶死；其出不欣，其入不距；翛然而往，翛然而来而已矣”。

中国人最早的态度可谓是实用的自然论的，但并不是形而上学的唯物主义的。在某种意义上，道是直接经验的整体。然而《庄子》已经得出了一种形而上学的观点，对这种观点而言，在有形的易变之物背后，道是无形而恒常的。因此，清净的态度根本上依赖于对这一终极之物的领会，依赖于直觉性的感知。道家并不鼓励“避世”，而是认为世事相对而言无足轻重。冯友兰博士把公元 3 至 4 世纪的一批思想家称作“新道家”，他们似乎有一种转而回归类似早期自然论立场的倾向。他们宣称道其实是“无”，这种看法是对于无形的、形而上学的超越性因素的拒斥。对于他们而言，真正的道是万物的直接性整体。“万物自生。”他们坚信，一方面有“一”，即整体，另一方面也有“多”，即诸多个体。尽管万物皆“独立自为地存在”，但每一物都需要一个“他物”。因此，新道家主张的观点既是个人主义的，也是宇宙论的。历史因而再次被纳入其视野。它承认每个人独特的秉性、身份、经验以及与其他一切个体的联系，并将之充分纳入考量。“故凡所不遇，弗能遇也，其所遇，弗能不遇也；所不为，弗能为也，其所为，弗能不为也。”尽管事物永远在不断变

幻，但这一过程不是自在而为的，而是命定的。因此，从现实的角度出发应劝解人们如此来看待历史：“付之而自当矣。”郭象在评论庄子“圣人乱天下”的言论时说：“承百代之流，而会乎当今之变，其弊至于斯者，非禹也，故曰天下耳。言圣知之迹非乱天下，而天下必有斯乱。”历史全然是相对的。一切事物只需参照其自身的时空 25
境况来加以看待，而不必依从任何绝对的原则、价值标准和预设目标的立场。尽管新道家与早期道家有所不同，但他们对于生命和历史的态度本质上是一致的：顺应自然，不与之作任何急迫而激烈的抗争。一些新道家认为，这是通过遵循理性的生活来实现的；而另一些则主张，应当率性任情地生活。这种自在自为的态度与儒家传统道德体系所倡导的积极入世的生活大不相同。道家消极的一面有时会表现得十分极端。圣人压抑欲望到了这样一种地步，以至于他甚至没有“无欲之欲”。圣人必须顺应历史的自然进程。既然“无欲”，那他也不会施行任何会对历史造成影响之事。

庄子与一般的道家思想家皆坚信史事变幻无常，但这并不包含一种悲观情绪。更确切地说，这种思想意味着从对未来的焦虑中解脱。喜悦作为道的一种表达，只存在于当下的生活中。《庄子》中有这样一句话：“特犯人之形而犹喜之。若人之形者，万化而未始有极也，其为乐可胜计邪！故圣人将游于物之所不得遁而皆存。善夭善老，善始善终，人犹效之，又况万物之所系，而一化之所待乎！”这确乎意味着对连续性怀有信心，但同时，对未来的忧虑，或为了未来而不懈努力的想法，在道家思想中是全然缺失的。林语堂怀着钦佩之意，总结了他对作为一种哲学的道家思想的看法：“这种哲学，是宇宙万物的本质统一，是回归、阴阳两极、永恒循环，是一切差异的弥合，一切标准的相对化，一切事物向元始、神智和万物之源的回归。”这种哲学是谦卑恭顺的基础，使人不为一己私利而大动干戈。它很好地适应了对政治生活兴味索然的思想家以及广大中国人
26 民的想法。不过，中国历史上的连年烽火表明，不少人并未遵循道家思想，这致使中华大地征战不休。而儒家思想最初正是针对这一情况而萌发的。

## 三

在文士墨客之间，儒学作为官方哲学在中国历史上的实际地位远远超过道家。然而，道家所蕴含的清净论思想亦为儒家所认同。后世的一些道家思想家甚至称孔子（前 551—前 479 年）是老子的弟子。可以说，孔子的人格对其弟子的影响与儒家的兴起密不可分。孔子在后世逐渐被理想化。许多与孔子的精神相符的言论，人们都认为是孔子所说，但实际上这些言论在他逝世后许久才出现。传统观点认为，《论语》反映了孔子真实的思想。但现代学者认为，其中大约只有一半的内容为孔子所作。《论语》中的语录本身不足以说明孔子的影响，必须由传统加以补充。孔子曾谋求一个他认为与其学说有关的政治高位，但他是否得到了这一职位尚有争议。孔子宣称，他只是想彰显古代传统的真义，并宣扬其真正的精神。当然，他的学说与中国人的气质秉性是相符的。儒家与道家的实际差异主要在于，二者对于道德的个人方面和社会方面各有侧重。此外，在面对

困难和挑战时，道家的态度更为消极。

诸侯国之间征战不休，政制礼崩乐坏，孔子对此深感忧虑。他迫切地希望能够改变现实。孔子声称，当下的行为应当效法上古的圣王时代。他似乎并不相信，通过不断进步的诸阶段，历史能够达成其目的。在当今被认为是孔子所作的那一部分《论语》中，他被描绘为在教导“仁”，这是生命与历史中真正重要的意义之所系。孔子并未尝试为“仁”下一定义，也不相信任何人能够完全配得上这 27
一称谓。他的态度主要是伦理道德方面的。对于孔子而言，仁并非消极的清净论，而是人在自身所属的社会地位中实现目标，达成使命时宁静的状态。他愿意承认“富与贵，是人之所欲也”，“贫与贱，是人之所恶也”。孔子笔下的“人”当然指的只是与他自己一类的上层阶级。在当时，绝大多数中国人都不会追求财富和地位，也不会为名声不显而烦扰；他们厌恶贫穷则是事实。

“仁远乎哉?”孔子问道，他接着说，“我欲仁，斯仁至矣。”仁植根于人内心的真诚。如果是在外部压迫下做出的行为，无论其是否具有社会正义性，都不能使人获得宁静。外部因素定然是次要的。无论外部结果如何，人们都应该遵循仁的原则。友爱或仇恨都不应该是行为的动机。但孔子依旧承认感情在人生意义中的位置，他说“乐而不淫，哀而不伤”。无论外部环境如何，人都要保持愉悦。他赞扬颜回“贤哉”，并称其“一箪食，一瓢饮，在陋巷，人不堪其忧，回也不改其乐”。因此，即使人出身卑微也不能对他有所歧视。仁在个人行为中不彰自显：“君子坦荡荡，小人长戚戚。”“君子”“远暴慢矣”。君子的容貌“近信矣”，君子的谈吐“远鄙倍矣”。仁超越了个人的秉性，升格到了社会性的情感与关怀。“德不孤，必有邻。”

由于《论语》中哪些部分记载的是历史上真实的孔子之言行仍
28 无法确定，因此他在施教的过程中是否强调“孝”依然存疑。[①]考虑到孝在中国历史上的重要地位，这种疑问很容易被推翻。有人认为孔子的思想被曲解了，他实际上主张一种类似于现代民主制度的政治和社会平等体制。但或许恰恰相反，孔子拥护的是一种封建社会等级制度。各个时期的正统儒学都秉持这样一种道德观念，即不同的社会阶层应尽到各自的义务。在孔子所处的时代，早期的封建制度逐渐崩坏。孔子描绘上古的理想社会可能是希望最佳形式的封建制度得以复兴。孔子多次提及“君子”，这表明他或许主要考虑的是统治阶级的问题。“君子”不需要掌握实用的技能。庶民通过教导可以知“道”，但却无法领悟“道”。孔子有志于学，同时也敦促他人不断努力学习。这并非是在劝诫那些无法领悟“道”的庶民。他所提倡的社会观点是父系的，而非民主式正义的。“君子周急不继富。”“老者安之，朋友信之，少者怀之。”这些社会关系都是私人性质的。孔子坚持施行传统仪礼——这些礼制有助于塑造轻松和谐的人际关系——以及先辈的典制。前者可能是为了让上层阶级的成员过上更有教养的生活，后者可能在于维系家庭传统，这有助于维持社会等级。

在人们的印象中，孔子有着极佳的音乐鉴赏能力。在他看来，

---

① 陈荣捷博士称，“孝”的观念在《论语》中“举足轻重”。对此我十分同意，同时我认为，此处提及的疑问并不成立。这一疑问可见于阿瑟·威利（Arthur Waley）所译的《论语》之中（*The Analects of Confucius*，Allen & Unwin，1938）。他在第 38 页写道，到目前为止，有关孝的内容更多出现在“第一篇和第二篇中，我认为这两篇并不属于这部作品最早的层累”。威利接着说：“但在公元前 4 世纪，儒家显然已经赋予了孝（filial piety）至关重要的地位，孝的含义已经超越了对于在世父母的敬奉。”

《韶》“尽美矣，又尽善也”，而《武》则“尽美矣，未尽善也”。孔 29
子将音乐视作教化的工具，但这并不意味着他无法享受音乐本身。《礼记·乐记》有言：“乐者乐也。”这仿佛是说历史的一部分意义存乎对音乐的享受之中，但显而易见的是，在中国，音乐始终是最不发达的艺术形式之一。

孔子或许相信，历史会遵循正义的原则向前发展：善者悦，恶者忧。“仁者不忧，知者不惑，勇者不惧。”“人之生也直，罔之生也幸而免。”孔子往往对形而上学问题避而不谈。如果道家思想是在孔子的时代形成的话（这一观点学界尚无定论），孔子并不会关心将“道”视作无形终极的道家哲学思想。对孔子而言，“道”这个词有道路、规律、秩序、和谐的意思。生命和历史对他来说是日常生活的经验性体会。孔子并不拒斥盛行的泛灵论思想，也不否认万物之神灵真实存在，只是在实践中敬而远之。他拒绝人格化上帝的观念，尽管如此，在“天”这个词之下，他仍然承认有一种主宰人类生命的力量。人要顺从天意。进一步，“获罪于天，无所祷也”。子贡抱怨说孔子从不讲“天道”。没有证据表明孔子认为要在超越今世的状态下追寻历史的意义。历史的意义就在其发展过程当中。根据《论语》的另一部分内容，孔子曾纵览自己的人生：“吾十有五而志于学，三十而立，四十而不惑，五十而知天命，六十而耳顺，七十而从心所欲，不逾矩。”《论语》中记载的这段话或许是孔子对于自己
的思考：“其为人也，发愤忘食，乐以忘忧，不知老之将至云尔。” 30
据传，孔子的教化有四大主题：文、行、忠、信。

早期儒学的等级性，甚至是封建性特质，从墨翟（生卒年约在

前 500—前 396 年之间）的批判意见中亦可推知。墨翟认为，“别”根植于家族和传统社会等级的自然关系之上，他反对“别”，并相信根本性的道德准则是“兼爱”。此外，政府行政部门或其他重要的社会职能部门应当唯才是举，无论如何都不应按照出身于“更高”的社会集团这一标准来选任职位。墨翟反对根据传统社会组织来传承历史。与孔子对“天”含混且漠视的态度不同，墨翟坚信，人与人之间的兼爱是“天”的意愿，而“天”会依照人是否遵从其要求来进行赏罚。在他的学说中，社会上层阶级的生活方式似乎遭到了挑战。社会大众的贫苦给墨翟留下了深刻印象，这或许促使他主张与物质幸福相关的“节用”，并通过对音乐、仪礼和一切非实用之物进行贬损来迫使人们注意到这层意义上的功利态度。墨家思想在中国历史上存续的时间并不长，这不难理解：儒家思想才真正表达了中国统治阶级的利益。曾有人提议要烧毁那些反对儒家思想的著作，无论如何，这些思想的信徒大都被排除在有公众影响力的职位之外。

显然，孟子（约前 371—前 289 年）在其有生之年籍籍无名，直到宋代，他的著作《孟子》才得到官方的认可。通过或许可称之为“精神分析”的方式，他试图证明儒家思想符合人类的心智结构。有
31 鉴于此，他在关于历史本质的重要讨论中表达了明确的立场。孟子相信人性本善。他驳斥了另外三种观点：一、人性无所谓善恶；二、人性中善恶兼有；三、有的人性善，有的人性恶。孟子论辩称，人的本性皆有恻隐之心、羞恶之心、辞让之心、是非之心。正是上述“四端”把人类与低于人类的存在区分开来。人的心灵都兼具理性与

正义。正是基于此，美好生活才得以可能，这才是历史的意义所在。在精神分析的基础上，孟子否定了杨朱的利己主义和墨翟无差别的兼爱学说。一切责任的根本都是要对自己负责，一切义务的根本都是要尽到对父母的义务。孟子坚信，人性是儒家思想中社会差别的基础。人表现出不同等级的爱，这在很大程度上取决于血缘亲疏和特定的群体关系。人的本性是精神层面的，也是道德层面的，从这一角度来看，孟子认为宇宙与人性从根本上讲是相似的，正如冯友兰博士所言："人的道德原则亦是宇宙的形而上学的法则。"不过，这只是为了阐明孔子关于"道"的理念中所蕴含的内容。因此，无论儒家赋予社会道德怎样的重要性，都不能仅仅把它看作是一种相对主义的、因时因地变化的社会产物，一些现代西方社会学理论有时就代表了这一倾向。孟子承认某些神秘主义的内容，这或许是理学家关注他的原因之一。但在他尚存的著作中，这种神秘主义因素并未得到阐发。孟子曰："万物皆备于我矣。反身而诚，乐莫大焉。"对他而言，儒学不仅是一种社会道德，更是一种与宇宙整体和谐统
一的自我体验。《孟子》中有两句话直接指涉历史。其一表达了历史 32
之变幻无常："天下之生久矣，一治一乱。"另一句话则蕴含了传统的圣王观念："五百年必有王者兴。"

由于孟子最初曾遭到冷遇，荀子（前 320—前 235 年）被认为是先秦儒家思想的集大成者。他拒斥道家哲学的消极态度。"不为而成，不求而得，夫是之谓天职。如是者，虽深，其人不加虑焉；虽大，不加能焉；虽精，不加察焉。"由此，荀子坚守日常生活的经验，就如同孔子并不否认，但却漠视形而上的东西一样。他的观点

本质上是伦理性的。他试图证明人如何克服其弊病。与孟子正相反，荀子主张人性本恶，善是后天习得的。人人都追求自己的利益，结果导致了冲突与社会纷争。人向善的欲望源于他本性的恶。人性本恶，所以人需要接受管制。不过，荀子明确承认人可以获得自由。“心者，形之君也，而神明之主也……自禁也，自使也，自夺也，自取也，自行也，自止也。”人的行为会招致后果，这些后果是无法摆脱的。“心容，其择也无禁，必自现。”有了这样的自由，“君子”的理想境界便会向所有人敞开，任何人都能达到。那些未达到这一境界的人是因为没有这样做的**意愿**。只要遵循儒家在圣王之道的基础上所倡导的正确的行为准则，任何人都可以成为善者。优渥的生活不能被视作自然或者神明的馈赠。荀子把生活描绘为一种好似全然
33 世俗的存在：“生，人之始也；死，人之终也。”如果人的一生是美好的，那么“人道毕矣”。只有“君子”才能体验历史真正的意义。君子有原则，有威严，并懂得知足；他遵守秩序，意志坚强，有自尊。善者让他喜乐，恶人使他忧虑。他仁慈而公正。他注重生活各个方面的圆满，并努力让一切保持和谐。他会在原则的约束下满足自己的欲望和激情。他对自然中的因果给予应有的认识；他努力习得知识，对权力的运用符合道德的要求。

荀子所呈现的儒学思想并未把历史的目标设定在遥远的未来，也没有试图参照任何“超越性的”、“永恒的”或“超乎历史之外的”因素来追寻历史的意义。儒家思想代表着一种心境平和、社会和谐并且活在当下的生活方式。尽管人类的本性使人与人之间多少有些相似，但他们在社会中占据着独特位置，履行着不同职能，这让他

们之间产生了差异。正是参与社会组织的能力使人类有别于禽兽。人无法满足所有的欲望，但他们可以在自己所处的社会地位上竭尽最大的可能。“少事长，贱事贵，不肖事贤，是天下之通义也。”“离居不相待则穷，群居而无分则争。”荀子强调了儒家思想的社会性。大约成书于公元前 4 世纪中叶的《大学》一方面坚持人的社会性，另一方面教导人要“以修身为本”。大约成书于同一时期的《中庸》强调，人必须要“诚乎身”。此外，尽管没有专门讨论“自由意志”的问题，但儒家各派都承认，个人拥有自己的态度，能够完成自主的行为，这是必然的。

早期的道家、儒家甚至墨家皆强调所谓的圣王和上古时代的理想状况。因此，他们的历史观是向后转而非向前看的。对于此类观
念的拒斥，正是韩非子（卒于前 233 年）所属的法家学派的特征之 34
一。韩非子反对为获幸福就必须回归古代生活模式的观点，基于相对性原则，他坚信不同时代的不同境况需要不同的思想和行动。冯友兰博士有言：“这种观念把历史视作一个变化的过程……与古代中国盛行的其他各派思想比较，这一观念是革命性的。”法家以享乐主义观点来看待人在历史中的目的，但出于社会方面的考量，他们又主张利用严苛的法律迫使民众遵从社会的要求，遵纪守法则赏，违抗法律当罚。尽管法家学说吸引了一批统治者和官员，但它并未被广泛而长期地接受，也没有动摇传统儒家思想的地位。

10 世纪以来，中国人最为熟知的儒学思潮是理学，它主要在宋代形成并得以阐发。相较于早期儒学，理学拥有更宽广的视野和更加哲学化的观念。它吸纳了道家的基本理念，并在一定程度上明显

受到了佛教的影响。佛、道两家都未曾止步于个人和社会对“此时此地”的表象性人类经验的关注。他们不仅认识到了世俗的社会关系中浅白的个人性格。对于佛、道两家而言，浅白的个人与终极之物的关系本质上是神秘的。在个人的生命或历史中，这一关系是根本性的。理学也承认这一点，并且核心就在于“太极”这个概念。然而，这并不意味着要从早期儒学所构想的个人事务和社会生活中抽身而出，也不意味着脱离政治活动而安于悟“道”，舍弃日常生活而出家。早期儒学中务实的诸面向得以保留：这些面向是在固有的超越性终极的观点之下被构想的，如今这一终极得到了承认和强调。
35 从《论语》《中庸》《大学》《孟子》这“四书”的权威地位亦可窥知理学与早期儒学之间的延续性。理学满足了早期儒学所忽视的、形而上学和神秘主义的诉求。在历史中，除了现象之外还有更多的东西，但这更多的东西是在此世的过程中实现的：它并不是一种在来世生活中才能逐步达成的目标。理学对佛教的主要批评之一就是佛教过于频繁地鼓吹放弃社会生活的日常事务。

理学可能是中国哲学思想最高深且最丰富的表现形式。从对后世的影响来看，在众多杰出的理学家中，声名最为卓著的是朱熹（1130—1200年）。更恰当的说法是，朱熹思想的某些方面的确堪为理学的范例。虽然用西方意义上的“观念论”一词来概括朱熹思想体系的特征似乎并不完全恰当，但毫无疑问，他强调了心灵的**支配地位**。他描绘了心灵的能力，并与身体的局限进行对比：“细入毫芒纤芥之间，便知便觉，六合之大，莫不在此。又如古初去今是几千万年，若此念才发，便到那里；下面方来又不知是几千万年，若此念才发，便也到那里。这个神明不测，至虚至灵，是甚次第。”他同意孟子的观点，认为心灵本善。“本心”中也可能会有恶，也就是说，心不去思忖内在的精神原则，而只关注感官世界和琐事俗务。之所以无法获得精神上的宁静，主要是因为出于一己私利关注和夸大物质价值。虽然人莫不有心，“多是但知有利欲，被利欲将这个心包了。起居动作，只是有甚可喜物事，有甚可好物事，一念才动， 36
便是这个物事”。

有了“太极”这一基本概念，理学即是形而上的。在我看来，这是对前述“道”的早期含义的一种诠释，本质上与早期道家哲学“无名”的“道”相同。不过，理学强调的重点与最深远的影响可能都在伦理方面。理学对“道”这个词的使用显然是伦理性的。历史的意义是从心灵的基本道德品质中被感知的，而这一基本道德品质，既可以由个人在内心中领悟到，也可以通过理解其原则的普适性而获得。“仁”是最根本的概念；正义或公正、尊严、智慧和真诚皆与之相关。重要的是，在现世生活中将这些品质兑现，才能收获宁静，把握历史进程中的价值。陈荣捷博士称，从理学的角度出发，由于太极之阴阳的永恒辩证，宇宙是“一套逐步演进、逐步协调的系统”。和谐是其“不变的规律”。每一个体的丰富经验都是独一无二的。然而，因为一切事物中都存在着同样的“理”，所以它们都被接纳于整体之中。因此，“民吾同胞，物吾与也”。或许有一些迹象可以表明，人在与太极的神秘主义关系中能够获得某种满足感。即使是仅仅接触到太极在自然和人类社会中的表征，而未触及太极本身，也能够获得这种满足感。与遍布中国大地的佛教僧尼的教义不同，朱熹强烈反对转世理论。

在王阳明（1472—1529年）看来，人要成圣，这是唯一值得追求的事业，也就是说，去实现儒家理想所包含的道德品质和社会行为，而历史根本意义就系于此。这种生活并不是要让人整日玄思（他认为佛教徒就教导人这样做），而是在自身所处的位置上尽力而为。但王阳明并没有在追求未来目标的进步性社会运动中追寻历史
37 的意义。“至善是心之本体。”研究心灵的本质比考察感官经验和社会交往一类的外在现象更为重要。不过，他并未试图让人放弃日常经验，转而关注人与“永恒之物”的神秘关系，仿佛历史的目标在于某些超乎时间之外的东西。他有时的确会提及永生和转世，但这种情况极为少见，而且都是无心之举，甚至可以怀疑他是否曾在此类事物中寻找过任何历史的意义。一切形式的善都能够在今生体验到，因为善的基础在于心灵的内在本质。在不同的人生境遇当中，不必也不应因成败而遗失内心的平静。对贤者或圣者而言，“穷通寿夭，有个命在，我亦不必以此动心”。对于必须将前代政府的措施加以沿用的观点，王阳明提出了质疑。他认为，历史研究应当讲求实用。“五经亦只是史。史以叨善恶，示训戒。善可为训者。时存其迹，以示法。恶可为戒者。”

在19世纪末20世纪初，康有为（1858—1927年）致力于复兴早期儒家思想中被忽视的因素并强调其宗教意涵。他在历史方面的重要举措是，试图呼吁人们重新关注《礼记》中和汉代经学家注《春秋》时所提及的“三世”的理念。陈荣捷博士把康有为称为“最后一位伟大的儒家”，后者宣称“三世”思想是孔子所教导的。若真

是如此，那么“三世”思想在漫长的中国历史中始终遭受冷遇就显得非常奇怪了。康有为认为，孔子身处的时代及随后很长一段时间都属于第一个阶段，即据乱世。欧美政治、社会的改革和东西方交往的增多开启了第二个阶段，即升平世。在第三个阶段，太平世， 38
人人都将遵循“仁”的原则。

## 四

佛教在中国历史悠久。我们将在下一章讨论它作为印度本土宗教的早期形式。佛教在中国的发展历程颇为独特，因此人们一直认为应当采用“中国佛教”这一说法。在一段时间内，佛教的传播异常广泛，甚至于有人认为佛教的出家生活不利于普罗大众的社会福祉，因而出现了“灭佛”的情况。有民众认为乔达摩是老子的弟子，这表明佛教与道教的观点存在一些相似之处。中国佛教本质上最为清净，因而与中国人的秉性相符。佛家“无常”的教义，以及认为构成历史进程的一切事物都转瞬即逝的观念，促使人们怀有一种顺其自然的态度，不执着于尘世的纷扰，因而也不为它们烦忧或奋斗。但王阳明认为，唯有儒士而非僧侣才能真正获得宁静。“佛氏不着相，其实着了相；吾儒着相，其实不着相……佛怕父子累，却逃了父子；怕君臣累，却逃了君臣；怕夫妇累，却逃了夫妇。都是为个君臣、父子、夫妇着了相，便须逃避。如吾儒，有个父子，还他以仁；有个君臣，还他以义；有个夫妇，还他以别。何曾着父子、君臣、夫妇的相?”与儒家对人生的方方面面兼有顾及的持平之论相反，中国佛教有一种独特的内在观照。几乎没有证据表明，将涅槃作为历史的终极目标的佛教转世学说从根本上改变了中国人的历史观。

## 五

39 中国内外可能有不少人相信，中国的本土哲学即便没有消亡，也已经过时了，因而中国人的思想和生活从此必须遵循西方的路线。大量中国留学生赴欧美求学。一些中国思想家也遵从西方的哲学研究方式，但他们却很少采纳有神论或观念论这两类哲学思想。已故的约翰·杜威（John Dewey）和伯特兰·罗素（Bertrand Russell）曾在中国讲授哲学，但他们所阐述的哲学是自然论的。其中没有任何因素鼓励人们相信，可以在来世中，或在与太极的超越时间的神秘联系中找寻到历史的意义。

中国人接受等级制的社会组织形式，这使得他们笃信，只要每个人各司其职，那么全体人民的福祉便能够实现。中国政府很少追求普遍的社会福利。近代的国民党政府由少数人施行统治，缺乏真正的民主代表，但这并未引发大多数中国民众的不满。但由于国民党政府没有充分关照普遍的社会福利，所以在反共一事上它也没有得到广大人民的热烈支持。而中国共产党宣称，他们的目标在于实现群众的福祉。为了实现这一社会理想，他们诉诸传统的社会情感。共产主义的辩证唯物论与中国的思想方式类似，它没有（或很少）考虑上帝或来世。中国人看待历史的态度很大程度上可以说是自然论的。共产主义本质上亦是自然论的。每一位中国人身上都有一部分道统，这可能会让他们对待所有的政府都持一种清净论的态度。中国人的秉性使他们表面上看起来温良恭顺。但他们深知，无人能够剥夺其内心的自由：对于他们而言，这可能就是历史上最为重要的东西。

在本章结尾，我将进行一次有趣的探索。我会脱离现代中国的共产主义语境来探讨一位当代中国思想家的历史观。林语堂的父亲 40
是一位中国基督教牧师，他本人也做好了投身宗教事业的准备。林语堂在西方生活多年，研习西方的思想和生活方式。尽管近些年他再次宣称皈依基督教，但他的著作《生活的艺术》（*The Importance of Living*，1937）之所以意义重大，部分原因在于该书阐述了当时他拒绝基督教的原因，以及他对西方文明提出的批评。林语堂开篇第一句便写道：“在接下来的内容中，我将展现中国人的观点……中国最优秀且最聪颖的思想家们，在中国民间智慧中见识过、并从他们的著作当中传达出来的理解生活和事物的观点。”尽管他称该书是“个人的证词”，称自己是“东西方共同养育的孩子”，但他常常引用中国的文学作品，尤其是哲人庄子和诗人陶渊明的作品，以此来支持自己作为中国人的立场。

林语堂认为，中国人极少关注对来世的信仰。人们的兴趣集中于家族世代延续中个人的先辈和后辈。永生的观念仅限于描绘民族以及个人的成就和影响。历史的意义主要是在个人的现世生活中找寻到的。“剥离了永生的观念，生活就变成了一个简单的命题：地球上的人类寿命极为有限，很少有人能活过 70 岁，因此，我们必须好好安排自己的生活，以便在既定的环境下尽可能愉悦地活着。”“中国哲学家把握住生命本身，向自己提出一个至关重要又亘古不变的问题：我们如何生活？”

尽管林语堂多次承认，每个人都处于普遍的“生命之流”中，但他仍坚信个人才是根本。“哲学以个人为开端，以个人为终末。因为个人是生命的终极事实。人是自我的目的，而非人类心灵所创造的其他工具。”他援引孔子之言：“自天子以至于庶人，壹是皆以修
41 身为本。”但中国人也相信个人是家庭的一分子。中国人“认为没有什么比家庭更伟大、更重要了，因为离开了家庭，个人便一无是处”。林语堂相信“家庭意识或许是中国人生命中唯一的团体精神或集体意识”。整部著作没有包含任何中国人普遍追求政治进步与国家未来发展的内容。“个人总是比国家更重要。”“提前三周预约这种事在中国闻所未闻。”这样的态度使得具有传统心态的中国人不太可能对中国未来的历史走向给予过多的关注和努力。林语堂对此也没有提供任何论据。

今世的目标应当是实现肉体与精神上“天赋直觉”的和谐满足。中庸之道是这一和谐的根本。此学说表达了“中国人迄今所发现的最明智的理想生活”。所谓的“半半哲学”（philosophy of half-and-half）也有同样的含义。就中国人的观念而言，他们“生来就一半是道家，一半是儒家”。尽管林语堂力学笃行，但道家无忧无虑的悠闲生活对他依然有着特别的吸引力。他比较了中国人和美国人看待历史的不同方式，前者是清净论的，而后者是能动论的（activist）。价值经验处于历史的发展之中。人类生命并不是先定的：

生命所彰显的自在自为打乱了“新理论和新体系的创制者们的算计”。不过他也承认，这些价值经验并不总令人满意：“生活在现实世界中的人们依然怀有……追求理想的期望。”因此，尽管目前为止我们所描绘的林语堂的立场可被称作是人文主义的，但他意识到仅有人文主义是不够的。“任何哲学都是不完备的，任何关于人类精神生活的观念都是不恰当的，除非我们与周遭世界的生命建立一种愉悦而和谐的关系……人类生活在宏大的宇宙之中，宇宙与人类同样奇妙，那些忽视了周围更广阔世界的人，忽视了世界的起源和终结的人，都不能说拥有一段美妙的生命。”“中国的异教徒，”他写道，
“都信仰上帝。”在中国的典籍中，最常见的用以指称上帝的语汇是 42
“造物”，万物的创造者。或许是考虑到在中国哲学中几乎见不到关于神祇的具体讨论，尤其是有关宗教态度的讨论，林语堂说：“中国的异教徒坦诚地放任这位造物者藏于神秘的光晕之中，并对其感到一种敬畏和崇信……对他们而言这便足够了。”中国人普遍的平和心态与对上帝的此类信仰有关。

# 第二章　形而上学的和个人主义的历史观：印度

## 一

43 尽管印度历史可以追溯至数千年前，但鲜有史籍流传至今。印度最值得关注的著作是其宗教和哲学典籍。《摩诃婆罗多》（*Māhābhārata*）和《罗摩衍那》（*Rāmāyāna*）这两部伟大的史诗以及《往事书》（*Purānas*）都曾涉及史事，但这些著作仍主要是具有伦理和宗教意涵的神话作品。在印度历史的大部分时间中，婆罗门（Brahmins）是唯一掌握知识的群体，他们的兴趣在于宗教而非历史。莫卧儿帝国时期，穆斯林撰有更多历史著作，但撰史者与王公贵族和帝国宫廷关系密切，书写的内容也主要是统治者的生活及其征战。19 世纪以来，学者们对印度历史进行了严肃而深入的探究，起初主要由英国人从事这项工作，后来印度本土学者也有参与。我们在此主要关注的不是印度人的历史，而是他们看待历史的真正的主导观念。他们的生活与信仰如何影响他们对历史本质的看法？他们在历史中有没有找寻到单一的或多样化的意义？若有，那会是什么意义？

在《摩诃婆罗多》和《往事书》中可以读到一种历史循环观念。
每一轮循环有四个“宇伽”（yugas）或时代。第一个时代是“圆满
时”（Krīta），亦是黄金时期，一切都处于完美的状态；第二个时代
是“三分时”（Treta），在这一时代中，道德逐渐滑坡；第三个时代
是“二分时”（Dvapara），此时，疫病与罪恶横行，外来的仪制增
多，法律被制定出来；第四个时代“争斗时”（Kāli）是循环中最为
堕落的时代，苦难盛行，宗教遭到遗弃。在循环的最后，一切都被 44
吸纳进“梵”（Brahman）之中，新循环重新开始，周而复始，直至
永恒。我们生活在“争斗时”，因而时局极为恶劣。

印度教神话中包含了许多关于人类历史上神明化身的故事。这些故事主要想表明这样一种观念：化身是为了给人类提供帮助，因为神明关心历史的进程。在《博伽梵歌》（*Bhagavad Gītā*）中，神说：“为了守护正义之士，为了除灭不义之人，为了创立法制，我一代又一代重生。”印度教哲学家将神明化身的故事视为神话或传说，但从未思索过如何将《博伽梵歌》中的这段话与历史联系起来。不过，无论是四个时代循环往复的宇宙论观念，还是神灵化身的构想，对印度教徒的历史观都没有产生太大的影响，因而本书也没有必要进一步讨论这些议题。

印度的历史记录相对较少，这使得某些人认为印度教徒缺乏“历史感”。他们可能的确没有西方意义上的“历史感”，但这一说法可能会遭到误解。没有可被称作“历史哲学”的著作并不意味着印度教徒没有关于历史的哲学观念。相反，人们须坚信印度教徒曾有

并且现在依然持有一种看待历史的明确态度，这既体现在他们的哲学和宗教著作中，也表现在他们实际的宗教和日常生活中。

在我们已知的最早的时代——吠陀时代——人们似乎大都过着一种幸福的生活，他们对与自然世界、彼此同类及其宗教崇拜的联系有着十分淳朴的体验。人们期冀在超越今生的美好世界里继续存在。在这一时期，人们构想并阐发出“梨多”（Rita）这一概念，它与中国“道”的其中一种含义相吻合。其本质内涵是规律与秩序。梨多与以下三方面内容相关：（1）自然世界发展进程的统一性，四
45 季的更替，植物的萌芽、生长、结果和腐败，天体的运动；（2）社会共同体的秩序，以及由此而产生的道德上的“正当性”；（3）宗教的“仪规”，人神之间的和谐关系。在“业力法则”（law of karma）这套广为流传的学说中，“梨多”一词的另一含义也得到了承认，我们稍后将进行讨论。

## 二

在《奥义书》（*Upanishads*）成书的时代，人们对于现世生活的看法想必相当悲观。关于这种情感上的变化，尚无专家给出令人满意的解释。历史的内在意义逐渐消逝，人们开始逃避历史。“先生啊，”一位让位给了儿子的国王问道，“这副躯壳内满是骨骼、皮肤、肌腱、骨髓、胾肉、精液、血液、黏液、泪水、粪便、尿液、矢气、胆汁和浓痰，栖身于这样一副恶臭又脆弱的躯壳里，享受欲望有什么好处呢？这副躯壳受欲望、愤怒、贪婪、妄想、恐惧、颓靡与嫉

妒的影响，渴望之物求而不得，厌恶之物接踵而至，又为饥饿、干渴、衰老、死亡、疾病与悲伤所支配，在这样的躯壳里，享受欲望有什么好处呢?”“在这样的轮回（samsāra，短暂的历史之流）中，享受欲望有什么好处呢?”“在这样的轮回中，我就像干涸的井底之蛙。”在《奥义书》中，人们对于死亡和死后之事极为关注。个人的历史会随死亡而终结吗？在《羯陀奥义书》（*Katha Upanishad*）的著名篇章中，神可满足那其克塔（Nacitketas）的三个愿望，他最后也是最重要的一个愿望是：“在人亡故之时会出现一个疑问——有人说‘他仍存在’；其他人说‘他已不在’——我想知道这个问题的答案。”神打算赠予他世间的财物，让他放弃追求这个问题的答案，那其克塔却拒绝了，他认为财物是转瞬即逝的。与这个问题的答案相较，“即使整个人生也微不足道”。最终他得到了答案。无知者认为，“世界就是如此”，他们在往复的转世中永遭生死之痛。而智者明白，他们不会出生，也不会死去；他们意识到了自己是精神，是永恒的，是不朽的。

经验历史充斥着欲望，而欲望是需要摒弃的东西。真正的婆罗门既不渴求子嗣，也不追求财富。他甚至会变得“反感知识”，“既 46
处于一种非禁欲的状态，又处于一种禁欲的状态”。“无欲无求的人——他摆脱了欲望，从欲望中解脱，他的欲望得以满足，他的欲望就是灵魂——其呼吸便不会终止。如梵天般存在，他便与梵天同在。”“从心中的一切欲望之中抽身而出，凡人便可永生。”历史转瞬即逝。“某些……关于时间的圣谕……蒙骗了凡人!”“时间有形，亦无形。”“时间之流中，万物创生。时间推移中，万物生长。同样在时间之中，万物消逝。”意义不存在于易逝的时间里，而存在于不变的永恒中。救赎不存于历史里，唯有摆脱历史，才能获得救赎。学者们难以确定这种对于世俗生活的悲观情绪在多大程度上得到了印度人的认同。只有极少数人有能力达到或真正尝试过达到这种无欲无求的状态。宣扬这种禁欲精神是一码事，在实际生活中遵循这种精神又是另一码事。不过仍可以说，印度人历史的一大特点在于，他们对于形式各异的宗教有着鲜明的关注。

其他一些广为传播的思想对普通民众的生活状况也造成了一些影响。转世（以及轮回）思想明确传达出印度教历史观的一项基本特征：个人主义。正是特定的自我才拥有生命的轮回。在生命的轮回中，无论个人与外部世界及其他人有着何种联系，他的核心意图都在于终极目标的自我实现。许多人都没有达到无欲的状态，并且在大多数情况下也并未热烈地追求这种无欲状态，他们在其历史中寻找到了次级意义。尽管有不少悲观主义者，但大多数印度民众肯定有过一些不错的生活体验。印度教所传达的另一种历史观与社会组织有关。印度社会由不同的种姓构成，而这些种姓规定了各自成员的具体职责。个体可能是希望通过履行其职责来朝着自己的目标进发。人们相信，参与社会生活只是相对的和暂时的，社会作为一个有机整体从来都不是历史意义的核心。

47　在印度，业力法则拥有最广泛、最坚定的信徒。印度哲学的一切流派、印度教的一切宗派以及耆那教徒和佛教徒全都认可这一观念。锡克教经典《古鲁·格兰特·萨希卜》（*Guru Granth Sahib*）也暗含了这一理念。简单说来，业力法则就是讲人做了什么事，就会得到什么样的因果报应。它指涉特定的个人本身。这一信条表达了人类生命的道德秩序，在这之前，这种意蕴为“梨多”的第二层含义所涵盖。人们坚信，尽管不公正的现象依然存在，但人类历史是依照绝对正义的原则发展的。在人们看来，因果报应无法在任一化身的特定历史中完全实现。有了转世轮回的概念，行为所带来的后果便可以从今生延续到来世。业力法则承认，每一个人的历史中皆有一因果链条。在西方，因果概念的发展主要与自然世界相关，而在印度则全然不同。但业力法则并不像西方思想家经常构想的那样，意味着机械决定论。因为确切地说，印度的这类学说同精神能够进步、目标最终可以达成的信念息息相关。就其自身的精神史而言，个人拥有一种内在的自由。如果人播下了不一样的种子，那么他也会收获不一样的果实。现在的播种行为或许会受到先前播种行为造成之条件的影响，但现在的行为本身并不是过去行为的直接结果。这种精神的自由是最根本的。承认这种精神自由就意味着认可个人对自己的历史负有主要责任。不管他在与自然世界和他人的关系中经历幸福还是苦痛，都完全取决于人自己。

对西方人而言，历史（History）一词通常指过去。但印度教徒并不太关心过去。对他们来说，历史本质上是这一代化身在当下的在场，同时他们认为，历史可以向未来延伸。在阿什拉摩（asrāmas）——即人类生命的暂驻（或“处所”）——这一概念中，历史正是被如此看待的。较高种姓的印度人将其个人的历史视作四个阶段。第一是净行期（brahmachārya），是接受教育并为接下来的阶段打好基础的时期。在这一阶段，人需要保持身体的健康和成长，收获 48

知识，培育道德和宗教精神。第二是居家期（grihastha），是履行社会义务，享受社会生活和文化之价值的时期。第三是林栖期（vanaprastha），是从社会生活和世俗欲望中解脱出来的时期。“林栖”指的是“栖身于山林之中”，主要是在为最终的阿什拉摩作准备。第四是遁世期（sannyāsa），是完全脱离世俗社会，追求内心精神修养的时期。印度教徒要达成其个人历史的目标，就必须满足所有这四个阶段的要求，而这四个阶段除了引导人达成最终的目标之外，其本身也有其价值。人的一生可能无法经历所有四个阶段。过去大多数印度人可能都未曾企及第三个阶段。而大多数在世之人或许也难以更进一步。不过，如果前两个（或三个）阶段在前世得以达成，那么人便可以开始在他的新一轮生命中追求第三个（或第四个）阶段。第四个阶段——遁世期——的主要目的是个人主义的，是解脱、救赎和极乐的自我达成。

人生目标也被称作“普鲁沙尔萨”（purushārtha），而普鲁沙尔萨又包括帕拉甫力蒂（pravritti），即有所为，以及尼甫力蒂（nivritti），即无所为。前者，帕拉甫力蒂，被认为属于前两个阿什拉摩，包括达摩（dharma），即道德准则和宗教仪礼，以及欲（kama），即享受性爱和艺术。后者，尼甫力蒂，属于后两个阿什拉摩，即林栖期和遁世期。个人和社会历史也具有其他特征，可用“塔玛西克”（tamasik）、“拉贾西克”（rājasik）和“萨特维克”（sattwik）来表达。塔玛西克是引发个人和社会纷争的、不能自已的冲动本性。拉贾西克是武力性控制，如个人意志或社会中统治者和武士意志的控制。通过研习正确的知识以获得精神修养上的斐然成就，便能够达成萨特维克，即个人的纯然平和以及社会的普遍和谐。历史应该呈现出从塔玛西克到拉贾西克再到萨特维克的进步。

尽管印度人的历史观从根本上说是个人主义的，但绝非是利己主义的。印度教徒、佛教徒、耆那教徒和锡克教徒皆是如此。印度教各种姓所肩负的义务有其社会意义，尽管这些义务具有更高层次重要性的原因在于，履行这些义务是个人自身精神进步的必要条件。 49
为此，人们必须谨遵普遍的道德原则并培育道德品质，而这些举动有其社会性的意义和作用。善良或友爱的态度对于个人本身而言具有内在价值。通过表达善意，他人可能也会因为行善而收获好的结果。业力法则在某种程度上会通过社会关系来运转。

从吠陀时代开始，印度的宗教崇拜便绵延不绝，这些崇拜活动既出现在众多印度人家庭中的小神龛前，也出现在寺庙里。对于印度教信徒而言，这种崇拜一直以来都承载着一部分历史的意义。这是一种与神明的*即时*往来，一种平和与喜悦的体验。人们太过频繁地将印度教阐述为一种哲学，这种典型的错误论调歪曲了印度教徒的历史观。在知悉宗教崇拜的场域之后，我们便可以思考三条可能会引导个人实现其目标的路径。因为不同人群对它们的相对重要性有着不同的看法，这三条路径的先后排序也会有所不同。智者和思想家会把“智解脱道”（jnāna marga），即知识之路，摆在首位；而身体力行者会把“业解脱道”（karma marga），即行动之路，摆在首位；情绪敏感者会把“信解脱道”（bhakti marga），即信仰之路，摆在首位。个人可能会，并且一般来讲也应当会尝试所有这三条道路，尽管因其秉性和能力的差异，不同的人或许会不可避免地为这三条道路赋予不同的重要性。沿着这些道路前行并达成目标，这就是历史的意义之所在。知识、行动、信仰这些概念既可以是狭义的，也可以是广义的。印度历史上，人们往往会从狭义理解它们：知识指的是印度教教义的知识；行动指的是履行种姓的义务；信仰指的是施行宗教仪礼。而广义的理解则更加精辟，也更加符合印度教的本质。对知识的追求通常会带来一种内在的精神满足，使人从繁杂的琐事中抽身，获得平和的心态。进行各式各样严肃的活动，如农业、工业、商业和艺术，可以将人从自私自利中解放出来，让生命更加丰富多彩。在一种审美式的崇拜中笃信神明，宣扬博爱，会使人深
50 感愉悦，在这种愉悦中，个人自身会与一切美好之物相合。若这样来理解，实现目标的三条道路可能就涵盖了历史上一切具有意义的事物。

印度教徒通常都会向神明祷告，这是一种个人的灵魂与神明进行沟通的方式。这种祷告行为以及图像的象征意义表明印度教具有鲜明的有神论特征，有神论也使它有别于印度哲学的某些形式。尽管业力法则被认为是一种处于历史之中的、不以人的意志为转移的进程，但它却被视作由神明所掌控。祷告是一种自由行为，能够对祷告者产生影响。为取得精神上的进步，个人可以祈求神的恩典，这种来自神灵的帮助在印度教中是得到承认的。在神的恩泽之下，个人可以选择并施行那些会带来良好结果的行为。它向内作用于自我。通过神的恩典，上帝可以成为影响个人历史的因素之一。

上帝在印度的不同地区和不同历史时期有着不同的称呼，人们相信他就是创世者。人们往往以阴性与阳性——沙克提（shakti）与

沙克达（shakta）——交融的象征意义来构想创世的过程，这在某种程度上与中国思想中的阴阳观念类似。某种神圣的事物存在于性关系和性象征之中，这在寺庙内部或寺庙周围经常都能见到。宗教婚礼将婚姻与普遍的生殖观念联系在一起。婚姻的欢愉反过来又促进了创世中神的愉悦感：里拉（līlā），即神的玩乐、神丰沛的想象力以及神之魅力。接受神圣的里拉这一理念，便可抵消悲观主义的倾向。因此，正如筏蹉衍那（Vatsyayana）的《爱经》（*Kāmā-sutra*）和其他一系列著作所描绘的那样，充满爱欲的生活，以及艺术、歌唱、器乐、绘画、雕塑和建筑最终都得到了认可，并获得了宗教的准许。在这些事物中，恰如神之意旨，可以找寻到人类历史的某些意义。

人必须承认神主宰历史，并竭力服从神的意志，这是《博伽梵歌》的重要教义，它对印度教徒的生活和思想产生了比其他一切事物都更广泛而深远的影响。《博伽梵歌》为印度教观念和教义中出现
的两难困境提出了一种解决方案：一方面，根据上文《奥义书》阐 51
述的观点，无欲无求便能达成目标；另一方面，要参与并享受上帝创造的世俗生活。这两者之间产生了显而易见的矛盾。个人在历史中所要追寻的目标是达成一种完美的状态，在这种状态下，人将不再经历轮回，也不再收获更多结果。但是善举所产生的结果并不亚于恶行，并且随着这些善举的延续，轮回也将会延长。因此，某些《奥义书》所表达的无欲无求的状态似乎表明了一切行为的终止。而这意味着，拒绝跟上帝一道参与并享受他所创造的万物。《博伽梵歌》通过“不执”（non-attachment）的学说来解决这一困境。不执

并不像西方学者有时所曲解的那样，等同于一种漠不关心的态度。人应当行善举，但不能怀着只为一己私利的欲望。善举应当“为上帝”而行。“你的一切工作、一切饮食、一切才智、一切屈辱，把它们统统作为献与我的礼物。”历史的细微之处中，一切对善的追求和体验都应当被视为是在履行神的意愿。《博伽梵歌》开篇就描绘了两军对垒的场景，并抛出了人是否应当战斗的问题。一番讨论后，得出的答案是“所以应当战斗”。战斗是武士种姓的职责。然而，战斗也是“为上帝”而战，也就是说，是出于正义的原因。战斗中灵魂不灭。“如果杀戮者想要杀戮，如果被杀戮者认为自己已遭杀戮，那二者皆理解有误。人无法杀戮，也无法被杀戮。”灵魂，人内心最为真实的存在，是无法被杀戮的。历史的进程中，人人皆应如武士一般“为上帝”行善举。

## 三

耆那教自称起源于婆罗门的印度教之前。据传，耆那教的二十
四位蒂尔丹嘉拉（Tirthankaras，或曰宗师）大都生活在遥远的过
去。西方学者认为后两位——帕什瓦（Parsvanatha）和筏驮摩那
52 （Mahavira）——是历史人物。虽然耆那教早先信徒甚众，但几个世
纪以来，它相对而言始终是小部分人的信仰。耆那教主张，只有掌
握了关于现实之本质的确切**知识**，才能获得恰当的生活态度，以及
由此而来的恰当的历史观念。耆那教归根结底是形而上学的。耆那
教在历史的经验性内容方面有着格外明显的缺陷。无论是对于作为

一个系统的物质世界，还是对于人类所栖身的世俗历史发展进程的规律性，耆那教都无法给出一套令人满意的说法。上帝作为创世者的观念遭到拒斥。虽然品质最优的雕塑、建筑和金银珠宝都出自耆那教徒之手，但他们疏于考量人类历史的文化价值。他们对一般的历史记录漠不关心。但也并不能因此就得出结论说，耆那教与历史的意义无涉。耆那教的观念无疑是个人主义的。历史是个人生命的集合，个人不能被简单地看作社会的组成部分，而历史的意义可能就在社会的赓续之中。个人被形而上学地描述为没有起源且永生不灭的“纯粹精神”。根据业力法则，人做了什么事，就会得到什么样的结果，并且人可以从一个化身转世为另一个化身，直至达到至臻之境。正是这种“业力之物”（karmic matter）让精神始终处于受限和不满的状态。历史应当阻断业力之物向精神的流动，并且将精神从已然累积的业力之物中解救出来。当个人清醒地意识到自己就是“纯粹精神”时，历史的目标才算是达成了，但这一过程很可能需要历经数次生死轮回。在历史上，耆那教徒必须谨遵“不害”（ahimsa）的原则，即不杀生，从积极的方面来看这是一种普遍的仁慈。虔信的耆那教徒会成为僧尼，就此不再受日常历史的羁绊。因此，耆那教的目标在于逃避历史。

佛教的原初教旨及早期传播表明，《奥义书》在先前的年代所表达的那种悲观主义思想又卷土重来。苦难是佛陀（the Buddha）乔达摩（Gautama）的核心关切。那些诚心遵循其教诲者便成为了僧
尼。佛陀（前 563—前 483 年）在被认为是他的首次布道①中称： 53

① 即悉达多悟道成佛后在鹿野苑初次讲经，后人亦称作“初转法轮”。——译者注

“生苦，老苦，病苦，死苦，怨憎会苦，爱别离苦，求不得苦。”关注到生命中的种种疾苦后，佛祖又思索了疾苦产生的原因，并阐述了从中解脱的方法。疾苦是由引发一系列生命轮回的“集”（craving）[1]所造成的。人会“四处找寻欢愉，即贪爱，贪生，贪死”。苦痛可以“通过彻底的灭集，以及遏止、摒弃、解脱、不执着”被祛除。虽然所要追求的是一种纯然平和的心态，但佛陀并未教人以一种清净论的、无为的态度看待历史。这一点可以从他所描绘的“八正道”（Noble Eight-fold Path）中看出：“正见、正思维、正语、正业、正命、正精进、正念、正定。”但不信佛者和僧尼接受佛陀之教化的方式却有所不同。乔达摩将其教化称作“中道”（the Middle Way）。中道居于两种极端之间：一方面是耽于欲乐的生活，它“低俗、粗鄙、平庸、卑劣且无用”；另一方面是自我折磨的禁欲生活，它“痛苦、卑劣、无用”。八正道之法，如不信佛者所做的那样，可以被解读为鼓励人参与到世俗历史之中，以尽可能平和的心态在生活的各个方面求善。不过，佛陀自己也指出了一条“出家”之道。起初是一众比丘追随于佛陀左右，最终他准许了比丘尼加入。隐修（monasticism）是佛教历史上的一大特色。因此，个人的终极目标**或许**可以说是逃避历史。然而，在后来的大乘佛教之教义中，轮回（samasāra，转瞬即逝的处所，即历史）等同于涅槃（nirvāna），这表明涅槃只存在于历史的范围之内。

佛教的历史观与印度教和耆那教一样，都是个人主义的。历史是指个人经历一系列转世，直到实现其目标，从乏味的生死轮回中

---

① 指佛教“四圣谛”中的“集谛”。——译者注

解脱而出的目标。佛陀阐述的“因缘”（chain of causation）学说与业力法则一致。想要摆脱错误行为所造成的恶果绝无可能。但个人 54
也具备能够改变历史进程的内在能力或自由。如果抛开这一点，佛教宣扬的整套教义都会显得苍白无力。事实上，佛陀曾讲，个人若要达成其目标，必须全然自食其力。在被后世称为“崇高的话语”（A Sublime Discourse）[①]的那段论述中，佛陀宣称：“以己为归，舍己而外，他无所依。”认为佛教无法接受真实的自我，因而不可能是个人主义的，这是一种十分浅陋的看法。早期佛教广泛宣扬无我论（non-soul doctrine）。不过，尽管佛陀所撰的经文赞同无我论的观点，但佛陀本人的立场似乎是，为了宣扬佛法，没有必要臧否某些前代和当代哲学思想所认可的那种个体自我的实在性。肯定或否定自我可能会引发误解。他认为，苦难这一问题产生于经验之流当中，因而必须在经验中加以解决。纵观佛教历史，比丘、比丘尼和不信佛者均将彼此看作个体存在，甚至于无我论的信徒所使用的术语，也只能用“自我”（self）这样的词来翻译。个体自我的任务在于寻求救赎，获得涅槃。僧伽（sangha，僧人群体）被赋予的重要地位与此类个人主义并不矛盾。皈依佛门后，新出家的比丘会宣称：“我皈依佛；我皈依法（dhamma，教法）；我皈依僧（僧人群体）。”佛、法、僧并称为“三宝”。在僧伽之中，一名比丘会通过教导、建议等方式为另一名比丘提供帮助，但个人如此行事的目的却不在于促进僧人群体的一种“更高”利益。僧人群体内部的联系与交往才是

① 此处作者记叙的当是《大般涅槃经》（*Mahā-parinirvāna-sūtra*）中，佛陀涅槃前为其弟子阿难（Ânanda）说法的内容。《大般涅槃经》译本众多，此处借鉴了王世安的译法。可参见渥德尔：《印度佛教史》，王世安译，北京：商务印书馆，1987年，第72页。——译者注

根本。

早期佛教被称为小乘佛教（Hināyāna）；后来它又历经独特的发展，在印度以外的远东地区传播，即成为大乘佛教（Māhāyāna）。两者的许多基本教义显然是一致的，但后者有两方面内容对历史产生了特殊的影响。早期的小乘佛教主要针对信教的僧尼，而后期的
55 大乘佛教则更像是一种面向普罗大众的宗教。对这些大众的个人历史而言，大乘佛教便意味着虔诚崇拜的体验。崇拜的对象是诸位佛陀（Buddhas）和菩萨（Bodhisattvas），他们在佛教徒的眼中就如印度教的神祇一般。其次，大乘佛教强调要拯救他人。这在“菩萨”这一概念中得到了印证，菩萨的理想便是要普渡众生。因此，公元7世纪，信奉大乘佛教的寂天（Santideva）写道，他“满心都是这样的想法：他必须历经无数次转世来修得美德，具备了这样的美德，他便可以在诸位佛陀面前祈祷，缓解众生的一切苦难”。在这种态度之中，佛教原初的个人主义被超越了。这就是大乘佛教的“大乘”理想，它与小乘佛教之“小乘”形成了鲜明的对比。

佛教未曾思考过物质世界的特性，以及历史在很大程度上所依赖的物质世界发展的规律性。佛教执着于人类的苦难以及人类如何脱离苦海，而没有充分关注上帝创世造物的观念。有了“出家”这样的想法，它便会疏于考量世间可能的文化价值。“因缘”观念并不适用于整个世界，而只适用于个人自身的经验。佛教的确推动了一些艺术形式的发展，如绘画、雕刻和建筑，但艺术始终是为佛教这门宗教服务的。佛教徒对于佛陀和其他伟大布道者口耳相传（或其他类型）的历史表现出浓厚兴趣，但在普遍历史方面却兴致寥寥。

逝者已矣。真正重要的历史在于当下和未来，因为它关乎涅槃的实现。

尽管佛教包含着一种“法”（dhamma）或者教义，在佛教历史上，各种形式的哲学也得到了发展，但佛教仍是一类生活方式，而非一种信仰。阐述细致入微的实践规则总是先于推进哲学思考，这便是上述观点的明证。这些实践规则是为一种脱离日常历史的生活方式而制定的。虽然其目标是个人主义的，但实现目标的方式却与利己主义背道而驰。它需要普遍的爱：既要爱人，也要爱那些低于人类的存在。人们可能会认为，在作为一门宗教的佛教中，有一种 56
切身的需要，也就是说，在大乘佛教中，“无上正等正觉者”（the Enlightened One）这一概念逐渐得到了接受，“这使他与印度教神明的最高概念别无二致”。因此，人们企盼涅槃——早期西方研究佛教的学者常常认为涅槃意味着彻底的消亡——不仅因为可以从轮回中解脱，亦将其作为一种极乐的状态。多数人在历经数次生死后，方可企及这一目标：不过某些佛经反复强调，涅槃亦有可能在今生达成。目标或许不在遥远的、历史性的未来，而在此时此地。

佛教在印度繁盛近千年，随后，很明显是在顷刻之间，它近乎消亡了。造成这一急剧衰落的原因尚未查清。一般的社会生活可能是因为太多人“出家”而变得混乱不堪，以至于随着经济的崩盘，社会已无力供养僧尼。日常历史的需求必须得以满足：人生在世，无法完全摆脱它们。或许，从佛教悲观主义的那些部分当中一度生发出对这种现实需求的厌恶。印度教种姓观念的某些信徒仍坚持对种姓观念的重视，与之相反，佛教徒则全然忽略了种姓制度。印度教寺庙中的崇拜活动出现了复兴；人们再次明确接受了这样的观念：上帝是造物主，通过赐予其恩典来关注个人的历史。一些长期受到压抑的宗教情绪再度被唤醒了。

## 四

导致佛教走向衰落的另一个原因可能在于，系统性的印度教哲学思想取得了显著进展。在佛教于印度式微之时，印度教思想家对佛教的形而上思想提出了诸多批评，并阐述了与之相对立的印度教体系。在这些思想家中，商羯罗（Sankaracharya）创立并捍卫了不二吠檀多（Advaita Vedānta）的哲学体系。自他的时代起，直至今日，不二吠檀多在印度教的有识之士中被广泛接受。商羯罗及其追随者得到了印度教统治者的支持，在其帮助下，他们在全国的战略
57 要地建立了诸多玛塔（maths），即修道院。欧美地区的印度教导师（swamis）所阐述的印度教思想，往往采用商羯罗的不二吠檀多的观点和措辞。人们似乎可以在当代印度教徒与此类思想形式的关联中窥见他们看待历史本质的主导性观点。

不二吠檀多的基本原则在于，实在（reality）是“不二”的，也就是说，是“非二元论”的。只有梵，绝对的存在，才是真实且永恒的。不二吠檀多提出了两种梵的概念：无性梵（nirguna Brahman）和有性梵（saguna Brahman）。尽管前一个概念，无性梵，理应得到一些关注，但我们将会看到，是后一个概念，有性梵，勘定了历史中的意义。

有了“无性梵”这一概念，人们所关注的重心便集中在梵的实在性，以及所有那些被认为构成了经验历史的东西的非实在性之上。物质世界，多种多样的个体——所有这些都是摩耶（māyā），是虚幻的。个体生命之间的交往与联系就如一场梦，这类事物不具备根本性的意义。就像《奥义书》中的目标是达到无欲无求的状态一样，这里的目标是要逃避它。把物质世界视作实际的世界，并相信终极的圆满与之相关，这种想法实在大谬不然。但商羯罗的不二论在这方面却面临着许多严重问题。关于梵之无性的知识是如何获得的？这既不可能通过感官经验直接获得，因为凭借这样的渠道获知的事物并不切实；也不可能通过话语性的逻辑思维获得，因为它的材料来自虚幻的境地，逻辑思维也只能得出抽象的观念。只有个人通过瞬时的直觉知晓自身与无性梵的同一性，才能真正认识无性梵。这种认识处于一种可被称作“超意识神游状态”的境遇之中，通过修习瑜伽（yoga）便可达到这种状态。个人很大程度上沉湎于达成这一状态，因此可以说是在竭力逃避历史。有了无性梵的概念，谈论历史的单一意义或多重意义就成了不可能之事。

若物质世界、特定的个体以及历史经验皆为摩耶，都是虚幻的，那么必须要追问：何者蒙受了虚幻之苦？就商羯罗的不二论而言， 58
答案是唯一的：梵。不过，由于无性梵甚至没有蒙受虚幻之苦的“性”，虚幻本身似乎也是纯然虚无。而这就意味着，要否定一切我们所称的那些经验之物。然而也有人认为，是无明（avidya），即无知，导致了虚幻。那么问题又出现了：何者是无知所无法知晓的对象？答案是梵：因为别无他者。但通过对梵的直觉性认知，无知即被克服。梵，无知的唯一对象，务必要摆脱掉不被知悉的状态。不二论的思路似乎是认为梵不受影响，因为无知本身即虚无。因此，积极地将无知视作仿佛它就是让世界和历史事实变为实际之物的根基，这种看法本身就被否定了。无性梵的观念面临着诸多困难，它常被积极参与历史的人所轻视，尽管这一理念或许残存于他们的思想深处，会在冥思之时加以忖度。

不二论的布道者与那些反对不二吠檀多的印度教教派一样，都以类似的原则教化其信徒。他们仍坚守“不二”的教义，认为万事万物皆被统合于“一”之中。梵是有性的，它拥有一切性质。在“无性梵”这一概念的观照之下，那些被视为“摩耶”的虚幻之物，便被看作是神的造物，是神之精神的里拉或“跃动”。这就牵涉到人类的历史。有了这一概念，就存在着一个其信徒不常面临的困境。矛盾双方都被统摄于梵之内，作为其无量圆满的一部分。战争中的侵略者和保卫者皆是梵的表现。在矛盾中，肯定双方的是梵，否定双方的亦是梵。不二论者可能会竭力主张，梵通过创造和毁灭以朝向一个目标“进发”，这一目标正如西方人通常所构想的那样，是要赋予历史以单一意义或多重意义。似乎正是因为“有性梵”这一理念，当代印度信奉不二吠檀多的人才会去关心西方人所称的文明。但无性梵和有性梵之间有着怎样的联系呢？前者要求人从世间和历
59 史的虚幻中解脱，后者鼓励人在世间、在历史上有所建树，如果二者同时出现，又该怎样协调呢？

现代生活所提出的要求，以及与西方人交往所产生的一些影响，导致一些不二吠檀多的信徒不再鼓吹印度教基本的个人主义观念，

转而关注历史，并宣扬当代印度教显著的社会性。他们的观点是，每个人最终的归宿都是梵，这一点人人皆同；人在爱人时，亦在爱己。因此，在他们看来，理想的状态是整体社会的。重视社会因素是当代印度历史宝贵且重要的一个侧面。但在不二论的基础上，极端利己主义亦能够发展出一套具有说服力的论点。如果我与梵是同一的，那么一切欢愉与苦难（如果切实存在的话）都必定会由梵，亦即真正的我，所体验。那么从纯粹的利己主义观点出发便可宣称："如果人皆为我，那么爱己即为爱人。"无论个人在自我救赎的过程中可能收获多么宝贵的社会道德，不二吠檀多都无法证明，对于印度教徒而言，历史的意义存在于社会的目标之中。

商羯罗阐述不二论后不久，印度本土学者已然对其提出了明确批评[①]，尤其是罗摩奴阇（Rāmānuja）及其制限不二论（Vishistādvaita，即修正的不二论）的信徒，以及摩陀伐（Madhvācārya）及其二元论（Dvaita）的信徒。不二论主要由商羯罗一派修道院中的僧侣所阐述，他们认为，智解脱道是实现目标最重要的途径。而制限不二论者与二元论者则更关注信解脱道和（其次）业解脱道。他们倡导一种实践的而非玄思的生活方式，这促使他们对不二论提出批评。前者之所以被称作不二论者，是因为他们相信不存在两种实在，只有一种实在，即精神。但制限不二论者与二元论者旨在摒弃上帝即无性梵的观念。他们相信个人的灵魂是真实的，而这种观念为不二论者所拒斥。外部世界存在（尽管从根本上来讲外部世界不是物质的），个 60

① 达斯古普塔（S. N. DasGupta）在其经典论著中对这些批评进行过研究：*History of Indian Philosophy*. Cambridge—I，1922；II，1932；III，1940；IV，1949。

人灵魂亦存在。他们的历史观远没有那么悲观。在当下参与崇拜活动是一种与神明的愉悦交流。他们构想中的宏伟目标更像是一种与上帝进行交流的状态，而非与上帝同一。他们与不二论者一样，都不相信人能够在尘世中获得完全的满足。他们对于神之恩典有着强烈的信仰与企盼。神处于历史之中，神与其崇拜者也可以说处于一种私人关系之中。对于信仰制限不二论的个人而言，仪式性和情感性的宗教始终是其历史中的现时意义。制限不二论者也遵从各种姓提出的要求。他们更注重追求而非放弃“普鲁沙尔萨”（purushārtha），或者说人生目标。其观点本质上是个人主义的，会朝着自己极乐的最终目标持之以恒地努力。不过，通过各种形式的毗湿奴（Vaishnavite）崇拜，一种比不二论者更为明晰的社会情感可以被培育起来。因此，制限不二论对于历史的看法在许多方面与下一章将会讨论的印度之外的有神论宗教非常相似。

二元论者主张，物质的实在性在于其实体存在，而非心灵或精神。个体是实在的，即使达成了从轮回中解脱的终极目标，也将仍然保持其独特性。二元论与制限不二论可能没有本质上的差异，但前者更为明晰。二者的历史观也非常相似。印度教的其他诸多思想流派，都未产生过广泛的影响。人们对于遮卢婆迦派（Carvakas，唯物论者）的认识几乎全然是从其他学派的批评中得来的。可以从中推断，对遮卢婆迦派而言，历史的意义仅仅在于物质有机体的不同生活体验。但唯物论（Materialism）从未在印度发展起来。形式各异的僧法派（Sankhya）哲学普遍都承认物质与精神之间的区别以及精神的多元性。除了商羯罗的不二吠檀多以外，僧法派对于历史的看法与我们讨论过的其他教派都类似。

在印度，关于人在世间的历史性生活有着大量的悲观情绪，这是确凿无疑的，但印度教、佛教、耆那教和锡克教的最终归宿却不 61
是悲观的。因为它们都宣扬了一种获得平和与圆满状态的可能性。目标不在于现世历史。对印度教徒而言，不仅要从虚幻和无知中解脱，也不仅要在苦难中获得救赎：更需要沙（sat）、吉（chit）、难陀（ānand），也就是实在、至福、喜乐。对佛教徒而言，目标在于获得涅槃的和睦与喜悦。对耆那教徒而言，目标在于对于完美的灵性之体验。而对锡克教徒来说，目标在于沉浸在对上帝之爱的狂喜中。在里拉这一概念的影响下，印度教赞成人类参与日常历史的经验性善举。锡克教徒已然意识到了过分强调俗世生活的危险，但他们并不崇尚苦行生活。

## 五

印度人对于历史的看法和态度在某种程度上受到了一些来自印度之外的影响，但却没有发生根本性的变革。穆斯林统治者，尤其是伟大的莫卧儿皇帝，在伊斯兰信仰的推动下，引导着许多民众的生活，这部分人通过改宗和其他方式形成了一个规模颇大的团体（尽管在印度人口中仍占少数）。最初来自波斯的琐罗亚斯德教徒（Parsis，帕西人）持有一种明确的非禁欲主义态度。他们在印度首先效法西方国家发展商业和工业，其成功经验使得印度教徒和穆斯林转而关注西式文明带来的好处。琐罗亚斯德教的领袖也是最先拥护西方政治思想之人。尽管受过教育的印度教徒很少改宗基督教，但基督教传教活动在印度已然进行了数世纪之久，并产生了重要的实际影响。教会大学在引介西方知识方面贡献颇多，英国殖民官员在他们管辖的区域内开办的地方大学亦然。在英国统治时期，有不少制度都借鉴了西方的政府形式。长时间的和平推动了印欧之间贸
62 易量的巨幅增长。所有这些影响因素都促使印度教领袖改变了自身的历史观。在变化的过程中，他们也愈发赢得了求学于欧美的年轻印度教徒的支持。当代许多印度教徒认为，历史就是个人和社会沿着普遍文明发展的道路向前进发的过程。但并非所有印度教徒都抛弃了传统的历史观。即使是接受过西式教育的领导人也能够找到方法，把文明进步的观念与印度教思维模式融为一体。

S. 拉达克里希南（S. Radhakrishnan）的作品便印证了这一点，他是一位在印度和欧洲都享有盛誉的学者。拉达克里希南对欧洲哲学进行过深入研究，他从世界范围内当代生活的基本问题着手，提出了他的印度教观点。他对印度教哲学的阐释引发了一系列批判性的讨论，但抛开这些批评意见不谈，就本书关注的重点而言，从他的《印度教人生观》（*The Hindu View of Life*）一书中已经足以窥见他的历史观。顺带提一句，应当指出，他在这本书中避免讨论无性梵的概念；在读者看来，他对于“上帝”一词模棱两可的使用让他的论述显得有些晦涩。印度教是一种生活方式，而非一种特定的思想形式。它是“一场运动，而非一种立场；是一段过程，而非一个结果；是一项不断发展的传统，而非上帝恒常的启示”。从过去的性质来看，他相信印度教“无论是在思想领域还是在历史领域”都

能应对一切未来可能出现的危急情况。印度教是综合性的、无所不包的。它“认为，显性的、瞬时的世界的无尽变化是由隐性的、永恒的精神所维系和支撑的”。有了这样的理念，拉达克里希南便能够号召人们为了人类文明的一切福祉而努力。

个人与社会团体的存在具有多样性。“每个人、每个团体、每个民族都拥有值得尊敬的特性。”渐进式的改革是为了保持这种个体性，同时延续过往。那些试图在短短一代人的时间内依照自己的设想改造世界的人，都遭到了失败。“上帝有条不紊地创造历史”，而且“印度教不相信强迫可以铸就发展之路”。认识到每一历史群体都 63
是独一无二的，都有各自的根本价值，我们就“必须为这样一个世界而努力奋斗，在这个世界中，一切种族都能够交往融合，每一种族都能够保有其特性，并兑现其秉性和天赋”。“这个世界理想的政治状态，与其说是一个拥有同质文明和唯一公共意志的单一帝国，不如说是诸多自由的国家和平互爱，在生活与思想、习俗与制度上迥然有别，但却和谐有序、互利共存，每一国家都为世界贡献自己独特的、无法磨灭的价值。”作者的这段话和书中其他各处的表述都强调了人类生活的社会层面。但由于拉达克里希南对于印度教的真挚信仰，他拒绝仅从社会的视角出发来看待历史。“人的声望和地位不能被化约为社会的要求。人不单是其文化的监护者，其国家的守护者，其财富的创造者。人的社会效益无法用于衡量他精神上的气概。”最根本的目标在于，作为精神的个人达到圆满的状态，人处于时间之中，要目睹永恒之物的显现，并找到通往永恒之路。为此，人拥有精神上的自由。拉达克里希南强调，根据业力学说，过去为当下预设了条件，即便如此，个人在当下的行为仍然能够在可能的选项中做出自由抉择。

由此看来，拉达克里希南的印度教观点意味着要对人类历史的价值进行全面评估。但其论述中涉及不二吠檀多的诸多内容仍应得到关注。“活动是历史进程的特征之一。”然而，由于圆满的状态无所缺损，那它也无所成就：因而它不可能是历史性的。这种思想体系的终极目标是从历史中解脱而出。“假若历史进程并不是一切，假若我们并非注定要永远追求一个无法实现的理想，那么我们必定会在历史进程的某一时刻达到圆满，这将会是我们历史个性的变革，我们将从生死轮回中解脱。历史就是朝着一个目标进发，我们正愈发接近目标的实现。解脱（Moksha）就是每个人目标的实现。当达
64 成圆满时，历史的存在便终止了。”“当整个宇宙达成其圆满时，获得解脱的个人便会融入绝对者的静止中。”他随后提出了类似于本章第二段涉及的循环论观点：“世界是通过自我毁灭来实现自身的。”此后，“另一场戏剧开演，周而复始”。

# 第三章　古代希腊与罗马的历史观

## 一

早期希腊人的生活与自然有着十分朴素的联系。在希腊人看来，如同人类意识到自身具有灵魂那样，自然的诸多部分也拥有内在的灵魂。在希腊人的构想中，他们的生命关系到与这些“灵魂”（spirits）的交往，较伟大的灵魂可被称作“神明”（gods）。宗教是维系社会生活的纽带，也是人神关系的表现。荷马史诗表明，古希腊有着对于来世生活的早期信仰，但大多数古希腊人都相信，死后的生活是晦暗不明的。尽管有人认为，英雄的灵魂将栖居于幸福的国度，但在荷马笔下，阿基里斯（Achilles）仍然说：“我宁愿受人役使生活在这片土地，既无田产也无营生手段，也不愿统治那些永不复还的死者。”希腊人热爱现世生活。只有个别思想家和少数群体认为，今生是更加美好的来世的某种预备，或者今生将在一种对“终极实存”（eternal One）的体验中被超越。

历代史诗和诸多古希腊宗教都表明，人的历史在很大程度上掌握在神明的手中。而有时神明与人似乎都会为某种超越个体的命运所支配。人类行为的范围受到明确的限制。人能够通过祈祷向神明诉说，并通过神谕获得神明的反馈。一个族群中的英雄领袖有时也
66 被视作半人半神，这表明人们认可伟人在历史中发挥的举足轻重的作用。人神之间的关系本质上是外在的。人的实际行为能够使这一关系变得疏远。特定的外部利益影响着人神关系的亲疏。早期希腊人几乎没有什么内心的负罪感。希腊戏剧将犯罪描绘为一种行为模式，将惩罚描绘为一种受难的、痛苦的经历。人们害怕死亡是因为想到再也无法享受尘世的欢愉，而非出于对身后之事的恐惧。修昔底德借伯里克利（Pericles）之口发表了阵亡将士葬礼上的演讲，这篇旨在提供慰藉的演讲并未提及来世，但他却要人们记得，人“大部分的生命”是幸福的，痛苦是短暂的。一般来说，古希腊人（不同于个别思想家和少数群体）会“自由地、全身心地倾注于生活的艺术之中，对于生命本质的顾虑和怀疑不会对他们造成妨碍”。他们对音乐颇具鉴赏力，在诗歌和戏剧领域取得了伟大的成就，在建筑和雕塑方面达到了人类历史上其他任何时期都难以企及的卓越水准。他们关注人体，古希腊建筑的腰线（friezes）①表明了他们对于人体之美的倾心。他们积极关注并讨论社会和政治组织。随着时间的推移，他们又转向研究自然、历史和哲学。古希腊人首要关注的是作为“今生”的历史，他们的整个文明和文化都彰显了这种对“今生”的关注。与之相反，“来世”的思想和生活则不是古希腊人关注的重

---

① 指古典建筑柱顶之上、檐口之下的装潢带，雕塑或浅浮雕是最常见的形式。——译者注

点，充其量只有少数人对此较为关心。

赫西俄德（Hesiod，约前 8 世纪）在《工作与时日》（*Works and Days*）中表达了一种把人类发展分为五个时代的观念。首先是在克洛诺斯（Kronos）统治下的黄金时代。在这个时代，人类与神明共存，他们身体康健，不受劳累，也无痛苦。在第二个时代，即宙斯统治下的白银时代，人类互相之间无法和谐共处，神明也遭到了忽视。第三个时代，即青铜时代，充斥着野蛮与暴力。但在此之中也诞生了第四个时代，英雄时代，这是勇敢者和伟人的时代。接着是第五个时代，黑铁时代。赫西俄德认为自己就生活在这样一个自私的、个人至上的时代。“从今往后就是黑铁种族的时代。他们白昼因劳苦和悲痛而无法休憩，黑夜因凶徒而难以安眠；诸神也会给他们带来痛苦……强权即是公理……不幸之人的后代都将为 67
其帮手而争执不休，他们恶语相向，面目可憎，乐于行凶。”尽管没有明确提出一种循环发展的观点，但他或许暗中表明了这一点。“但愿我不是生活在人类的第五个时代中，但愿我在此之前死去，或在此之后降生。”关于邪恶，赫西俄德讲述了普罗米修斯和潘多拉的古代神话。这些神话表明，历史上的恶本质上是由于忤逆神意而产生的。

赫西俄德强调工作的重要性。贫穷源于懒惰，只有通过勤劳工作才能获得财富和荣誉。持之以恒的辛勤劳作可以化解不幸。勤勉或懈怠都会对人造成影响，尽管此类影响可能不会即时显现。“作恶于他人即是造孽于自身。”历史的发展依照着正义的原则。“正义终将战胜傲慢，即使愚笨之人也能够从经验中获知这一点。”“最终，宙斯对恶徒的劣行施以惩戒。”赫西俄德对正义给予了显而易见的重视。人类意识到自己有能力追求正义，这使得人与低等动物区别开来。这种历史上基本的社会关切本质上是神性的，因为它是“宙斯的女儿”。随后，索福克勒斯也传达了一种被广泛接受的信念，即道德法则是“神赐”的。

一些早期的古希腊思想家明确表示，存在的过程是循环的。赫拉克利特可能就是其中之一：“万事万物，无论是人或是神，都在进行上下往复的运动，对换位置，此消彼长，不断流转。”在巴门尼德看来，历史是由唯一实在（One Reality）中转瞬即逝的变化所构成的，他说：“当我开始之时，一切于我而言都是同一的，因为我将再度回到起点。”恩培多克勒认为，实在的两大行动原则是爱与争斗，他主张“在循环过程中，爱与争斗会交替占据上风，还会相互转化，此消彼长”。“因为它们从未停止变化，因而它们也永远处于循环之中。”伊特鲁里亚人（the Etruscans）相信，每一民族都有其盛期（Great Year），并会在其中诞生、繁盛、衰败及死亡。

68 我们描绘了古希腊人看待历史的一般观点，但俄耳甫斯教和毕达哥拉斯学派的历史观可能与之截然不同。人们尚不确定俄耳甫斯教始于何时何地，亦无证据表明不仅只有一小撮人信仰这一宗教。虽然俄耳甫斯教的观念对后来的一些古希腊思想造成了影响，但却并未改变古希腊人的基本态度。俄耳甫斯教坚持把灵魂和肉体区分开来，前者是精神性的，后者是尘世间的。在世俗生活中，灵魂被囚禁于肉体之中。历史的真正意义便在于灵魂从肉体的束缚之中获得解放。灵魂可能有前代或者未来的化身。任何一代生命中的某些恶行都可能由前代的罪孽所引发。在不同代际的化身之间，灵魂可能会有堕入地狱的时期。对于俄耳甫斯教来说，关注的重点从今世转向了超越今世的精神世界，并由此倡导了一种禁欲思想，这与古希腊人的中庸态度格格不入，后者拥有一种和谐的心理—生理（psycho-physical）生活。与古希腊盛行的多神论思想不同，俄耳甫斯教提倡泛神论："唯一的宙斯……万物共有的唯一神明。"俄耳甫斯教的终极目标可能是要保有精神的实在，而非被简单地吸纳进无垠的神性之中。毕达哥拉斯学派可能接纳了转世轮回的观念以及俄耳甫斯教实践准则的某些模式。与俄耳甫斯教诉诸情感主义不同，他们培育了智性的一面。厄琉西斯的秘密宗教（The Eleusinian Mysteries）也让一些古希腊人转而关注死后的生活，他们向新入教者保证，死亡是有益的。

在古希腊历史学家当中，希罗多德（Herodotus，前 484—前 425 年）和修昔底德（Thucydides，前 451—前 400 年）值得在此探讨。希罗多德的作品之所以如此脍炙人口，部分原因在于其覆盖的地理范围甚广，并且作者对不同民族各异的组织形式和风俗习惯怀有浓厚的兴趣。希罗多德意识到了各民族间的差异性。他说，大多数民族都认为自己的生活方式才是最优越的。但在承认差异性的同时，他也发现人之为人，不论在何处都拥有一套相同的行为准则，即"所有人共同遵循的法律"。这一思想是罗马斯多葛学派（Roman Stoics）与中世纪经院哲学（Medieval Scholasticism）之"自然法"（natural law）概念的先导。希罗多德写道，品达（Pindar）称"法
律为王"，此言非虚。他相信记录人们时常求助于神谕这一事实是很 69

有价值的，尤其是在德尔斐（Delphi）得到的，表明人类历史受到了神明之影响的神谕。在一场借薛西斯（Xerxes）之口发表的演讲中，希罗多德称，神明指引着我们，我们若听循其指导，便会繁荣兴旺。不过，他似乎也接受了终极命运的观念："纵使神明也无法逃脱命运的裁夺。"历史需符合正义原则，但未必仅以个人本身作为衡量标准。人的行为可能会对其后代造成或优或劣的影响。个人在社会团体的延续中分担着责任、喜悦和痛苦。这一观念的意涵不是个人主义的，因而与东方的业力法则存在显著差异。希罗多德慨叹人生之短暂，但并不鼓励信仰美好的来世以获得慰藉。他宣称，尽管普遍来讲人是幸福的，但没有人不曾动过轻生的念头。

修昔底德的作品在时空跨度上要远短于希罗多德的作品。前者不仅更加系统化，而且在如何看待历史、驱动历史发展的动力是什么等问题上亦展现出与希罗多德著作不同的观点。虽然修昔底德并未明确摒弃神明（或诸神）的一切影响，但他对此漠不关心。他说，"信心建立在一些可见的根基之上，当这些可见的根基崩塌时，（一些人）便诉诸不可见之物，譬如预言、神谕一类的东西。"他补充说，这些东西"会激发起人内心的希望，而人会被希望毁掉"。诚如戈多尔芬博士（Dr Godolphin）所言："在修昔底德看来，原因与经济需求和政治权力问题相关，原因是多样化的，这种理念必须取代希罗多德式的因果报应（Nemesis）观念。"自然原因是真实存在的，即使我们没有意识到。不过，历史并不是一系列简单的、直截了当的、已被确定的过程。"事件的走向常常像人类的思维过程一样难以掌控、无法理解"，这就是为什么我们把计划中出现的错误归因于偶然性。修昔底德承认，人类意志是历史发展的原因之一，但他坚信人的能力范围是有限的。在他笔下，赫莫克拉提斯（Hermocrates）如此说道：“我还不至于固执和愚蠢到这样一种地步，以至于相信因为我能掌控自己的意志，我便可以掌控并非由我掌握的命运。”修昔底德的作品中没有任何内容表明，在超越性的永恒之物中，或在向 70
更高级的文明的演进中，可以找寻到历史的意义。在历史的进程中，“万物皆有其生长和衰败的周期”。在借伯里克利之口发表的一篇演讲中，我们或许能够窥见修昔底德自己对于历史发展之价值的一些看法。雅典人是“爱美的民族”。他们培育了自己的思想，却不失掉男子气概。他们对所有人都能做到同样的公正。历史的意义很大程度上在于其多样性。“雅典的每一位公民似乎都有能力独自适应各种各样的行为，与此同时还能够保持最大程度的多才多艺和温文尔雅。”尽管修昔底德承认，环境是造成历史多样性的原因之一，但他相信人的思维才是历史多样性的主要根源。“人类思维的多样性决定了他们行动的差异。”修昔底德在《伯罗奔尼撒战争史》中记载了诸多演说，关于所要追寻的目标以及为达目标所要采取的手段，这些演说表达了许多不同的观点。但修昔底德并未说明自己对于历史或历史中的单一目的或多重目的的看法。

## 二

在大多数相关论述当中，古希腊人的历史观与智者派（Sophists）之间的关系可能并未得到重视。智者派并不是一个思想“流派”，他们只是对那些自称可以提供一种超出日常经验的知识之人持有一种共同的怀疑批判态度。古希腊人强调“今世”，他们是这种生活态度主要的捍卫者。在柏拉图（Plato）的《对话录》（*Dialogues*）中可以看到，他们所提出的一些原则极易遭受哲学上的批评。但这无法证明，跟与之对立的哲学观点相较，他们兼具人文主义和实用主义的思想观念距离古希腊人的生活更为遥远。尽管他们关心能够被直接经验的历史生活，但他们并未充分重视其意义中所蕴含的宗教价值。这可能是他们招致敌视的原因之一，这也导致了普罗塔哥拉（Protagoras）被放逐，其著作被焚毁。

柏拉图的《对话录》比古希腊的其他任何文献都拥有更广泛的
71 读者。因此也存在一些与《对话录》中某些观点一致的，对于古希腊历史观的误读，这种错误观点认为，历史就是在思索永恒的过程中寻求从世界中解脱。“柏拉图主义”（Platonism）一词被用以指代从《对话录》中提炼而出的各种思想体系。但柏拉图系统化的哲学思想可能已经通过他在学园的演讲呈现给了那些具备理解能力的学生。《对话录》可能只是面向学园外读者的偶然创作，对古希腊思想的不同侧面进行了不成体系的讨论。《对话录》广泛的吸引力与其文字笔法有很大关系。柏拉图诉诸神话和诗歌的措辞来处理书中提出的一些较为严肃的话题，二者皆以一种令人愉悦的方式迷惑了许多人的心灵。在任何对古希腊思想的考察中，都应当以适当的篇幅来处理《对话录》中的柏拉图主义——因此本书的论述将会比较简短。

虽然《对话录》没有系统论述历史的本质和意义，但却包含了许多与之相关的观念。《对话录》暗含一种宇宙整体循环运行的思想，譬如“世界年”（year of the world）① 的神话就有所体现。不过这一观点太过晦涩难懂，所以在此仅简要提及。此外，“理念”作为一种超越时间的唯一终极实体，它的意涵也不甚明晰。崇高的理念是纯粹静止的吗？崇高的理念，也就是善，与神是一致的吗？或者说神是一种活跃的理念，对历史施加着影响？个体的灵魂只是灵魂这一永恒理念的暂时表现吗？《对话录》认为灵魂不灭，但它似乎又区别于永恒的理念——因为假若灵魂就是永恒的理念，那么这些论证便不再必要。回忆——历史在某种意义上便是由回忆构成的——是不是一种实存生物的机能，而非他们记忆中的理念？除上述这些问题之外，还可以提出其他许多问题。这表明，任何想要从柏拉图的著作中得出一种易于理解的历史观念的尝试，都将是十分困难的。

对于暂时性的，尤其是物质性的东西，《对话录》呈现出一种矛盾的观点：一面要接纳这个世界，另一面又要从世界中逃离。《泰阿
泰德篇》（*Theaetetus*）谈道，人“永远面临着两种模式”，“一种是 72
被佑护的、神圣的，另一种是渎神的、可悲的”。《蒂迈欧篇》（*Timaeus*）称，神创世是因为神是善的，这意味着世界亦是善的。在《斐莱布篇》（*Philebus*）中，在时间中体验到的愉悦，虽不是至高的善，却被认为是与之相伴的事物，或者是至善的组成部分。在

---

① 又称“大世界年”（the Great World-Year）。当所有天体都同时回到其运行的起点时，一个世界年的循环便完成了。可参见柏拉图《蒂迈欧篇》（*Timaeus*），39D。——译者注

《斐德罗篇》（*Phaedrus*）中可以读到一段向潘（Pan）和其他神灵祈祷的祷辞："请赐予我内心之美，让我的外貌与内心表里如一。请让我相信智者会富足，让我拥有一个有节制的人所能够承受和携带的财富。"《会饮篇》（*Symposium*）提到，从最低等的动植物，到理性之人所能获得的最高等真理之相，爱贯穿始终。通过可感世界，我们或许能够攀登到至高之处。虽然完美和圆满的爱、美和真理永恒存在，并与有限的、物质的存在截然二分，但它们可以在历史中通过"美的心灵"、"美的形体"和"美的知识"得到实现。"通往……爱之事物的真正顺序是，从世间的美开始，向上攀登追求其他更高的美，仅仅将世间眼见的美当作攀登的阶梯。"在这一切之中，存在着一种积极的历史观，这与古希腊人的普遍态度本质上是一致的。在神创造的美好世界中，人们可以实现善、真、美的价值，并获得愉悦的满足感。

但在《对话录》和柏拉图的其他著作中亦可见到全然不同的历史观。时间是历史经验发生之处，亦是人类之敌。身体是灵魂的囚牢。人不会将身体作为阶梯，通过可感世界攀登到至高之处，而会竭尽全力逃离身体的束缚。《理想国》（*Republic*）教导我们，人需弃绝感官之娱，方才具备哲学认知的能力。根据《斐多篇》（*Phaedo*）的说法，真正的哲学家对所谓的肉体享乐十分鄙夷，"他的灵魂逃离肉体"，渴望"独处，与身体分离"——大概就是从历史的社会性事务中解脱而出。眼睛、耳朵，甚至"可以说整个身体"都是阻碍灵魂获得真理的干扰因素。如果死亡对人类而言是一切事物的终结，那他们会"愉悦地脱离自己的身体"。《申辩篇》（*Apolo-*

gy）讲道，如果有人假设，死后没有意识，“而是像一场不为迷梦所 73
扰的睡眠，那么死亡将是一件难以言表的益事”。另一种历史观与《泰阿泰德篇》的说法一致：“塞奥多洛（Theodorus），恶永远不会消失，因为善总有其对立面。恶在诸神的天国中没有立足之地，所以必然要在人之本性和这尘世中徘徊。这就是为什么我们应尽快逃离尘世，升往天国；而逃离就是为了让我们尽可能变得像神；变得像神就意味着要像神一样圣洁、公正和智慧。”

亚里士多德（Aristotle）离开了柏拉图学园，建立了自己的吕克昂学园。尽管一些现代学者强调这两位思想家在哲学思想上的亲缘关系，但多年以来学者们认识到的二者之间的差异却更为重要。对于现实生活，亚里士多德保持着古希腊人普遍的“世俗”态度。他写道：“即使存在某一种善，它可以预见普遍的善，或是能够独立存在，它也显然不是人能够实现或获得的善；但我们目前正在寻求的是某种人可以获得的善。”这显然针对的是柏拉图关于“善”的“理念”。他坚信善的特殊性。例如，医生所关心的不是“善本身”，而是“人的健康”，“而且是某个人的健康，是他正在治疗的这个人”。亚里士多德相信人也拥有动物的特征，但他坚持认为，人之所以不同于那些低于人类的生物，是因为人拥有理性。人的动物性和理性都得到了满足，人才能获得幸福。亚里士多德的“四因说”亦可应用于历史。他承认意志活动可以构成一种有效的原因。任何存在所具有的“终极原因”或根本目的都是其自身的独特性质的实现。对于人类而言，历史的目的便在于人类作为一种心理—生理存在的满足，尤其是其理性的满足。亚里士多德强调了古希腊人普遍认可的中庸态度，但他坚持认为，“中庸之道”必须是相对于个人和当时的条件而言的。由于人本质上是“社会动物”，人的历史便包括了政
74 治组织在内。亚里士多德研究了历史上可能存在过或曾经真实存在的政府统治形式，并考量哪一种形式最有助于充分满足人性。我们目前所读到的《政治学》（*Politics*）并不是全本。亚里士多德可能认为，每一位有能力参政的人，都应当各司其职，依照自己的能力参与到政治中去，这才是最好的统治形式。在他看来，有些人就不具备这种能力，譬如奴隶。尽管他可能认为，人类的最高价值是在哲学思考中运用理性，但他并未强调这一点而排斥其他一切价值。他形而上地承认理性是人类普遍具备的要素，在肉体逝去之后依然存在，但他并未以这种方式宣扬个人之永生的学说，来世并不构成今生的行为之动机。在亚里士多德之后，诸多不同派别的哲学在古希腊得以阐发，其中伊壁鸠鲁学派（Epicureanism）、斯多葛学派（Stoicism）和新柏拉图主义（Neo-Platonism）将在本章接下来的部分中得到讨论。

## 三

古罗马人是一个以务实而非以才智著称的民族。从公元前 2 世纪下半叶开始，在古希腊的影响之下，一部分罗马人开始思考哲学。他们自上古时期开始就高度珍视家庭生活，对他们而言，家庭内部的宗教仪式始终颇为重要。罗马人作为一个共同体也紧密团结在一起。他们认为家庭和共同体都受到了超凡的力量或是神明之力的影

响。他们并不是从现代意义上来理解这些神灵之力的。[①]罗马人并不认可那些关于诸神的神话故事。相反，他们痴迷于历史记录。在许多记叙罗马人的历史著作中，与本书目的最为相关的是希腊人波利比乌斯（Polybius，前204—前122年）所著的史书。

波利比乌斯致力于写作一部当时的“普遍历史”。他坚信，若要 75
得到一种关于历史的真实看法，就必须审视与之相关的一切部分及整体。他尤其热衷于研究罗马人是如何使“几乎整个有人栖居的世界都臣服于他们的统治之下”的。他相信历史记录具有实用价值。“没有什么比关于过去的知识更能纠正人的行为。”他从常识的角度出发，漠视或驳斥迷信。他笔下的“命运”并不指某些罗马人所信仰的福耳图娜（Fortuna）女神。命运是“事物的本质”，是任何特定时间和地点的切实境况。命运可以带来好运，亦可招致不幸。若是后者，人便可以抗争命运，有时甚至能够成功地违抗命运。显然，在波利比乌斯看来，人的决心和思想才是影响历史最重要的因素。只有少数例外情况可被归因于“好运或机遇”。他不认为罗马的世界性霸权是神定的“天运”。这是因为，罗马人在完成这项“宏伟而艰辛的事业”的过程中“磨炼自身”。他曾不止一次提到，罗马人会立下誓言，并忠贞不移地遵守誓言。波利比乌斯把这种品质与他们的宗教态度联系在一起。“在我看来，罗马共和国最为显著的优越性在于其宗教信仰的本质。”但他本人的观点是，为“一般民众”所信奉

① 这一观点符合沃尔德·富勒（W. Warde Fowler）在其《罗马的神灵观》（*Roman Ideas of Destiny*，London，1914，p.92）中的看法：“古罗马的神不是人格化的神，而是自然的作用力，它们有成为抽象概念的趋势。”波蒂特博士（Dr Poteat）倾向于认为这是错误的。他的怀疑或许颇有些道理，因为罗马人有时会对他们的神作出回应，就好像神跟他们自己一样拥有自觉的意志。

的神话和宗教仪式受庆典和“无形之恐怖”的影响。如果“有可能建立一个完全由智慧之人组成的国家”，那么宗教便没有必要了。他希望对史事提出一种简单的因果解释。“我们必须寻找原因，因为每一件事，无论可能发生抑或不可能发生，都一定有某种原因。”他试图展现从遥远的原因到最近的结果之间的因果序列。波利比乌斯曾考察罗马霸权的兴起，他笃信历史是一个循环发展的过程，因而他也预见了罗马的衰亡。“这便是政治革命的循环，这便是政体演变、崩溃以及最终回到原初形态的为自然所钦点的过程。任何对这一过
76 程有着清晰洞察的人，在谈及任何一个国家的未来时，在预计这一过程需要多长时间才能完成方面，都可能会出现一些差错。但只要其判断力没有受到仇恨或嫉妒的歪曲，那么对于政体接下来会演变成什么形态，他的预测便很少会犯错。尤其是在罗马国家这个例子上，这种方法将使我们了解到它的形成、发展和最大程度的完善，以及将来必然会发生的由盛转衰的变化。因为，正如我所说，这个国家比任何其他国家都更为自然地形成和发展，并将经由自然的变化步入衰颓。”

后来的一位作家，诗人维吉尔（Virgil，前 70—前 19 年），拥有比波利比乌斯更为广泛的影响力。他深受罗马之伟大的激励，不相信罗马会走向衰亡。在维吉尔看来，罗马所拥有的不是波利比乌斯意义上的那种自然性的历史。罗马是神造的，有着永恒的命运。他在《埃涅阿斯纪》（*Aeneid*）中写下了罗马对于世界的使命。沃尔德·富勒写道，对于当时的罗马人来说，《埃涅阿斯纪》表达了这样一种信念：“天意、神灵的意志、斯多葛学派的理性，或者在诗歌诗

性的设定下，作为伟大的罗马保护神的朱庇特（Jupiter），以及在他身后萌生的依稀可见的命运，所有这一切都指引着国家走向辉煌，指引着帝国从初创不断向前，如果国家的公民要完成这项伟大的事业，他们就必须配得上这种命运。这一崇高的主题贯穿了整部史诗。”人的命运一定程度上被他自身以外的力量所掌控。不过，自由的某些因素也得到了承认。“为命运所癫狂”的狄多（Dido），她的死“不是命运的安排，而是由于突然的疯狂”。众神之父在奥林匹斯的一次会议上说道：“我已禁止意大利在战争中与特洛伊人相遇。无视我的律令，这场冲突算得了什么？”《埃涅阿斯纪》认为，罗马之所以伟大，当然有来自神的帮助，但也是因为罗马人的美德（virtus）和虔敬（pietas）。谨遵神圣的道德原则是在历史中获得成功的必要条件。朱庇特是“万王之王”，他“高擎（正义的）天平，泰然而公正”。“每个人的付出都会为他带来劳动或财富上的收获。”埃涅阿斯奔赴冥府的旅程是为了净化并强化他的品格，亦提出了一些关于身后之事的议题。 77
根据沃尔德·富勒的说法，这趟旅途表达了“一种人类灵魂中的渴望，渴望超越今世的生活，渴望把今世作为来世的预备”。不过，《埃涅阿斯纪》的最后六卷关心的是罗马人现世生活的未来以及永远统治世界的命运。

罗马确乎走向了衰亡。但历史学家们却对衰落的原因争论不休。原因之一可能是，古罗马统治阶层的成员本应励精图治，但却过上了安逸而奢侈的生活。致使罗马上层采取这种生活方式的诱因之一或许是伊壁鸠鲁主义，它是最早从希腊引介而来的哲学流派之一。虽然在更早的年代就有人表达了类似的生活态度，但伊壁鸠鲁（Epicurus，前 341—前 270 年）从哲学的角度对其进行了辩护。除了生活优渥的极少数人之外，伊壁鸠鲁主义是否在古希腊被广泛接受仍未可知。在罗马人之中，伊壁鸠鲁主义的信徒可能更为广泛，因为在政治上取得的成就让罗马人有条件享受这样的生活。简单而论，伊壁鸠鲁式的历史观认为，人全然是物质的，所谓的意识在死亡时便终止了。真正有价值的历史就是人自己的一生，对任何人来说皆是如此。尽管伊壁鸠鲁颇为古怪地承认神的存在，但他认为神太过渺远，所以与人类历史毫不相干。那么，对身后之事的恐惧与对众神之震怒的恐惧，这两种本被认为是阻止人类获得幸福之主要障碍的巨大恐惧，便被视作是毫无来由的。这是因为死后并无可知的来世，而神灵对人类也漠不关心。人们认为伊壁鸠鲁曾说：“我们存在时，死亡便不会来临；而死亡来临时，我们便不再存在。”卢克莱修（Lucretius，前 99—前 55 年）的《物性论》（*De rerum natura*）也传达了这种从恐惧中解脱的方式。

伊壁鸠鲁的学说可能遭到了不少罗马人，以及后来历史上许多其他人的误解。他们认为，伊壁鸠鲁主义意味着感官上的放纵。但在这个方向上走得过头也可能会招致痛苦，在追寻愉悦的同时要避免这种痛苦。伊壁鸠鲁的理想状态是，戒除各式各样的欲望，获得
78 一种朴素的满足。他不提倡禁欲主义，但主张控制欲望，让人生保持安宁。人们施行善举便可以更好地避免痛苦。人们善待他人以收获快乐。人们将历史视作一组“自然”的进程。他们仰赖历史记录的现实功用，因为历史记录能够教导他们，何事能让人过上宁静而幸福的生活，何事又会招致不幸。他们对于共同体将来的历史意兴

阑珊，也从未试图让子孙后代享有一种更高层次的文明。在人的一生中获得一种令人愉悦的安宁，这便是历史的意义之所在。卢克莱修的诗歌提出了一个重要问题：在他所在的时代，罗马人对于死亡的恐惧是否普遍存在？毕达哥拉斯学派在南意大利的信徒把灵魂和身体截然二分，他们指出，灵魂在来世可能会获得幸福。

作为斯多葛学派的先行者，犬儒学派（the Cynic）也将获得安宁作为自己的目标，但他们缺乏倡导斯多葛主义的那派人所具有的思想敏锐度。在芝诺（Zeno）和克吕西普（Chrysippus）之学说的影响下，斯多葛学派诞生于公元前 4 世纪末至前 3 世纪初。尽管具有理性主义的特征，但其动机本质上是实用的。斯多葛学派有助于培育罗马人的性格，它鼓励人们在理性的指导下，掌控冲动和激情，以践行意志力。斯多葛学派关心直接经验的历史，而且不主张逃避历史，因此与古希腊、古罗马普遍的生活态度别无二致。这或许解释了为什么它比柏拉图在《对话录》中所提出的那种从世界中逃离的观点更能被罗马人中的有识之士所接受。

斯多葛学派认为，物质世界的统一性是理性的彰显。神被构想为整体（the Whole）所固有的普遍理性。尽管他们的语言有时似乎暗示着一种人格化的、至高的存在，就类似于有神论思想系统中的神祇，但神意（Providence）依然是这种内在的理性。作为普遍的理性，神意关注生命中个别的事件，尤其是它们与整体的关系。从整体这一概念出发，一切事件仿若都是“必然”的，也就是说，被决定的。不过，斯多葛学派尝试通过个人的“理性自由”来强调道德 79
上的价值和责任。这些关于必然性和自由的观点很难被融合起来。

在宇宙论方面，他们认为世界是循环的。我们已知的这个世界已然降生，最终也会衰亡；然后这个循环将重新开始，发展又终结，周而复始。对于信仰斯多葛学派的大多数人而言，他们从未将今生视作另一个世界之来世的预备阶段。今生的价值必存乎今生之中。

西塞罗（Cicero，前106—前43年）的大部分作品都在阐述古希腊哲学思想。他在《论神性》（*De natura deorum*）中讨论了不少相互矛盾的理论，在他看来，斯多葛学派是其中最为接近真理的。但西塞罗提出的更多是有神论的特质，而非斯多葛学派的泛神论思想。世界与人类都由一种思想所支配，这种思想就是神意，它关心人类的历史。宗教是人与神之间的交流，是历史中不断延续的一个方面。西塞罗在《论老年》（*De senectute*）的某些段落中所提出的历史观与马可·奥勒留（Marcus Aurelius）非常近似。“孩童时期有特定的爱好，青年人是否向往这些爱好？青年人有其爱好，成人或所谓人生的中年需要这些爱好吗？中年人也有一些老年人甚至不会想要寻求的爱好。最后，还有适合于老年人的爱好。因此，正如年轻时的享乐和爱好会渐渐消逝一样，老年人的享乐和爱好也会消失，当这种情况发生时，人便已经过完了自己的全部人生，他离开的时机也就成熟了。”个体历史向前发展，意义存乎其中。“年年岁岁已逝；往昔不再复还，我们也无从知晓未来如何发展；但无论人生是长是短，我们都应知足。”“因为，即使人生苦短，也足以让我们活得体面而幸福。”尽管如此，西塞罗后来逐渐感受到，对人而言，一定存在着某种超越今世的东西。在《图斯库路姆论辩集》（*Tusculan Disputations*）的结尾，他写道：“我们的出生和创造并不是由于无法掌控的危局或者意外，但可以肯定，有一股力量在照料着人类，这不是那生产并养育一个民族的力量，不会在满是悲伤的重负耗尽之后便堕入死亡这一永恒的罪恶之中：让我们将其视作一个栖居之 80
地，一个为我们备好的庇护之所。”但即使把范围限定在西塞罗那个时代受过教育的罗马人，也很难确定这种观点在多大程度上得到了认同。

用拉丁语写作的历史学家最为倾心的便是罗马的历史：其起源、国情、伟大统治者的生平及其权力的扩张。一般来说，只有其他民族对罗马的历史产生影响之时，他们才会在史书中被提及。在此我们只能简要介绍其中两位史学家：李维（Livy，前 59—17 年）和塔西佗（Tacitus，约 54—117 年）。李维的《罗马史》（*History of Rome*）覆盖了罗马历史的很长一段时间，论述也相当详尽。他在前言中写道：“这就是在研究历史时尤其有益且有利的地方：你从显著的发展变化当中见到了各式各样的事例；你从这些事例中找到你和你的国家值得效仿之处；你要注意避开那些行事和结果中的可耻之处。”李维深信，是罗马人民的性格造就了罗马的伟大，他试图指出引领罗马迈向成功的美德，以及导致罗马遭遇不幸的恶行。然而，在他（现在尚存的）作品中，他所描绘的预兆和天才却好似受到了超自然力量的影响。罗马人“所拥有的东西都是众神欣然赐予的”。不过从根本上讲，存在着一种“即使众神也无法摆脱”的必然性。李维在其史著的开头就宣称：“在我看来，一座如此伟大的城市能够诞生，一个能力仅次于诸神的帝国能够创立，都是缘于命运的安排。”有时，命运可能会完全“蒙蔽了人的头脑”。尽管有这样的说法，李维所记述的罗马历史基本上仍是罗马人民在众神的帮助下所创造的。

塔西佗的著作只记载了罗马历史上十分短暂的一段时期，那是一个“灾祸横行，战争残酷，内乱激烈，甚至和平时期都充斥着恐怖”的年代。虽然他偶尔会使用“天神的盛怒”之类的语汇，但他并未诉诸任何神学或者宗教上的因素来阐释历史。尽管他记
81 载了一些被视作预兆的事例，但他自己仍相信原因“是偶然的或是自然的”。在某次提及了一些所谓的预兆之后，塔西佗称：“最具预兆性的场景是维提里乌斯（Vitellius）本人。”塔西佗的《历史》（*History*）和《编年史》（*Annals*）的有趣之处在于，他对于历史的处理和记叙，主要取决于个人的品质、性格的优缺点、远视或无知、美德或恶行。除了揭露罗马皇帝和帝国其他高层的恶行之外，他也刻画了反复无常、缺乏纪律的暴民。作为一位“道德”史学家，他揭示了行为随历史发展而造成的结果。他几乎没有触及更深层次的、具有哲学意义的问题。“人类事物的演变是不是由命运和不变的必然性所决定的呢？我暂不做出判断。事实上，在最富智慧的古人及其门徒之间，意见也存在着很大的分歧，许多人坚信神并不关心我们的生死，或者简而言之，不关心人类；因此善恶与悲喜总是相随；反之，另一些人认为，虽然事件与命运处于一种融洽的状态之中，但这不全依赖于星辰的运行，而依赖于基本的元素，以及自然原因的集合。尽管如此，这些人依然认为我们有能力选择自己的生活，他们只是认为，这种选择一旦确定，造成的结果便不能再改变了。那种庸俗地看待善恶的观点是错误的；许多看上去在困境中挣扎的

人，实则是幸福的；而许多腰缠万贯之人，却感到万分痛苦。”“或许万事万物都存在一种循环，道德上的变革可能恰似季节的交替。”在《阿古利可拉传》（*The Life of Agricola*）的终末，他的确讲到了来世——“正直的灵魂的安居之所”——但这只是一种假设。他会全然依照人们的世俗境况对他们做出评判。在李维或塔西佗的作品当中，没有丝毫迹象表明罗马人认为，或应当认为，人在历史中的主要目标是赎罪；他们也不认为罗马人考虑过，或应该考虑逃离这个作为去往永恒的至臻之境的短暂过渡的世界。

## 四

罗马皇帝图密善（Domitian）可能惧怕哲学会激发其臣民的独 82
立思想，他在公元 94 年颁布了一项法令，将哲学家驱逐出罗马。在被驱逐的人中间，有一位被释放的奴隶，叫做爱比克泰德（Epictetus）。在他流传至今的作品当中，他表达了一种斯多葛学派式的历史观。“请记住，你是一出戏剧中的演员，这样的角色可能是剧作家恩赐、分配给你的；剧作家给你的戏份短，那便短；剧作家给你的戏份长，那便长。”无论从人类的角度看人生是长是短，它实则相当短暂，“因为我不是永生的，我只是人，是事物总和的一部分，正如一天中的一小时。跟这个小时一样，我必然到来；跟这个小时一样，我必然逝去。”爱比克泰德认为，理性人皆有之，而且普遍理性是共通的，人应将自己的历史看作处于神善意的掌控之下。有了这种信念，他们便应当积极而愉悦地赞美神。“如果我是一只夜莺，我会按照夜莺的本性行事；如果我是一只天鹅，我会按照天鹅的本性行事。但我是一个理性的生物，这让我有义务歌颂神：这是我的任务，这是我的行动，只要这是理所应当的，我便永远不会放弃这一职务。你也一样，我恳请你跟我一道歌颂。”

马可·奥勒留（Marcus Aurelius，121—180 年）对历史的性质和意义进行了古罗马人之中最为精妙的思索；作为罗马皇帝，他对罗马的历史也产生了卓著的影响。他的《沉思录》（*Mediations*）既展现了他作为罗马人的气质，也表达了他对于斯多葛学派罗马式的诠释。从他在不同“书卷”中提及的数量来判断，他深信宇宙作为整体，是一个循环发展的过程。他将这一观念应用于历史。“自然的进程始终如一，万事万物皆循环往复。”“这个世界本身是由不断的变化所维系的，不仅各种基本元素在变化，那些由此类基本元素所构成的事物也在变化，它们都处于一个不断生长、不断衰败的永恒循环中。”历史在变化之中必定会重复。就其内容的本质而言，历史总是不变的。“一个人看到了当代的各种事物，就是看见了亘古以来已然出现的一切，以及从此以往将要出现的一切。因为万物以相同的
83 方式而来，亦以相同的方式而去。”“普遍来讲，如果你思考周遭所发生的一切，你便会发现，当代的一切事件在历史上的各个时代都曾发生过。没有什么新鲜事……”“看看整个哈德良（Hardian）朝廷或整个安东尼（Antonius）朝廷，整个马其顿的腓力（Philip of Macedon）朝廷或整个克洛伊索斯（Croesus）朝廷，你会发现他们确实跟你自己是一样的，只是同一出戏剧换了不同的演员而已。”这样一来，生命的长度实则是一件无关紧要的事，因为“无论我们在

一百年还是十万年里看到这同样的场景，对于我们而言都是一回事”。在此类观念的影响下，死后过上来世生活的想法便不再具有吸引力了。面对当下生活的种种疾苦，它也没办法给人以慰藉，因为来世生活只是当下经验的重演。但马可·奥勒留并未断然否认人死后能够继续存在的可能性。人既有身体，也有灵魂。死亡来临时，血肉骨骼将被“还原为它原初的元素”，“灵魂那部分要么消逝，要么被转化为某种其他形式的存在”。他的主要观点似乎是：“一切精神性的存在都将迅速转变为宇宙的灵魂，对一切事物的记忆亦将以同样的速率被掩埋在时间的鸿沟之中。”

当下被视为达成未来尘世状况的一种工具，或被作为死后更好生活的预备，在这两种情况下都无法找到历史的意义。每个人都有自己的一段生命。“至高神会分配给每一生物适当比例的时间。”因此，对每个人而言，历史的意义存乎他自己生命的“当下”之中。马可·奥勒留着眼于“当下”。“所有这些你长久以来苦苦诉求、迂回婉转才能获得的佳事（完满和幸福的状态），你现在都可以得到了，只要你不与自己为敌。只要你不再留恋过往，将未来交给神，在当下的行事符合虔敬与公正，你就能达成这一点。符合虔敬，就是要愉快地接受神分配给你的内容，因为这将有助于你向善，并且这是由命运所决定的；符合正义，就是要自由地、不加掩饰地讲真
话，在任何情况下都要根据理性的法则和目标的重要性来采取行 84
动。”我们所栖身的历史之善并不是享乐主义的。心灵能够且应当相对淡漠地面对欢愉与苦痛。自尊是收获幸福的基本要素。“全神贯注于自己的美德，保持独立。对一个理性的头脑来说，行事始终秉持

正义和诚实，就足以获得幸福，并能享受到永恒的宁静。”虽然马可·奥勒留的根本态度是个人主义的，但他也充分认识到了人的社会性和责任。每个人都要勤勉地完成他“生来的使命”，这包括他在社会中的位置。“我只关心一件事：我所做的事不违背人的本性，也不能以任何方式，或在任何场合，做出不符合我职责或身份的行为。”因为我们“是同一个国家的公民”，“人的首要责任就是培育这个社会”。确切地说，马可·奥勒留是一位罗马人，但他的眼界却是世界性的。“就我是安东尼而言，我的城市是罗马；但就我是一个人而言，我的城市是这个宇宙。”

在人内心深处，心灵是“坚定不移的”：它“不能被强迫着违背自己的意志”。人的心灵在自己的心智范围内拥有“绝对的主权”。“生活力量最为幸福地栖居于你的心灵之中。”对于历史事件发生的根本性原因，马可·奥勒留提出了三种可能的观点：第一，一切都是偶然的；第二，一切都是由“致命的必然性”所决定的；第三，除却人类的自由能够影响的事物，一切都仰赖于友善、宽仁、慈悲的神。他认可第三种观点。对于那些人类无法掌控的事情，只能安之若素。相信神，享乐主义的历史观便无法成立。因为这种享乐主义的观念使人必定会“常常埋怨神的安排，因为神没有按照恶人和善人各自所应得的来分配其恩惠：恶人常常享乐，拥有可供享乐之物；相反，善人却常常受到苦痛和其他困境的侵扰”。然而，相信神却意味着“万事万物都是以最大程度的公平和公正来安排的”。这就
85 导向了一个新的问题，即马可·奥勒留如何看待历史中的恶。他的态度不甚明晰。尽管他称“整个宇宙是一个和谐的系统”，但他也经

常提及邪恶之事。至于生活中的艰辛和痛苦，“人所经受的一切都是他有能力承受的”。

与爱比克泰德所表达的观点近似，《沉思录》的最末一段话将人生比作一出戏剧。这段对话令人倾叹。“哦，我的朋友，你一直是这个伟大国家、这个世界中的一位公民；你在这里只生活了几年，这对你有什么影响呢？……将你遣离这个世界的，不是暴君，也不是不公正的法官，而是起初送你进来的存在。就像一位执法官雇佣一位演员上台，后来随己所好又把他解雇了。这有什么难以接受的呢？

“可我只演了这出戏的三幕，尚未演完全部的五幕！”

“诚然如此，但在人生中，即便只有三幕亦可完成整部戏剧。他最开始创作了这部戏剧，现在又命令它结束，他决定了你何时谢幕。而你对这两方面都不必负责。因此你带着恩典离开吧，因为那令你谢幕者是一位仁慈而宽厚的存在。”

## 五

在几个世纪的时间内，罗马的政治组织崩溃了，社会的芜乱也导致古代罗马人与希腊人的生活方式遭到瓦解。在面临失望并遭受着巨大痛苦的情况下，诸多不同的关于救赎的学说和获得拯救的方式在地中海东部地区得以传播，其中一些来自埃及和波斯。最终，基督教占据主导地位。在意大利文艺复兴时期，一些古希腊的生活观得以复归。安波罗修（Ambrose）和奥古斯丁（Augustine）承继了许多古希腊思想中的优点。普罗提诺（Plotinus）的新柏拉图主义成为古希腊思想体系的最后一处闪光点。在基督教时代早期的几个世纪里，它既导向了各种形式的（非基督教的）诺斯替主义（Gnosticism），也导向了基督教内部的一些异端教派。

86 W. R. 英格（W. R. Inge）写道，“七百年的思辨”都“凝聚在”新柏拉图主义之中。肯定不是所有人都能接受这一观点。本书的论述基于他的两卷本《普罗提诺哲学论》（*The Philosophy of Plotinus*）。尽管新柏拉图主义呈现为一种哲学形式，但它的信徒并不认为它仅仅是理性思考的产物。更确切地说，新柏拉图主义是一种象征性的知识表达，人们相信它从神秘体验中得来。终极实在是“太一”（the One），是圆满的、包罗万象的绝对存在。尽管也有人称“精神……是唯一真正存在的东西”，但太一有时被描绘为是“超精神”的。精神（spirit）与灵魂（soul）并不同一，因为前者是“超意识的”。普罗提诺（207—270 年）谈到了“普遍精神”、“特殊精神”、“普遍灵魂”和“个别灵魂”。太一是万事万物的根本，它自身就拥有不同的层次。它并不是时间产物意义上的原因。因为太一是永恒的，而永恒不是从过去通过现在到达未来的一个不断流逝的序列。反之，太一的特点在于，它是无所不包的当下。尽管如此，英格仍频繁地使用“创造”一词，以暗指时间涉及一系列的变化，而且是历史的一项基本特征。普罗提诺并未试图为时间做出辩解，也没有提出任何关于时间的概念性理论。他认为时间就是一桩经验事实。“时间是自然的。”普罗提诺如何看待时间与永恒的关系？这一问题依然存疑。普罗提诺认为时间是“永恒的形象”；时间竭尽其所能贴近永恒。一切时间之物里都存在着某种永恒的元素。这对于人类历史有着明确的意涵。英格从中推论出，在人类活动的每一个有价值的目标之中，都存在着某种永恒之物。（有人可能会问：为什么不存在于那些无价值的目标之中？——因为那也是在时间之中的。）

根据普罗提诺的说法，宇宙是“一条存在之链，是一系列不断上升和下降的价值和存在”，它们构成了和谐的整体。“天赋灵魂”的生物被送往这个世界，他们可能“会因为渴望他们所离开的家园，从而更加接近神的形象”。“这种即使在无意识的存在中也潜藏着的渴望，是人类道德、智性和审美生活的源泉。”每一个处于整体之中
的灵魂都拥有各自的时间、位置和使命。“世界历史是由无数浩大但 87
有限的计划所组成的，每一计划都有其开端、中间和结束。”不过在此类历史之中，个人的本性却含混不明。英格称，普罗提诺“渴望维护人类的个体性”。“每个人都必定是独一无二的”；每个人都是“原始的动因”，尽管“只有在脱离了躯体之时才能完全自己做主”。不过，尽管历史上已被知晓的特定人物所具有的超意识要素拥有精神上的实在性，但这些特定人物本身却不是真正现实的。人类灵魂或许没有自知的未来，在未来的个人之永生中也无法找寻到历史之目的。对他们而言，在现世生活中的某一特定时段，参与到“永恒的当下”之中，他们所收获的价值便是历史的意义。

在新柏拉图主义内部，关于人如何看待人类的身体与世界，也存在两种对立的观点，这两种观点在上文提及的《对话录》的柏拉图主义中已经有所体现。我们知道，历史在某种程度上与物质相关。新柏拉图主义对物质的解释却是模棱两可的：它存在，又不存在。“在否定物质的实在性时，”英格写道，“我们并不肯定它绝对不存

在。”物质是整体的一个次等元素，在其价值和“实在程度”（无论这是什么意思）方面，都是较为次要的。波菲利（Porphyry）称，普罗提诺似乎羞于栖身在“躯体之中”。“因此，我们必须尽快逃离，我们不幸地受制于躯体，要竭尽所能地把自己从躯体中分离出来……”“我们在这个世界上的生命不过是一种消逝，一种流放。”灵魂“必须剥离掉自身的善与恶，以及其他一切事物，这样它才能独立地感知太一”。灵魂的升降被称为“宇宙和谐必要的且不可或缺的部分”。

有时，普罗提诺又表达了不同的看法，他把尘世视作“天堂上佳的复制品”。“这个世界怎能……与精神世界相分离。那些轻视精神世界的人证明，除了精神世界这个名字之外，他们对其一无所知。”那些世俗之物、时间之物具有积极的意义和价值：因为它们是永恒的太一实现完满的组成部分。英格试图解决这一难题，调和上
88 述两种看待世界的不同方式。他写道，我们必须铭记，对普罗提诺而言，实在存在于“富足而光荣的精神生活之中，在这种生活中，无论我们在感官世界里放弃掉了什么，都会收获得以改观的、高尚的回报”。对于这种言论，有人可能会说，“得以改观的、高尚的”的意涵并非不证自明。英格承认，实在作为价值王国的学说在普罗提诺的著述中并不明晰，在英格的描述中，新柏拉图主义所追求的历史意义是对于真、善、美之永恒价值的体验。“返回自身并检视自身。如果你仍未在彼处发现美，那便如雕刻家一般去凿、去刨、去抛光，直到其雕像具备一切美的特征。因此，你要从你的灵魂中把多余的凿去，把歪曲的矫正，把黑暗的净化、照亮，雕刻的工作永

不停歇，直到美德散发着神圣的光辉在你眼前闪耀，直到你看到清心寡欲以其圣洁的纯净留存在你心胸之中。”

英格，一位基督教牧师，宣称自己是普罗提诺的“门徒”。他的
思想本质上是新柏拉图主义的，但他避免使用新柏拉图主义的措辞
来陈述基督教教义。他将新柏拉图主义呈现为一种在我们这个时代
仍需思考的“活的哲学”。从这一角度观之，他对于西方的人类进步
观念持猛烈批判的态度。然而，在《普罗提诺哲学论》第三版的序
言中，他哀叹道，“现代精神”“不会同情”“对世俗事务和文明问题
漠不关心”的普罗提诺。关于普罗提诺的历史观，即认为历史是由
无数短暂而有限的计划所组成的，他争辩道：“这种观点在各个方面
都远远优于在欧美流行的、并不周全的永恒进步理论。永无止境的
目标是一种自相矛盾的说法。此类目标既不可能形成，也永远不会
实现。在目前被视作整体的世界序列中……可能存在一个单一的目
的；但前提是我们必须承认，目前的世界序列有一开端，也将会终
结。自然科学当然对这个星球将来的命运一清二楚。人类的成就总
有一天会被抹去……（那些）否认精神世界的信仰，将自己的理想 89
投射到无尽的未来之人，在哲学和科学方面都会遭遇搁浅……人类
必须为其不可避免的命运找寻慰藉，这种慰藉只存乎于一切价值都
得以恒久留存的天堂之中。”

# 第四章　有神论的历史观（Ⅰ）：琐罗亚斯德教、犹太教和伊斯兰教

## 一

90 在西方世界，“琐罗亚斯德教”这个名称被广泛用以指代一种起源于古代波斯的宗教和思想形式。现如今波斯本土的琐罗亚斯德教信徒相对较少。信仰这一宗教的群体现在主要在印度，他们的祖先大约一千年前便开始往印度迁居。尽管古波斯与古印度《吠陀经》（*Vedas*）的早期宗教思想有诸多相似之处，但印度的琐罗亚斯德教信徒始终是一个封闭的群体，他们恪守其信仰与思想，毗邻的印度教施加的影响几乎没有给他们带来任何改变。琐罗亚斯德教与后期的印度教判然有别。印度的琐罗亚斯德教信徒在今天一般被称作帕西人（Parsis），该国受教育程度最高的一些人也位列其中。他们是现代印度立国的先驱，而这本质上得益于他们对历史的看法和态度。

琐罗亚斯德（Zarathustra）是琐罗亚斯德教的创始人，其生卒年月尚无法确定。帕西人学者认为他生活在公元前 1000 年左右，但

一些西方学者把他活动的年代定在了公元前 7 世纪。《伽萨》（*Gathas*）是现存最早的琐罗亚斯德教经典，相传它记载了琐罗亚斯德本人提出的教义，其主要原则贯穿于琐罗亚斯德教的历史之中。其中最为核心的内容是神的观念。主神被叫做阿胡拉·玛兹达（Ahura Mazda），这个名字让人明确认识到神明的智慧。与之相契合的是，琐罗亚斯德教强调精神而非物质，前者才是存在的根本。阿胡拉·玛兹达是完美且永恒的，他主宰万物、无所不知且至善。自然世界和人 91
类皆是他的造物。他对人施以援手，也对人做出评断，他在人类历史上恒在。

《伽萨》描绘了神明创世这一善举，这揭示了琐罗亚斯德教信徒基本的历史观。神立地擎天。神决定了月亮的阴晴圆缺，并勘定了太阳和星辰运行的路径。神让风变得轻快。神让天国披上圣光。神创造了“予人愉悦”的牲畜、植物和“江河湖海”。神创造了人，创造了人的精神和肉体，赋予了他们自由意志。神激发了父子之爱；神使人沉睡，使人清醒，还赐予了不少其他的祝福。神以其智慧划定了人类历史的进程，物质世界便是人类历史上演的舞台。为此，神根据人在历史上的行为确立了道德规范。人类的自由使他们有能力违背这些规范。但《伽萨》并未表明人类历史在尘世间便可完成。琐罗亚斯德信仰永生。他祈求世俗生活的美满，最终在邪恶被根除后享有永恒的幸福。

琐罗亚斯德十分关心人类生命中的恶。他鼓励人们不懈斗争来剪除邪恶，这揭示了琐罗亚斯德教信徒所秉持的第二种基本历史观：对各种方式的恶进行激烈抗争。在《伽萨》中，安格拉·曼纽

（Angra Mainyu）代表了邪恶，是抗争的对象。恶本质上是德鲁杰（Druj），是“谎言”、“欺骗”，是神之智慧的对立面。琐罗亚斯德及其门徒并未试图将恶视作虚幻之物来为它辩解。他们也从未主张要“出家”，逃离日常生活。他关注的重点在于形式各异的罪恶：撒谎、凶杀、欺诈和怠惰；还有那些低于人类的生物所带来的痛苦、疾病和不幸，例如那些毁坏庄稼的生物。“安格拉·曼纽”这个专用以指称邪恶的词的用法，已经引发了诸多争论，来探讨琐罗亚斯德教的教义是否根本上是二元论的——一个至善的阿胡拉·玛兹达和一个至恶的安格拉·曼纽，二者皆非神明的造物。正统的琐罗亚斯德教
92 学者已经推翻了此类观点。当“精神”这个词与邪恶联系在一起时，实则是被用以指称一种心理上的倾向。

在琐罗亚斯德的时代之后，紧接着便是大约从公元前 6 世纪至公元 2 世纪的阿维斯陀（the Avestan）时代。在这段时期，先于《伽萨》产生的宗教思想在各方面都得到了新的阐发。在琐罗亚斯德及其学说的影响下，该宗教曾一度被迫退居幕后。早期神话、伊朗神祇的观念、传统的仪制和典礼开始被视作琐罗亚斯德教的一部分。但琐罗亚斯德的基本教义在思想领袖和宗教领袖之中依然占据主导。世界因神明的智慧而创生，亦因神明的智慧而终结。琐罗亚斯德教断然宣告了善恶之间的判然对立。这种对立被描绘为两个截然不同的世界：“正义世界”与“邪恶世界”。这两个“世界”是人类历史上两大敌对的群体和派别，主要是由二者之间的冲突所造就的。在这阿维斯陀时期，人们的态度发生了变化，他们开始愈发关注来世生活的观念。要想获得极乐的永生，正义是至关重要的。历史的主

要意义在于它与终极目标的关系。尽管如此，人们仍然相信人世间的历史本身也具有价值。阿胡拉·玛兹达被赋予了“幸福无疆”、“幸福完满”和“幸福之主”之名。他创造了“为人类带来愉悦的土地”。他自己拥有充分的喜悦，因而也能赐予人类幸福。家人们祈求人间的一切福祉，祈求其家庭能够永葆幸福。每个人都被号召在与邪恶的斗争之中尽到自己的一分力。与《伽萨》的时代相比，这一时期更加相信每一代人都会从先辈的成就中获益，也有义务为了后代的利益而努力奋进。正义获得胜利会造成社会性的影响。人们坚信，世界将在最终的胜利之中经历一场革新。根据普鲁塔克（Plutarch）的说法，波斯人相信，人类将在这次革新之中形成统一的国家并拥有统一的语言。

尽管波斯人遭遇了诸种不幸，譬如许多琐罗亚斯德教经典被毁，93
宗教团体遭到解散，但在萨珊王朝建立后，约公元224年，琐罗亚斯德教再度振兴了起来。虽然人们对于宗教仪礼和繁文缛节非常关注，神话观念也广为盛行，但琐罗亚斯德的基本观念和态度仍然得到了应有的重视。在摩尼（Mani）所宣扬的教义之中，物质本质上是邪恶的。这被视作异端邪说，他也在公元274年遭到处决。摩尼教（Manichaeism）在地中海地区传播甚广。正统的琐罗亚斯德教信徒认为，身体作为一种物质性的存在，本身并不邪恶，也未必是邪恶之源。与摩尼所倡导的独身生活不同，他们鼓励人们立室成家，生儿育女亦是高尚之举。在他们的观念中，禁食会使身体孱弱，因而人在抗争邪恶、保卫正义的斗争之中会变得无力；此外，这也让神明所造的欢愉毫无意义。精神上的存在比世俗的东西更为重要，但追求财富是也值得赞扬的。玛兹达克（Mazdak，卒于公元528年）的教义具有原始共产主义色彩，主要与政治和社会组织相关。不过这些教义遭到了琐罗亚斯德教思想家的反对，理由是它们违背了神明在创造人类时塑造等级差别的意愿。

在钵罗比（Pahlavi）时代后期，约公元3世纪到9世纪，出现了一部名为《斥疑解》（*Skikand Gumanik Vijar*）的作品，与摩尼提出的精神—物质二元论不同，这部作品为一种新的二元论辩护。如果神明——他凭一己之力就能够创造不会遭遇厄运的生物——没有其对立面，那他为何没有造出这样的生物？如果他想这样做却无法做到，那他就不是全能的。如果他能做到却不这样做，那他就不是全然仁慈的。这部书以有神论者关心的方式来探讨恶的问题。作者最后的论证几乎全然以神明的性质作为基础，而这是琐罗亚斯德教的核心。神明是至善的，因此神明所带来的皆是善果。如果神明向善，那么其他某些存在必定会作恶。《斥疑解》的作者认为以下这
94 种观点十分荒谬：神明创造了恶，因而人类才会重视与之相对的善，譬如人类在贫困、疾苦和死亡面前才会珍视财富、健康和生命。以神明的智慧，他绝不会创造将会与他自己作对的存在；以他的先见之明，他有能力知晓这样的存在将会反噬他自身。恶必然脱胎于其他某种独立于神明的存在。不能说邪恶源于人，因为人是神明的造物。不过人拥有自由，因此可能会被恶所引诱。《斥疑解》的作者与琐罗亚斯德教的信徒都笃信神明是全能的，恶终将被战胜。正统派既反对这部作品，亦拒斥了现存的其他一切根本上是二元论的理论。

琐罗亚斯德曾明确教导说，人有选择善、争取善的自由，亦有

屈从于恶的诱导的自由。其个人历史的意义在一定程度上取决于他们如何行使其自由。然而在钵罗比时代后期，一种宿命论学说被广泛接受，这主要是由于波斯人遭遇的政治上的不幸，占星术的普及也在某种程度上促成了这一现象。一部钵罗比语著作写道：“万事万物皆为命运所支配。”如果命运已被确定，那么一切与之相悖的努力都只是徒劳。有人试图将命运观念与琐罗亚斯德教的信仰相调和，根据他们的理论，命运仅掌控世俗事务，而人类来世的精神福祉则取决于他们自己的态度和付出。但琐罗亚斯德教维护了人惩恶扬善、激浊扬清的自由，这一切都与世俗事务相关，因此这种理论显然违背了琐罗亚斯德教的教义。

琐罗亚斯德教文献呈现出一套精心编制的思想体系，但它是分析性和阐述性的，而非批判的哲学性的。跟耆那教和某些印度教的思想体系不同，它并不主张把“智解脱道”作为通往理想境界的首要途径。琐罗亚斯德教承认知识的重要性，但占据主导地位的态度从古至今始终是行动与信仰。他们的核心理念在于神明，他们信仰来世生活，同时也认识到，神明可能会为了人类的享乐为今生赋予价值，因此就教义这方面而言，琐罗亚斯德教信徒接受伊斯兰教信仰并不会特别困难。波斯的大多数琐罗亚斯德教信徒显然也都这么 95
做了。不过，琐罗亚斯德教对于其宗教经典并未恪守穆斯林对于《古兰经》（*Quran*）那样的教条。因此，尤其是在现代，帕西人的思想发展更加自由，对文明的演进也有着更加广泛的了解。如今，印度最为杰出的帕西人能够一方面保留他们古老信仰的精粹，另一方面摒弃与之相关的神话思想和一些宗教仪式。他们完全接受历史的积极意义及其动态的进步性，这与他们的信仰是相符的。

M. N. 达拉（M. N. Dhalla）的杰出著作极佳地反映了琐罗亚斯德教在当代的历史观。达拉学贯东西，曾任巴基斯坦城市卡拉奇的高级牧师。《我们日臻完美的世界：琐罗亚斯德的生活方式》（*Our Perfecting World*：*Zarathustra's Way of Life*，1930）这部著作的书名既展现了他看待历史的主要态度，也表明琐罗亚斯德的学说是他思想的根基。他主张，琐罗亚斯德教并不是一种过时的思想模式和生活方式。达拉博士借鉴了许多当代西方的思想和方法，但总能将之与琐罗亚斯德教的信条联系起来。在介绍他的作品时，遵照他自己的行文顺序将会很有乐趣。他把对于恶的思考摆在首位，并在导言中写道："人类的进化归根结底建立在抵抗邪恶的基础之上。"他紧接着肯定了琐罗亚斯德教积极乐观的特质。他这部作品的目的在于"表明我们的宇宙正朝着一个目标进发。纵观人类历史，人类的生命在各个阶段都是不完美的，通过扬善除恶这一不变的规律，人类生命始终在缓慢却稳步地趋向完美，这便是目标之所在"。这正是琐罗亚斯德传递给人类的"希望的讯息"之意蕴。

这部著作第二部分的内容是"进化中的宗教"。从最开头关于原始宗教的一章开始，达拉博士梳理了所有重要宗教的历史发展阶段：
96 从宗教先知活动的时期，到充满形式主义和迫害的时期，再到科学与宗教对峙的时期，接下来是人们脱离宗教的世俗化时期，而后人们会回归宗教。他以最后一章"从多元宗教到单一宗教"为这部分作结。在这些发展阶段之中，既有前进，也有倒退，达拉博士将宗教主导性的进步视为人类历史的一个主要方面。宗教将会"持续吸收并接纳每个人身上体现出的最好的一面”。而当所有宗教中最好的一面综合起来，就将形成人类未来的宗教。此后人类便会发现，从此宗教或彼宗教的立场出发来进行思考变得不成立了，唯一的出发点就是这门单一宗教。达拉博士首先考虑的是宗教，这与琐罗亚斯德教的有神论是一致的。阿胡拉·玛兹达，智慧的主，唯一的神明，他是万物之源，是他让历史成为可能。

神的根源在于思维：因此下一部分的内容是“进化中的思维”。思维和语言的发展既错综复杂，又成就斐然，达拉博士从中追溯了思维进化的过程，接下来探讨了现代教育的目标和成就。在这方面，就跟在宗教方面一样，他也看到了一种迈向普世视野和普世合作的进步。“知识不分国界，也不存在社会等级或宗教信仰的差异，世界上受过教化的男男女女正成为知识上的普世主义者。普世性的教育是我们这个时代一切开化民族的目标，是促进相互理解、相互信任、相互同情，实现人类普遍兄弟情谊的最有力的帮助。”

琐罗亚斯德教从不认为历史的意义仅存于社会本身之中。唯有个人需要跨过钦瓦特桥（Chinvat）① 去接受最终的审判。不过琐罗亚斯德教也总是在强调社会关系的重要性：善是自成一体的，在世界上，善的胜利只有通过社会合作才能实现。因此在下一部分，达拉博士谈到了“进化中的社会生活”。家庭作为一种社会团体有其独特的价值。但达拉博士并不看好我们这个时代的家庭。由于经济和其他方面的状况，“世界各地的家庭都在瓦解”。在琐罗亚斯德教中，

① 琐罗亚斯德教中隔断生死阴阳的“审判之桥”，灵魂被判定为邪恶者会堕入地狱，而灵魂被判定为善良者则会升往天堂。——译者注

97 健康的家庭生活总是会得到赞美，神明也会赐予其祝福。另一方面，他承认在法律、司法和政治方面也取得了进步。民主这一“由人类智慧所发明的、迄今为止的最好的政府形式”正越来越广泛地得到采用。人类可能会超越民族主义的阶段。“在遥远的将来，人们可能不知道有民族或者种族，但有着斯多葛式的世界公民意识，他们只知道人类，世界就是他们的祖国。为这一天的到来而奋斗并非是痴人说梦。”琐罗亚斯德教充分认识到了反抗侵略的必要性；但反战的呼声愈发强烈。不过国际条约、战争准备、均势理论、外交手段和帝国主义都未能终结战争。达拉博士在 1930 年写道，国际合作在不断推进，这将让战争不再发生。

达拉博士从琐罗亚斯德教的立场出发，认为神是世界和人类的创造者，他转而思考文明问题。他追溯了东方和西方在过去历史上的联系，考察了它们在当下的交往，并指出了它们各自在未来对世界文明和世界文化所能做出的贡献。“人类在七千年的文化发展中所取得的成就，不是东方或西方单一一方的创造。二者都根据其特殊的才能和独特的禀赋，为人类贡献了不朽的财富……人类稳步的进化仰赖于东西方共同的奉献……任何一方都是不完整的，没有能力单独完成人类面临的艰巨任务。”在回顾了历史上的经济发展和人类在身体素质方面所取得的进步之后，作者在最后一章转向了对于“进化中的文明”的思考。历史上的不同文明在他看来并非全然对立。相反，从完整性的角度来看文明这个概念，每一个单一文明都只呈现了它的一个部分。历史在某种程度上是在向普世性的文明进发。“如果在一个遥远的、文化性的千年之后，人类开始接受一个普

遍的文明，它将不是某一特定民族的文明，也不是东方的文明或西 98
方的文明，而是一种融合了人类一切民族之精粹的文明。”在达拉博士笔下，琐罗亚斯德教的历史观是一种普遍性的进步，它受到了这样一种信念的启发：在神明——智慧之主——的支配之下，善的全面胜利这一终极目标终将会实现。

## 二

《希伯来圣经》展现了犹太人如何看待历史的本质以及人与历史的关系。其中大多数篇章所具备的历史性特征证明了犹太人对其历史抱有浓厚的兴趣。这里我们关注的并非不同典籍的编纂时间问题。这些典籍被编排起来的一般次序，暗含了他们心目中从人类起源开始的历史顺序。这些史著的内容和书写方式表明，犹太人感兴趣的东西不仅仅是单纯的事件记录。比之更为重要的是，参照跟事件相关的人员之态度以及与上帝的隐秘联系，对事件进行阐释。那些历史题材以外的论著表达了此类阐释的基本观念，描绘了对待上帝的正确态度，陈述了人类在生活中应当遵循的道德原则，这些都具有重要的意义。

从根本上讲，犹太教持有一种彻底的有神论历史观。应当从上帝主宰一切的观念出发来理解历史。尽管曾有一段时间，犹太教或许相信不同的民族会信仰不同的神明，但从很早的时期开始，他们便认为神是独一的。虽然《希伯来圣经》的第一卷《创世记》（*Genesis*）的前几个章节可能会被视作神话传说，但其基本观点是，上帝开创了人类历史。上帝创造了世界，创造了历史发生的舞台，这才使历史成为可能。他创造了具有灵魂和肉体的人类，使之成为心理—生理兼备的生物。他把人类安置在“伊甸园”这一方净土之中。
99 但历史上也存在着恶。最早的人类是亚当和夏娃，他们“堕落”的故事就被用于解释恶的起源。这个故事揭示了始终存在于犹太教历史观中的两种观念：人有服从上帝的自由，亦有违抗上帝的自由。因违抗上帝而脱离上帝的掌控，这是万恶之源，其他一切邪恶皆生发于此。虽然上帝把亚当和夏娃逐出了伊甸园，但上帝并未就此断绝与人类的联系。犹太人始终相信，上帝在历史上一直与人类有所交往。虽然在《创世记》中，人只有汗流满面才能糊口，这被描绘为一种诅咒，但在后来的圣经中，人需要工作却被视作一种祝福。上帝赐予人“心灵的智慧，使人能完成各种各样的工作”。《希伯来圣经》中没有任何关于历史不断进步的信念。相反，历史的演变既有前进，也有倒退；既有欣欣向荣的时代，也有灾祸横行的时代。在某些特定的场合，上帝会介入历史。虽然在《希伯来圣经》的描述中，人是受到了邪灵撒旦（Satan）的引诱才会为恶所侵扰，但在《希伯来圣经》中却极少提及撒旦。

犹太教理解上帝的方式对他们的历史观造成了至关重要的影响。上帝是一种灵体，因而不存在能够为人所见的具象。不过，上帝曾“按照自己的形象”造人，因而人也是一种灵体。具备了这种存在上的相似性，用以描绘上帝的表达便与用以描绘人类的表达近似。上帝有智慧，有毅力，有喜爱、义愤等情感。犹太教没有混淆上帝和他的造物，也没有将二者等同起来：物质世界和人类都不是上帝的一部分。当犹太教的拉比拒斥斯宾诺莎（Spinoza）哲学时，是按照其传统教义行事的。

以色列人逐渐相信他们是上帝的“选民”。史著记载了上帝为他们所做的一切。这种信念不仅是一种民族的自豪感，而且具有鲜明的宗教意蕴。上帝与亚伯拉罕（Abraham）立约说：“我要使你成就一个伟大的民族，我要赐福与你，使你声名显赫……地上的万国都将因你而得福。”有时上帝会以某些特定个体能够感知的方式出现。他在幔利平原的亚伯拉罕那里显现，又在西奈山熊熊燃烧的树丛中 100
向摩西（Moses）显灵。在一次特别的历史事件中，上帝把律法授予摩西。这就关系到犹太教历史观中的一项基本原则：道德不是由人创造的，也不仅仅是与不断变化的生活条件相关的社会产物。道德与上帝的旨意一致，无论在何时何地，道德原则都一样有效。是上帝把道德展现给了人类，而非人类自发地认识到了道德。上帝创造人类和这个可理解的世界时自有其目的，而这便是上帝引导人类实现其目的一个主要方面。上帝是一位公正的法官，《希伯来圣经》也载录了他在历史上做出的一些裁断。

犹太教的历史观从古至今都不是个人主义的。这种历史观首先面向的是“以色列人民”，然后才是人类整体。国王们在尘世间帮助上帝施行统治，目的在于促进上帝选民的福祉。先知们宣扬正义与对上帝的虔诚。《希伯来圣经》不提倡任何形式的“出家”，不主张投身于任何形式的苦行隐修生活。犹太教认为，婚姻和上帝所要求的“生长与繁衍”非常重要。俗世生活的财物是上帝馈赠的礼物，要怀着感恩的心接纳并享受。这暗含了一种“入世”的态度。重要的一点是，在早期《希伯来圣经》中，几乎没有提到过人死后继续生活这层意义上的永生。在谈到人死后的来世时，犹太教暗示那会是一种萧条荒芜的状态。

犹太人对于生活的态度在《诗篇》(*Psalms*)中得到了最为充分的阐述。这展现出犹太人在一种特定的情感体验中同时受到了道德和宗教的影响。《诗篇》的核心在于信仰上帝。只有“愚顽之人心里会说：上帝不存在”。是“上帝创造了我们，而非我们自己”。“敬畏上帝是智慧的开端。”时间是上帝的赐予：昼夜皆为他所有。他存在于历史上的一切时间、一切地点。“我往哪里去躲避你的灵？我往哪里逃，躲避你的面？”上帝会严惩恶徒，却赦免忏悔之人，因为上帝心怀仁慈。奸邪之徒只有表面风光，而这也只能持续很短一段时间，
101 他们的内心并不会感到真正的愉悦。“我从前年幼，现在年老，却从未见过正义之士遭到离弃，也未见过他的子嗣讨饭……我也见过恶人风头正盛，好像一棵青葱的月桂树生长得枝繁叶茂，但待他逝去之后，瞧啊，什么也不剩下。”在一切宗教文献中，都很难见到一篇表达真挚忏悔的文章能够企及《诗篇》第五十一篇的深度。“我承认我的过犯。”“求你洁除我的罪过。”“求你在我身上造一颗纯洁的心，上帝啊，求你让我重新拥有正直的灵。”“求你使我重获救赎的喜乐。”不仅破坏社会风俗、违抗律法是罪，疏远上帝也是罪。为了在历史中收获满足，人需要与上帝交流。“上帝啊，我的心渴求你，如鹿渴求溪水。我的心渴望上帝。”上帝给予的帮助多过于人给予的帮助，只要信仰上帝，就不必惧怕他人。“上帝是我们的庇护者，是我们的力量。”“若不是上帝建造房屋，建造房屋之人便是枉费力气；

若不是上帝守城，看守的人就是枉然警醒。”归根结底，是上帝“统治万国”，使他们收获应得的福祉。人跟上帝保持着正确的联系，因而也与其同胞心意相通，与物质世界关系和谐，这种愉悦的状态令人赞美上帝。“我的心啊，赞美上帝。”按照现存的《诗篇》的次序，最末一句话是：“凡是有气息的，都要赞美上帝。”但人生短暂。人的一辈子，如草芥一般倏然枯干，如烟雾一般须臾散去。不过《诗篇》并未强调任何关于来世的理念。其中写道：“上帝将会救赎我的灵魂，脱离阴间的权势，因为他定会接纳我。”

《希伯来圣经》认为，苦难是罪恶带来的结果。但一切苦难都能这样来解释吗？这便是《约伯记》思考的问题，这一问题对于犹太教的有神论历史观具有十分重要的意义。约伯身体康健，妻儿美满，家境殷实，品德高尚，而且对上帝十分虔诚。他精神上的美德与世俗生活的富足似乎相辅相成。接着，上帝便剥夺了他在尘世间的幸福，让他疾病缠身，痛苦不堪。那几位来拜访约伯并与他谈话的人坚信，既然苦难和罪恶总是如影随形，那么约伯本质上一定是有罪 102
的。约伯却难以认可这种看法，也不相信这种观念能够涵盖所有事实。他不打算把自己的苦难全然看作是责罚。他认为自己大部分时候都是一位好人，他“充满了困惑”，十分绝望。他接受了这一观念：尽管他品德高尚，但上帝仍让他受苦。他坚守自己公正的品格并向上帝求助：“啊，我知道在哪里可以找到他。”在绝望的境遇之中，他认为“人为妇人所生，人生苦短，多有患难”；他“生来便陷入困境”。《约伯记》提出了这样一种观点：在历史上，人所遭受的苦难并不是由于他自己的罪过。跟约伯谈话的人坚持认为，这种观点是在质疑上帝的正义。他们坚信这就是由于约伯的罪过。然而，上帝让约伯重获幸福，这表明他们是错的。《约伯记》明确反对纯粹的人本主义历史观，也拒斥了享乐主义的历史观。历史上存在苦难，其目的在于强化人的品格，使人皈依上帝。犹太教的此类观点与印度教的业力法则学说截然相反。有人提问说：“人若死去，还能复活吗?”人无法给出确定的答案。

《传道书》（*Book of Ecclesiastes*），或者说书中这位传道者，可能传达的是一位个体思想家的观念，这些观念可能会被赋予不同的阐释。与之同时代的人和许多后世的犹太人可能并未广泛接受这种观念。这位传道者宣称：“一切皆是虚妄。”他用这句话来概括世俗生活的方方面面。这可以被理解为是在表达人类历史经验的短暂性。如马可·奥勒留一般，他也相信历史总是一成不变。“过去既已存在之事将来仍会存在；过去既已完成之事将来仍会完成；太阳底下没有新鲜事。”随着历史的发展，人类所经验的历史也有诸多变数。“凡事皆有时节，天下万事皆有定时。”恶人必定会受到责罚。但善人也会面临苦难和死亡。传道者称，人死之日比出生之日更美好，这种说法触及一种深刻的悲观情绪。一切皆是尘土，一切又归于尘土。然而，只有浅薄的读者才会认为这卷书的内容对今世完全持悲
103 观态度。传道者并不主张一种否定现世的禁欲主义态度。虽然生活的欢愉转瞬即逝，因而是虚妄的，但也可以且应当得到享受。这是对美德的奖赏，是上帝赐予的礼物。“行你的路；愉快地吃你的饭，心怀喜悦地喝你的酒。”“与你所爱的妻子一道快乐地生活吧。”“上帝赐给人财富，使他能自食其力，取自己的一份，能在劳动中收获

喜乐：这是上帝的恩赐。”人必须寻求与永恒的上帝进行交流。对上帝的虔诚能给人一种持续的满足感。“让我们听一听这一切的结局：敬畏上帝，遵守他的诫命；因为这就是人的全部职责所在。因为上帝会审判人做的所有事，最隐秘的事也会纠察到底，不论是善是恶。”最后，“尘土仍归于地，灵仍归于赐灵的上帝”。

以色列人的历史即使在早期也充斥着战争与不幸。根据先知们的解读，对上帝不忠、不遵守上帝的律法，没有将崇拜上帝作为生活的中心，是这一系列行为造成了这一情况。苦难是由其罪恶所造成的，这种说法首先适用于以色列民族，只在较低的程度上适用于特定的个人。苦难是必要的，这使他们认识到他们是上帝的“选民”，肩负着普世性的使命。第二以赛亚（Deutero-Isaiah）提请他们注意：“我还要赐给你照耀异邦人的光，好叫你施行我的救赎，直到大地终止。”有的人可能会心怀疑虑，犹太人普遍来讲是否会自觉地将这一使命作为其历史的主要目的而努力奋斗。许多犹太人相信一位人格化的弥赛亚（Messiah）的降临。对他们而言，历史的目标是建立一个弥赛亚王国。如果人在王国建立之前便去世了，那么通过肉身复活他们依然能够在其中享有一席之地。迈蒙尼德（Maimonides，1135—1204 年）所阐发的犹太教信条自他那个时代起就在正统的犹太教徒中被广泛接纳，其中包括了以下两种观点：“弥赛亚，尽管会迟误，但必然会降临。”“在造物主对此感到愉悦之时，逝去的人便会复活。”

弥赛亚信仰导致了某种历史观上的转变：人们愈发关注未来。 104
历史的主要意义似乎不在于当下的经验，而在于未来弥赛亚王国的降临。犹太人在什么时候，处于何者的影响之下，开始明确关注来世的理念，这是一个相当有趣的问题。他们连年的不幸加上弥赛亚王国迟迟未到来，可能会让一些人认为这一王国将降临在另一个世界。不过，即使在人们更加频繁地表达永生的信仰的年代，今生的价值依然得到了充分的认识和承认。圣经后典《德训篇》（*Ecclesiasticus*）的作者指明了如何运用智慧和美德来享受尘世的历史。尽管他几乎没有论及来世的理念，但他写道："认识主的诫命就是生命的道理；做令他喜悦的事，便可收获永生树的果子。"《所罗门智训》（*The Wisdom of Solomon*）有言："上帝造人，使人永生，让人成为上帝之不朽的形象。"同样，《厄斯德拉前书》（*Esdras*）第二章也称："当下的生活不是一切的终结……但死亡之日将是这段时日的结束，亦是未来之不朽的肇始……"1799 年，大卫·弗里德兰德（David Friedlander）在柏林的一次有学识的犹太人集会上称，犹太教中只有三条教义是不可或缺的：上帝、灵魂不朽和追求完美的使命。1885 年在匹兹堡召开的一次犹太人大会也采纳了相似的立场，但重申了历史上犹太人的普遍使命。"我们坚持认为，犹太教在不断的斗争和考验中，在被迫孤立的情况下，保全并捍卫了这一上帝的理念，将其作为人类的核心宗教真理。"他们不相信人格化的弥赛亚会降临，而是宣扬"在人类之中建立真理、正义与和平王国的弥撒亚式希望"。他们反对肉体复活的教义而信仰灵魂的不朽。许多犹太人认为，他们历史上最严重的灾难就是他们最终失去了作为一个国家的独立性，被逐出故土，天各一方。一些现代犹太人坚信，犹太
105 人分散在世界各地不仅是上帝所应允的，更是因为上帝有意让他们

作为“选民”来完成他们的宗教使命。在没有政治权力的情况下，犹太人以其独特的方式存续了近两千年，这是一项极为重要的历史事实。他们广泛而深刻的宗教影响力是显而易见的。基督教起源于犹太教，而且从《古兰经》的内容来判断，在穆罕默德（Muhammed）所处的环境中，伊斯兰教受到的犹太教影响可能大于其他任何因素。犹太人认可这个世界是上帝的创造，他们在文化的方方面面都取得了卓越的成就。

克劳德·蒙特菲奥里（Claude Montefiore）是近年来学识最为渊博的犹太人之一，他在《自由犹太教纲要》（*Outlines of Liberal Judaism*，1912）一书中提出了一种现代的，但本质上仍是犹太教式的历史观。他认可将上帝视作一种人格化精神的正统观念，并坚信上帝“掌控着人类历史，并为之设立目标”。世俗的历史具有内在价值，同时也是来世的预备阶段。“我们相信，人类已经取得了进步，而且仍在进步——虽然缓慢，但的确是在进步——从一种低等的正义进步到高等的正义，从对于上帝低级、粗俗、错误的观念进步到对于上帝高级、纯粹、真实的观念。”为达成他在历史上的目的，上帝赋予特定的民族和个人不同的能力和任务。因此，犹太人作为“选民”，“不是为了民族的富强、权力或人丁兴旺而被选中的；不是为了在艺术、科学或哲学上取得成就而被选中的。犹太人被选中是为了学习关于上帝与正义、关于上帝与人类之间相互关系的真正教义与经验，并帮助上帝传播这些理念。”蒙特菲奥里认为“犹太民族的存续”并非出于偶然，“没有上帝的意愿和意图，这是无法实现的”。犹太教所传达的道德和宗教的基本原则是普世性的。但犹太人既是一个民族，亦是一门宗教的信徒，令蒙特菲奥里感到遗憾的是，一些犹太人更关心前者而非后者。因此，这部分犹太人未能充分认识到其宗教的普世性。蒙特菲奥里坦陈，犹太教的基本教义更多是通过基督教和伊斯兰教，而非通过犹太教徒传播的。然而，“对犹太
106 教徒而言，基督教似乎只是一个预备阶段，是在为让世界拥有一个纯粹化的、高度发展的、普世化的犹太教而做好准备”。

## 三

伊斯兰教于公元 7 世纪在阿拉伯半岛信仰地方宗教的族群中兴起。正统穆斯林认为伊斯兰教起源于真主直接传达给穆罕默德的启示。考虑到《古兰经》中关于亚当（Adam）、诺亚（Noah）、亚伯拉罕（Abraham）、雅各（Jacob）、约瑟（Joseph）、摩西、亚伦（Aaron）和大卫（David）的记载，以及其中援引的一些基督教教义，西方学者倾向于认为，穆罕默德在旅行过程中吸纳了诸多传统的犹太教和基督教思想。历史学家也深信，《古兰经》在很大程度上受到了犹太教和基督教的影响。而正统穆斯林却认为，伊斯兰教全然源于真主对于人类完美的、最终的启示。在穆斯林看来，伊斯兰教的历史观不是通过对真实发生的历史事实进行思考而形成的。《古兰经》揭示了人类理应看待历史的方式，是这种方式让人们去关注那些在《古兰经》形成并传播之时被视作历史的东西。《古兰经》为了证实它所传达的那种历史观，从真实的历史中列举了许多事例，以表明它符合真主的启示所提出的原则。“在世界上悠游，眼见罪恶

之人结局如何。”

真主安拉（Allah）是伊斯兰教的核心。伊斯兰教的历史观是有神论的。真主是一个位格，是个体的灵。“万物非主，唯有真主”这句格言，不仅宣告反对一切形式的多神教，也反对在人的生命之中，把其他任何东西或任何人摆在比真主更高的位置上。虽然在西方，研究伊斯兰教的学者都强调了安拉主宰万物的力量，但《古兰经》每一章或每一苏拉（sura）的开头都写道：“奉至仁至慈的真主之名。”在他所具备的诸多特质之中，有三项最为显著：他的仁慈、他的力量、他的智慧。他是独立存在的、永恒的、无所不在的、慷慨的、富有威严与荣耀的。《古兰经》的主要目的是让人们意识到他们与真主的联系。在历史上，人永远无法背离真主。但真主并没有以一种类似于化身的存在参与到历史当中。《古兰经》明确反对耶稣是真主之化身这种教义，并常常谴责它。真主“从尘土中”创造了耶 107
稣。“弥赛亚，玛利亚之子，不过是个使徒。”真主利用先知和神圣的典籍来引导人们：摩西和耶稣是先知，希伯来和基督教的经典通过它们各自的方式传递启示。穆罕默德是最后的，也是最重要的一位先知。从此以后，人类将从《古兰经》以及个人与真主的交流之中获得历史的指引。因此，历史的主要转折点便是《古兰经》的启示。

真主创造了这个具有统一性和其他特征的物质世界，这使得人类历史成为可能，并且具有意义。这种创造活动并不只是“为了消遣”，而是为了“一个严肃的目的”。自然界并非一成不变，真主不断进行创造，“真主在其造物中添加上他想要的东西”。在创造白昼和黑夜及其交替的过程中，他让人类的生命具有了时间性。人类所经验的时间对于人类和真主来说都是真实的。真主创造了人的灵魂，并赋予他们身体以度过此生。《古兰经》表明，他对于人类有一些特别的考量。真主“选中了”亚当，并“关注他、引导他”。真主让人类成为他在世界上的代表。人类在其心灵之中可以与真主建立起精神上的联系。关于《古兰经》是否教导“意志自由”这一问题，已进行了不少讨论。但不能忘记的是，《古兰经》并不是一部系统的哲学著作。它既承认真主支配一切，亦认可人类的自由，但却没有深入思考二者应如何在思想的层面被统合在一起。它断言真主主宰万物，真主为灵魂赋予“其邪恶与虔诚”。不过整部《古兰经》也非常强调运用自由。真主并没有不公正地对待罪人，是“他们自己对自己不公正”。“每一个灵魂的行动都会带来应有的结果。”

伊斯兰教显然给予了个人适当的考虑。它也以同样的方式关注社会团体。真主会对国家做出裁断。人们经常会提到一些城市，根据其遵守还是违背《古兰经》所传达的道德原则，这些城市会得以发展或遭到摧毁。借用德意志人的说法：“世界历史即是世界审判。”
108 每个人最终都会得到他所应得的东西，因为真主以正义统治人类。穆斯林经常被谴责说他们发动战争是为了传教。这种说法在多大程度上是真的，应该让职业历史学家来评判。尽管受过教育的现代穆斯林争辩说，伊斯兰教鼓励宗教自由，但《古兰经》却责令其信众去反对那些信仰与伊斯兰教相冲突的人。信徒们被要求“以安拉的方式”去战斗，也就是说，为了那些符合《古兰经》的教义的东西而战。邪恶将被反抗。《古兰经》承认有一部分邪恶源于人类自身，另一部分源于人类之外的恶灵。后者的首领是易卜劣斯（Iblis），他是真主所创造的，但利用其自由背叛了真主。易卜劣斯宣称，他将用邪恶蛊惑人类，并引诱他们偏离正道。人类所受的这种诱惑至少在某种程度上为真主所利用，来培育人类的品格。《古兰经》称："为了试炼，我们用邪恶和善意来考验你。"没有经受这样的诱惑，也就不可能有自主的道德修养。真主也俘获了一些人，"用痛苦和折磨来让他们变得谦卑"。

伊斯兰教的历史观是向善论的（meliorist）。如果个人和民族都愈发遵从真主的意志，那么一切都会向好的方向发展。穆斯林坚信他们一直以来都是这样做的，并且将来也会如此，因为伊斯兰教最终将获得胜利。真主倡导正义，历史已然证明，不义之人终将失败。伊斯兰教是普世主义的。"东方和西方皆属于真主；因此，无论你朝向何方，都会面向真主。"要判断是否取得了进步，不是看一个文明的外在表现，而是看人们灵魂的状况、他们的品格以及对待真主的行为态度。为实现这一目的，《古兰经》要求穆斯林斋戒。这是一种自我控制、强化品格并让人不贪恋财物的方式。由于实现这一伊斯兰教的目标并非易事，《古兰经》不断提倡耐心并赞扬毅力。真主与坚韧之士同在。伊斯兰教的向善论植根于有神论信仰，他们坚信这仰赖于真主施以援手。过去犯下的罪恶不会阻碍在未来取得进步，因为真主会赦免那些忏悔者，并匡助他们求善。然而，终极的目标并不在尘世之中：来世生活向人类敞开大门。与一些东方的信仰不 109
同，灵魂本身并不是永恒的，而是具有开端的；在灵魂降生于世间之前，人并不拥有前世。人在逝去之后仍以个人的形式存在。在一些苏菲派（Sufi）信徒的著述中，也可以见到一些关于灵魂死后状态的不同观点，但它们都被视作异端。伊斯兰教的信徒们对于来世确信无疑：来世在《古兰经》这一真主的启示中得到了应许。真主创造了个人，在人死后也能够保护其灵魂。人被赋予了躯体，并被安置在物质世界当中，因而尘世间的生活可以是美好的，也应当被享受。不过那些沉溺于“今生”的人最终会万劫不复。来世生活会“更为优渥”且“更为持久”。

穆斯林书写了大量历史著作。他们一直以来都对其宗教和世俗领袖的生活、他们的征战以及政权的建立充满兴趣。就本书的目的而言，穆斯林历史学家中最为重要的一位是伊本·赫勒敦（Ibn Khaldun，1332—1406 年）。有人把他称作历史科学的奠基人，因为他认为，历史是一套特别的知识体系，它会涉及实际历史当中的一切社会现象，并且会揭露在其中发挥作用的各种影响因素、因果之间的连结性以及物质性的和精神性的构成要素。对他来说，历史不仅仅是对事件的记录，更是对内部和外部社会关系的描述。在 14 世纪的穆斯林世界，哲学跟前几个世纪达到的高水准相比有所下滑。普遍来讲，人们对于理性思考充满了疑虑。伊本·赫勒敦也怀有同样的不信任感，于是并未从传统哲学中寻求帮助。他转向了他所认为的历史经验事实。有时人们误以为他是一位自然论者，他援引《古兰经》是不真诚的，只是为了保护自己免受狂热信徒的迫害。这或许是不对的。他所书写的内容意在叙述历史，意在记录真实状况，意在“真主的掌控下”进行创作。

伊本·赫勒敦有时似乎认为，历史的进程更多取决于环境条件，

而非个人的自由行动。但他并未阐发一种严苛的决定论思想。他承 110
认个人能够发挥作用，并且他有时候坚信，正是由于人类的反应皆有相同的本质，帝国的发展阶段才会呈现出一种重复的模式。凭借一代人的努力奋斗，帝国得以建立；下一代人巩固了统治，但同时自我放纵，享受着帝国创造的价值；而第三代人则堕入衰颓的状态，最终被赶下台。伊本·赫勒敦根据不同民族面对的自然环境、气候、土壤特征等情况，探究了他们历史发展的差异。各民族从朴素的状态发展成为一种文明，并形成了自己独特的种族性或地域性特征，这跟他们所处的特殊环境有着密切的联系。每个民族都必须培育利用他们在当时当地所拥有的东西，这样才能生存发展并走向繁荣。他非常能够理解特定时期内的连续性。他认为对未来做出某种预测是有可能的，只要其历史条件与他所知晓的过去和当下足够相似。伊本·赫勒敦强调历史的社会维度，他把个人遭遇的幸与不幸都视作社会中集体生活与公共生活的一部分。他无法对社会上的宗教事实视而不见，他对先知职分（prophetism），也就是那些具有丰富宗教经验的人所产生的影响，给予了相当多的关注。不过，他并未明确从伊斯兰教有神论的立场出发来记述历史。他既不认为历史上存在一个神圣的目标，也没有任何关注终极目标的想法。

从穆罕默德·伊克巴尔（Mohammed Iqbal）的著作中可以推论出现代穆斯林所构想的历史的性质和意义。伊克巴尔出生于印度，在西方接受教育。他在《伊斯兰宗教思想之重建》（*The Reconstruction of Religious Thought in Islam*，1930）一书中思考了伊斯兰教的哲学思想与生活方式。虽然他并没有称自己是一位观念论者（“观念论者”一词在西方的各式意涵可能会让人产生误解），但他拒绝承认物质是一种独特的实质，并认为现实全然是精神性的。知识有三种来源，它们皆通向真主。有通过感官获得的关于物质世界的知识；
111 有关于历史经验事实的知识；有关于真主的知识，人的内心能够通过一种可被称作“宗教性”或“神秘性”的体验来获得它。最后一种获得知识的渠道对人来说是本能的，也是最为重要的。历史的主要目的与价值在于与真主进行虔诚的交流。《古兰经》的目的是“唤醒人类心中更高等的意识，让人类意识到自己与真主和宇宙之间的多重联系”。但宗教与世俗之间并不存在激烈的冲突。“在伊斯兰教中，宗教与世俗并不是两个截然不同的领域。无论一项行为的意义多么世俗，它的性质都是由行动者做这件事时心怀的思想态度决定的。”“根据《古兰经》的说法，终极实在是宗教性的，而它的生命在于它世俗的活动。宗教在自然的、物质的、世俗的领域都能觅到机会……所有这一切事物都为宗教的自我实现提供了契机。一切都是神圣的领地。正如先知美妙的言说，‘整个世界就是一座清真寺’。”

尽管希腊和罗马的古典思想对一些伊斯兰哲学家造成了影响，但伊克巴尔坚信，伊斯兰思想本质上是“反古典”的。它思考问题的风格是经验性的，反对智性的抽象。更重要的是，它反对希腊人质疑时间之真实性的哲学尝试。时间对历史来说是必不可少的。伊斯兰教相信时间是真实的。伊克巴尔强调了《古兰经》中这段话的意蕴：“他正是为那些意欲思虑真主，意欲感恩之人，而使昼夜更迭的。”他讨论了西方关于时间问题的论述，并描绘了伊斯兰思想史上所秉持的不同观点，但他最终采纳了一位穆斯林神学家的结论，这位神学家考察了一切已经阐述的理论。法库鲁定·拉齐（Fakhr-ud-Din Razi）写道："到目前为止，我还没有能够找到任何关于时间本质的真正观点。""阿拉伯人务实的头脑无法像古希腊人那般认为时间是某种虚幻的东西。"

历史是个人的事物。"活着就是拥有明确的轮廓，拥有具体的个性。"人一旦有了自我意识，就不得不面临与他人发生冲突的风险。
伊克巴尔坚信个人具有自主性。"创造"这个词对我们来说有意义，112
只是因为我们自己有能力做出行动。"如果历史仅仅被看作是一幅逐渐显现的，关于一系列被预先确定好发生顺序的事件的照片，那便没有空间来让新事物发生了。"伊斯兰教的历史观认为，历史确定无疑地处于动态之中。真主的创造永不停歇。任何关于真主的先见且妨碍到真主之自由的学说都将遭到拒斥。然而，在穆斯林历史上，人们却广泛接纳伊克巴尔笔下那种"退化的宿命论"（degrading Fatalism）。他写道，这种命运（qismat）学说的采纳和传播，"部分是由于哲学思辨，部分是由于政治上的权宜，部分是由于伊斯兰教最初赋予其信徒的那种生命冲动的力量逐渐衰弱"。

在他的著作中，伊克巴尔很少论及历史上的恶，也从未系统地思考过恶的问题。在讨论《古兰经》所记述的人类的堕落时，他坚持认为这"并不表明任何道德上的沉沦"。亚当违抗圣意的故事描绘了人类第一次自由抉择的行为，因此，根据《古兰经》的说法，这一过失得到了宽恕。此外，《古兰经》并未把堕落视作一个特定的历史事件；相反，这代表了人类生命中的一个因素。把亚当置于"恶劣的自然环境中”并不是一种惩罚：世界也不是“一个本性邪恶之人因其最初的恶行而遭囚禁的刑房”。世界是神之造物，彰显了真主的荣光。它与人的智力以及道德品质的发展相适应。在伊斯兰教的观念之中，历经苦难是一种“矫正性的体验”，可能会使一些人感怀真主。言下之意是，人类历史上的一些苦难是真主为了人类道德上和宗教上的福祉而刻意造成的。

考虑到穆斯林国家的一系列现代政治发展，以及整个穆斯林世界必须有一位哈里发（Khalif）的观念遭到摒弃，伊克巴尔认为，与几个世纪前的阿拉伯帝国主义相比，一种国际化的理想正在萌生。伊斯兰教是普世主义的。伊斯兰教的原则是忠于真主，只在次要的层面上才会忠于某一人类政府。不同族群、不同地区、不同社会阶
113 层人可以肩并肩地站在一起，携起手来在清真寺中参加祈祷。伊克巴尔并不相信历史普遍来讲会朝着一个既定目标前行。在他看来，任何类似的想法都是与真主永不停歇的自由创造相悖的，事实上，也是与人类永不停歇的自由创造相悖的。“宇宙就是一个预先构想的计划在时间上的完成与实现，在我看来，没有什么比这种理念与《古兰经》的教义更格格不入了。”重要的是，要相信真主的智慧在其创造过程中是源源不断的，要相信人类与真主的仁慈在精神上可能是一致的。个体生命的历史具有某种统一性，其价值不仅仅与要在来世达成的终极目标相关。个体生命的价值也在于真主已经创造并正在创造的东西，在于个人的精神自我体验，在于与真主的隐秘交流。

形而上学无法证明人死后灵魂仍会存续。康德从道德角度对其

进行论证只能推导出一个“假设”，而且这一论证也是不确定的。伊克巴尔反对尼采（Nietzsche）永恒轮回的理论，他认为：“我们只能追求绝对的新事物，从尼采的观点来看，绝对的新事物是不可想象的，一切只不过是一种宿命论，这比命运一词所概括的观点还要糟糕。这样一种学说，非但不能激发人类机体为生命而奋斗，反而会破坏其向好的趋势，让自我的紧张状态怠惰下来。”他坚信，《古兰经》教导称每一个有限的自我都是“不可替代”且独一无二的，因而他也接受了人类永生的观念。“无论最终命运为何，人都不会丧失其个性。”“一种经历了数百万年进化的生物，绝无可能被当作无用之物而遭抛弃。”历史的意义既存乎今生，也存乎来世。《古兰经》给人以指引，使人知晓实现人类至善的一切基本原则。“从伊斯兰教的基本思想来看，没有比这更进一步的启示传达给人类了。”

# 第五章　有神论的历史观（Ⅱ）：基督教

## 一

114　基督教对于历史的关切体现在两个方面。首先，基督教相信某些特定事件具有重大意义，无论这些事件是真实的抑或只是传说中的；其次，基督教对历史的一般意义也产生了一些影响。传统的正统基督徒会将后者与前者具体地联系起来。正是考虑到这些特定事件，基督教才得以保持其独特性。基督教上演了一出历史剧。第一幕是亚当的堕落，他的子孙后代也随之背负上原罪并疏离了上帝。第二幕是上帝以耶稣基督（Jesus Christ）为化身降临于历史之中。这一幕包括：第一，他通过其个人影响、生活方式和传教活动来召集信徒，在此基础上建立了基督教会；第二，他被钉死在十字架上，为人类赎罪；第三，他的复活和升天给予人类永生的保证。第三幕是基督教会通过其扩张来向世界传播福音。这一幕至今仍在上演。第四幕，亦即最后一幕，是基督第二次降临，这一时刻既是“审判日”，亦是至善的神国的实现之日。对于基督徒的生命和基督教在历史上的扩展而言，上帝是作为圣灵（Holy Spirit）存在的。在这一理念中，上帝被构想为是三位一体（trinity）的，圣父（Father）、圣子（Son）和圣灵三个位格融通为一。基督徒笃信圣父是世界和人类的创造者，是他让历史成为可能；圣子是救赎者，让历史朝着神意所向的目标发展；圣灵在历史的进程中让人类变得圣洁。此类正 115
统基督教观点的根基是这样一种信念：在人类被亚当的罪过所玷污后，上帝有必要化身为人进入到历史之中以拯救人类。这种上帝道成肉身的教义构成了基督教与我们前一章所讨论的有神论历史观之间的根本性差异。

人们无法用所谓“科学的”历史探究方法来证明作为基督教之根基的那些事件真实发生过。这些事件既无法得到确证，也难以从哲学的角度加以驳斥。它们只能因信仰而被接受，事实上也的确是这样被接受的。虽然现代神学家往往采用批判的方法来研究《新约》（New Testament）和基督教教义的历史，但几乎无一例外地，他们仍依循着基督教信经（creeds）所表达的信仰观念。因此，尽管在当下和过去都存在着这样一批人，他们自称信奉某种形式的基督教，同时却反对信经中提出的某些信条，但本书关注的仍是传统意义上的正统观点，是这一观点表达了基督教特有的理解历史的方式。

历史上的基督教始终把基督作为中心，但这并未削弱它有神论的一面，因为耶稣基督本身就被视作上帝。耶稣传达了上帝的启示，因而他对于历史的看法以及他所宣扬的关于历史的教义便极为重要。他从童女玛利亚（Virgin Mary）而生，他的诸多神迹以及他死后的复活使得人们信仰他的神性。在某种当代思想方式中，耶稣一度被视作是弥赛亚，彼得（Peter）向他忏悔，最终他的信徒视他为“上帝之子”。他教导说，内在的灵性态度是生命中最为重要的事，这一态度的核心是对上帝的爱，并且要遵从上帝的意志，这会让人真正地爱自己，并像爱自己一样爱身边的人。他接纳了十字架上的苦难，因为这是父的旨意，而且通过那苦难可“除去世间的罪孽”。他承诺，幸福的来世“在天堂之中”。虽然他过着一种自我否定的生活——（“人子无处安放他的头”）——并号召别人做出牺牲以追随
116 他，但他承认婚姻之乐，也没有克制自己不去参加宴饮。因此，虽然他的态度在某种程度上是禁欲主义的，但却不会彻底地逃离这个世界，也不会为了追求永恒而拒斥短暂的历史。他所宣扬的理想一方面在于个人的品格，另一方面则是在上帝的国度里人与人之间的和谐共处。就这两方面的历史而言，忏悔是必要的，从自私、漠视上帝，转向为他人服务、与上帝交流。被上帝宽恕之人，亦应宽恕其同胞。耶稣通过寓言故事和其他一些方式，阐述了人在历史中应如何行动：向上帝祈祷；充分发挥上帝赐予的才能；在那些需要帮助和遭受苦难的人面前做一个“好撒玛利亚人”（good Samaritans）[1]；接纳那些改邪归正之人；纠正人们错误的看法；以正义之名，而非为了人们的称赞而行善；把天下所有人皆视作自己的手足，不要有犹太人与异邦人之间那种令人生厌的隔阂。在他年轻时与犹太拉比们的讨论中，人们认为耶稣关注知识，因为他参与了“他父的事”；由于他提到了田野中的百合花，人们也认为他能够欣

---

① 取自《新约·路加福音》中的一则故事：有一个人被强盗打伤，躺在路边。一位祭司和一个利未人路过，都无动于衷。唯有一位撒玛利亚人看见了，动了慈心，不仅帮他治疗了伤口，还自己掏钱把他送到了旅店。因而“好撒玛利亚人”指的是乐善好施之人。——译者注

赏美。

研究《新约》的学者们普遍认为，至少在一段时间内，耶稣可能跟诸多与他同时代的人一样，相信他们所知晓的历史将会提前终结，一个尘世间的弥赛亚王国也将诞生。他的思想或许在他的生命历程中有所改变。他断然拒斥了大众化弥赛亚信仰的一切政治面向，也禁止他的门徒询问弥赛亚王国何时降临。“那日子、那时辰，无人知晓，天使亦然，唯有父知道。”他的一些教义可能受到了这类末世论信仰的影响。他所宣扬的那些现在看来不切实际的道德戒律，可能只是为眼前即将发生之事而准备的一种“临时的伦理道德”。即使在他被钉死在十字架上之后，他的门徒仍然相信，他将很快复活并建立王国。在基督教历史上的不同时期，有一些规模较小的团体曾宣称，耶稣即将再临。不过，尽管仍有一部分基督徒相信基督会二次降临，但人们普遍认为，历史的目标存在于来世。与这一理念相 117
关的是，在历史的终结之处，所有的逝者将会复活，“审判日”亦将到来。

基督教的所有派别都相信上帝与历史密切相关；它们都承认灵性生命能够超越尘世生活得以延续。早期基督教对于肉体复活的信仰与世间千禧年（millennium）的观念有关，逝去的义人将携着他们的躯体复活。但有些人认为，这种信仰意味着人们在来世中可以通过某种方式相互认识。对此，人们采纳了圣保罗的说法，复活的是“灵性的身体”（spiritual body）。关于个人的终极命运，基督徒持有三种理论：一是普救论（Universalism），即无一例外，所有人终将臻于完美；二是有限论（Conditionalism），即只有值得继续存在的人才能生存，其他所有人都将湮灭；三是永享极乐或永受刑罚，即善良的灵魂将获得天堂的福佑，邪恶的灵魂将永远遭受与上帝相隔绝的地狱之苦。世俗历史本身并不包含完整的意义。

对于早期的基督徒来说，基督可能是希伯来信仰的顶点，就如万众期待的弥赛亚一般。保罗在向异教徒传道时指出，基督就是古希腊哲学家们曾追寻的那种神一般的存在。后世的一些思想家把他们所知晓的犹太人、希腊人和罗马人的一切过往与历史，都描绘成基督之降临、基督教会之奠立的预备阶段。一切已然逝去的历史都是基督的先导，一切将要到来的历史都将被视为实现基督的意愿。道成肉身以及耶稣的受难、复活和升天构成了历史的核心事实。参照这些事实，人们也能够参悟历史的意义。这一意义便在于，实现人类与上帝建立正确关系所需要的一切。基督教的历史观首先是宗教性的，在于与上帝的沟通交流；其次才是伦理性的，在于个人的诚实正直以及人类作为社会整体的福祉。历史也包含有其他特别的
118 价值。其中一些价值可在那些描绘耶稣圣迹的故事（无论这些圣迹是否真实发生过）中见到：为饥民提供食物并治愈疾病。基督徒们承认历史具有一些特别的价值，但他们的看法因人而异，出入较大。对于现代的有识之士而言，可以说这包含了真、善、美的概念所囊括的一切。

## 二

圣奥古斯丁（St. Augustine，354—450 年）是整个基督教历史

上首屈一指的思想家，有鉴于此，他对于历史之本质的论述具有独特的价值，本书也对他给予了特别的关注。奥古斯丁在不同时期有着不同的观点，其思想的侧重点也各不相同。他并没有协调好一些相互龃龉的观点，这导致他的作品中存在一些前后矛盾之处。在他的诸多著述之中，只需要考察《上帝之城》（*The City of God*）和《忏悔录》（*Confessions*）两部便足以达成本书的目的。尽管奥古斯丁是一位杰出的哲学家，但他的立场与其说是建立在哲学之上，不如说是建立在他对基督教信仰的接纳上。他宣称，哲学家们一直在潜心寻找一种“把握幸福”的方法，但与“基督教信仰的确实性”相比，哲学是“不确实的”。他以基督教的上帝观念为根基，反对泛神论，也反对将上帝与上帝的造物混为一谈。如果上帝被构想为一种包罗万象的实在，“有谁看不到接下来会发生什么不虔诚、不敬神的后果？如此一来，无论人践踏了什么，一定是践踏了上帝的一部分；无论人屠杀了什么活物，也一定是屠杀了上帝的一部分”。此外，如果“冒犯者是上帝自身的一部分……那他为何会迁怒于那些不崇拜他的人呢?”奥古斯丁拒绝接受上帝是“世界的灵魂”这种观念。真正的上帝不是灵魂，而是“灵魂的创造者和主宰者”。上帝是灵（spirit）。灵是一种比人类在其自我意识中称之为灵魂（soul）的东西更为根本的存在。上帝不受任何必然性的束缚：因为他创造了自然，他也能够改变自然。上帝拥有预知的能力。“承认上帝存在，同时却否认他能够预知未来，这是再明显不过的愚蠢之举了。”因此，未来将会发生的历史也在他的掌控之下。

在奥古斯丁看来，历史既涉及时间，亦涉及永恒。上帝是永恒 119

的，是他创造了时间。不应从时间的角度出发来理解或描绘永恒。上帝是泛时间（pan-temporal）的，也是永恒的。虽然无法以智性的观念来理解时间，但人们却一定能够体验时间。“什么是时间?”他写道，“……谁能够从思想上理解它，能够用语言把它表达出来呢?在话语之中，我们能提出什么比时间更熟悉、更常见的东西呢?……那么时间究竟是什么?如果没人问我，我倒清楚；如果有人问我，我想向他解释，我却不明白了。”奥古斯丁认为，时间与永恒的关系从宗教的角度来讲是真实且重要的，但凡人却无法理解。在人类历史中，上帝即是神意。尘世间发生的历史事件是被“唯一的上帝凭其喜好操控与支配的”。他“绝不会被认为将人的王国……置于他神意的律法之外”。人类王国的建立是被神意所支配的；这既非偶然，也非必然。尽管我们并非总是能觉察到“最后的审判”，但它确乎是存在的，上帝的审判将显现于错综复杂的人类事务中。纵使有人见到善人遭遇不幸，而恶人时运亨通，上帝也不能被称作不公。

已经有不少学者论述过奥古斯丁的人性观，尤其是他对于人类的意志自由以及上帝预定的人类命运的看法。在这方面，他的思想中存在一些他未曾调和的矛盾观点。在他的信仰中，上帝主宰万物的观念高于人的自由和责任。但人们也应当充分地意识到，他以不那么明显的方式承认人有能力做出抉择。对于二者的关系，他并未得出一个令人满意的结论。个人的自由和道德责任是奥古斯丁历史观的重要内容。他在此面临的基本问题是，人有多大的能力通过自己的意志来实现灵性价值，来收获平安与喜乐，而这是个人历史至高无上的意义。人类意志或许可以掌控躯体，但却无法完全掌控心

智。要克服这一缺陷，就需要上帝的恩典。灵性生活涉及一种人与 120
上帝共同参与的双重关系，而上帝在其中扮演的角色较之于人更为重要。

奥古斯丁在《忏悔录》中提到，在他改信基督教之前恶的问题是如何困扰他的。他在改宗后认为，从哲学的角度讲，一切恶都是缺失性的（privative），是善的不在场。“没有任何东西本性就是恶的，‘恶’代表的无非是对善的渴望。”“有两种恶，一种是人所做的，另一种是人所受的。他所做的是罪；他所受的是罚。上帝的意旨掌管并支配万物，人愿作恶，便会招致他不愿受的罚。”人的罪就在于不忠于上帝，不追求世俗生活的利益，不培育个人品格，不注重社会之爱，而这些都是上帝的意愿。奥古斯丁甚至写道，虽然罪是个人身上的一个“可悲的污点”，但“宇宙甚至因为有了罪人而显得愈发美丽”。当他描绘地狱之永恒时，他指的定然是一种永无休止的煎熬状态。上帝让魔鬼引诱人类，而这将使人受益。当上帝“让我们身陷囹圄时，既可证明我们的完善，又可矫正我们的缺陷，作为对我们耐心忍受现世痛苦的回报，他为我们保留了一份永恒的奖赏”。“无论何处，更大的快乐都是由更深的痛苦带来的。”从罪恶中获得救赎是奥古斯丁的主要关切之一。基督教的意义很大程度上就体现在这种救赎之中。死亡是美好生活的终结，但不应被视作罪恶。

奥古斯丁反对历史周而复始的循环理论，一部分原因在于，他相信上帝道成肉身是“一次性的事件”。仿照圣经中上帝用六日创世并在安息日（Sabbath）休息的说法，他把历史划分为七个时代：其一是从亚当到大洪水；其二是从大洪水到亚伯拉罕；其三是从亚伯拉罕到大卫；其四是从大卫到巴比伦之囚；其五是从巴比伦之囚到基督诞生；其六则是奥古斯丁自己身处的时代；在第七个时代，上帝“会像在第七日一样安息，也会令我们在他怀中安息”。奥古斯丁对比了历史上两种不同的生活方式。二者代表了个人和不同社会群体的态度。“按照圣经的说法，只存在不超过两种人类社会，我们可
121 以恰当地称之为两座城。一座城是由那些希望依照肉体生活的人组成的；另一座城是由那些希望依照灵性生活的人组成的……”但在这句话里面，“依照肉体”生活这样的表述可能会让某些人相信“肉体”是邪恶的——奥古斯丁并无此意——他的另一处论述更有助于我们理解：尘世之城由那些“仅仅根据人来活”的人构成，而上帝之城由那些“根据上帝来活”的人构成。两座城的观念反映了历史上人与人之间的基本对立。尘世之城建立在自爱之上。在尘世之城中，“君王和它所征服的国家都是被对统治的热爱所管辖的”，这是一种权力的自豪感。尘世之城“在这个世界上有它的自己的善，并为其所能承受的快乐而感到喜悦。不过，由于这种善并不能让它的信徒摆脱一切痛苦，这座城市常常因诉讼、战争、内讧自己就分裂了。要是有一方获胜，要么代价是生灵涂炭，要么胜利会转瞬即逝”。尘世之城不是永恒的。上帝之城建立在上帝之爱上。在上帝之城中，“君王和臣民在友爱中互相侍奉，臣民服从，而君王为所有人着想”。根据上帝之城的观念，“生命永恒为至善，死亡永恒为至恶”。当上帝之城在尘世间暂留时，会“召集来自各个国家的公民，组织一个由讲各种语言的朝圣者组成的社会，以此来保障和维护尘世间的和平，不必顾忌习俗、法律、制度上的差异……”最后这段

话并不是说暂留于尘世的上帝之城与真实存在的基督教会是同一的，而是描绘一种尚待发展完善的无形的统一体。上帝之城的福乐在今生无法完全体验；历史的目标是超越尘世的。“我们今生所享有的安宁，无论是我们与他人所共有的，还是我们自己特有的，与其说是积极的幸福与享乐，倒不如说是对于我们所受痛苦的慰藉。”

如果把奥古斯丁对两座城的区隔看作是恶主导的尘世之城与善主导的上帝之城之间的对立，那将是一种大谬不然的想法。尽管在奥古斯丁的生平及其思想当中，可以看见他在面对俗世生活时认可禁欲主义的某些方面，但他无意倡导彻底的禁欲主义。他反对摩尼教的二元论并不代表他的历史观是全然超脱尘世的。他的《忏悔录》 122
表达了不少他对于世俗财富的倾慕。但这些东西只是一时的，不能将生命中的至高无上的地位赋予它们，也不能抛开永恒的灵性价值一心追求它们。如果一个人的生命以灵性价值为鹄的，那么他也可以追求并享受上帝在创造物质世界时赐予人类的东西。他坚信，美貌“的确是上帝的创造”，但他也意识到美貌“只是短暂的……较低等的善，爱美貌不能胜过爱上帝，上帝是永恒的、精神性的、不变的善”。世俗的欲望在人类生命中有一席之地，这也是上帝对于人类的安排之一。他在《忏悔录》中一段值得关注的话里表明了这一点：“人的灵魂无论转向何方，除非朝向你，否则即使被美好的事物所吸引，也只会陷入悲恸。然而这些源自你、源自灵魂的美好事物，如果非你所赐，便不存在。它们生长又消亡，生长便朝着应许的方向发展；它们成长是要让自己完善；完善之后便由盛转衰；衰老之后，它们都将枯亡。因此当它们生长且向好时，滋长愈快，衰亡也愈快。

这是它们的规律。这在很大程度上是你赋予它们的，因为它们是整体的一部分，构成整体的事物并非都是同时存在的，它们此生彼灭构成了整个宇宙。我们的言语也是这样，藉着发出声音的迹象，才得以完成；但若不是一个字发出了它那一部分声音便过去了，让另一个字继之，言语也无法完成。上帝啊，万物的创造者，求你使我的灵魂从这一切事物中赞美你；但不要让我的灵魂被爱恋拴住，通过肉体的感官被这些事物所吸引。因为它们所要去的地方是虚无；它们用致命的欲望撕碎她，因为她渴望如此，却又喜欢在她所爱的事物中安息。但在这些事物中并无可供安歇之处；它们不作停留，它们逃跑；谁能凭肉体的感官跟上它们呢？是啊，当它们近在眼前时，谁能又抓住它们呢？因为肉体的感官是迟钝的；因为它是肉体的感官，因而它是受约束的。就感官所想要达成的目标而言，这已经足够了；但要阻止事物从它们指定的起点奔向指定的终点，又是
123 不够的。因为在你创造它们的言语里，它们听见了你的旨意：‘生于此，逝于此’。”上帝创造我们是“为了他自己”，“我们的心唯有安息在上帝怀中才能获得安宁”。对上帝的爱是人类生命中至高的价值，它能给予的满足感其他任何事物都无法比拟。它应该是人类无论今生还是来世的根本意义。对奥古斯丁而言，“永恒”一词的意义更多是宗教性的，而非哲学性的。上帝本质上是永恒的，因为人们无论何时皆可“安息”在他怀中。

## 三

在中世纪，人们强调要信仰上帝的启示，而此类信仰有别于理

性。上帝在历史上通过耶稣基督来显现自身。他通过其受难与死亡来为人类赎罪；他的复活也向人类允诺了来世的存在。历史最初被构想为一段接受考验的时期，一段为来世生活预备的时期。许多苦修式的戒律明确体现了这一观念。修士和修女们都希望能够尽量摆脱历史上的世俗羁绊。彼得·达米安（Peter Damiani，约1007—1072年）有言："这个世界如此肮脏、如此罪恶，以至于任何一个圣洁的心灵即使只是想到它都会遭到玷污。"但丁（Dante，1265—1321年）的《神曲》（*The Divine Comedy*）表达了一种中世纪基督教的历史观。人类的历史并不局限于尘世，而会延伸到未来，囊括了地狱、炼狱和天堂的状况。尽管人们可能会被归入有善恶之分的不同群体，但精神态度与行为活动却属于个人，这主要取决于他们自己的意志。正义的原则贯穿整部《神曲》。但丁笔下那些身陷地狱之人，自始至终违抗上帝。那些身处炼狱之人，虽仍有罪，但他们的意志转向上帝，努力救赎罪恶。不过但丁对于人类历史的理解并非是全然超脱世俗的。他相信人类最终能够在尘世间建立一片乐土。

在文艺复兴时期人文主义思潮的影响下，意大利天主教会开始更加关注尘世之物。而传统的基督教历史观并未受到过多影响。1681年，这种观点在波舒哀（Bossuet）的《论普遍史》（*Discourse* 124
*on Universal History*）中得到了经典的表述。波舒哀坚信，历史事件按因果顺序前后相继，发生于前一个世纪的事件决定了发生于后一个世纪的事件。"我们不要再谈论机遇或运气了，或者说，我们谈论它们仅仅是为了掩盖自己的无知。在我们看来，有些东西是机遇

或运气，但我们的观点拿捏不定；而在一个更高的、永恒的、将一切因果统合在一个秩序之中的观点看来，却是确定无疑的安排。”正是这一神圣的计划决定了帝国的盛衰。在历史上，人们为一种高于他们自己的力量所支配；在其影响之下，人们或多或少地完成了一些超出自己意愿的事情，这最终促成了上帝的安排。人类的核心目标在于宗教，而波舒哀正是主要从宗教的立场出发来考察历史的。他拒斥了除犹太教和基督教以外的其他一切宗教信仰。“希伯来人和基督徒侍奉的神与世界上其他人崇拜的那些不完美的、邪恶的神灵没有丝毫相似之处。”最终，上帝化身为耶稣基督在人类面前现身，并向人类指明了一条“新的道路”，为基督教历史指引了方向。耶稣揭示了来世的真相，并告诉人类十字架是“通往天堂之路”的。耶稣一生都背负着十字架，最终也死在十字架上。从此以后，根据波舒哀的说法，教会便成为了历史的核心要素。无论是外部势力的敌对还是教会内部的纷争都无法破坏它。他坚信，教会长盛不衰而反对耶稣的犹太人始终蒙受苦难这一“事实”证明了该观点的真实性。“教会具有一个永恒的主体，人若脱离这一主体便必定会迷失自我。而那些与之团结在一起并完成了无愧于其信仰的工作之人，便可以获得永生。”伯里（J. B. Bury）评论说，波舒哀的理论基于“一条几乎不加掩饰的公理，即人类是为了教会而被创造的”。但由于他所受的教育和周遭的环境，波舒哀难以想象脱离了基督教会还存在真正的宗教。人类不是为了教会而被创造的，而是为了永生，波舒哀相信教会的建立便是为了获得永生。

125　16 世纪至 17 世纪的宗教改革并未给基督教的历史观带来根本性

的改变。宗教改革家们依旧认为，尘世间的生活是来世生活的预备。新教并非是受到了文艺复兴时期的价值观念之影响而诞生的。大多数新教徒在随后几个世纪里才开始逐渐认识到文化的内在意义，这是对人文主义之发展和思想自由之进步的一种接纳和适应。宗教改革家至多是禁止对修士和修女加以苦行性质的限制，并且反对神父必须独身，以此来让他们更多地参与到正常生活之中。尽管新教徒愈发关注世俗事务，但他们并没有在事件的时间流变中寻找历史的意义。上帝出现在历史之中，主要是为了保障个人灵性上的福祉。加尔文（Calvin）鼓励人们勤劳工作，为各自的事业奋斗，但又要求人们删华就素，戒除骄奢。世俗的成就仰赖于上帝。“除非上帝慷慨相助”，否则勤奋不会给任何人带来进步。

加尔文和路德（Luther）在某种意义上都否定了人类的自由意志。路德承认，人们在世俗事务中拥有一部分自由。而加尔文无意否定一切自由。他在一篇驳斥某些自由思想家的文章中宣称：“他们认为人不具有任何自由意志，仿佛人只是一块石头；他们革除了善恶之间的一切界限，所以在他们看来，做任何事都不会出错，因为上帝是它的主宰者。”加尔文坚决拥护人类的责任。归根结底，加尔文和路德是想要强调，人类灵魂的救赎更多依赖于上帝，而非人类自己。在历史当中，无论是为了人类灵性上还是肉体上的福祉，上帝比人类贡献得更多，这是基督教有神论的一项基本原则。

人们常常认为，新教与罗马天主教的历史观有所不同：前者以后者从未采用过的方式承认并维护个人的地位。天主教会对个人的关怀基本上是在宗教和道德方面。教会要求个人在神父面前私下进

126 行忏悔，而神父可以给予个人灵性上的指导。这是对个人的一种肯定。宗教改革在某种意义上是对天主教会的某些做法和教义提出抗议，但它同时也是在反对天主教等级制度的主宰地位。宗教改革主张摆脱某些形式的权威。但主要的新教教会却仍有着各式权威，例如《圣经》的权威、各种表达信仰的方式的权威。不过，对个人自由的倡导促使科学、哲学和政治统治得以发展。统一教会是历史的中心这种观念受到了挑战。教会与国家的关系变得愈发多样。个人自由的原则已成为现代历史的基本原则，推动着现代文明向前发展。

没有一位神学家如约翰·班扬（John Bunyan，1628—1688 年）一般，在他的两部杰作——《天路历程》（*The Pilgrim's Progress From This World to That Which Is to Come*，第一部 1678 年，第二部 1685 年）和《圣战》（*The Holy War*，1682）——当中以如此令人惊叹的方式描绘了关注个人历史的基督教。班扬并没有以史学家的身份来看待史事，但他认为这些事件表达了历史的真理。这一点可见于《圣战》结尾处的注释："因此，我们得以追溯'灵魂的历史'，它的各个阶段、它的轮替、它的变迁、它的欢乐与泪水、它黑夜和它正午的荣光。各式各样的灵性经验在此皆被囊括其中——撒旦之奴的倾心侍奉，忤逆之子的反叛，灵魂被囚禁的悲恸，良知不安的警示，灵魂在忏悔和祈祷中归向上帝，浪子归向天父，叛乱者臣服于他的国王，信仰之路的愉悦，违法者故态复萌，内心的刚硬，灵魂的属世之安，灵魂意识到它面临的危险，向全能者寻求帮助，漫长而艰苦的历练，重新面向上帝，寻找失去的爱人，重新忠于并皈依上帝，对伟大的以马内利（Immanuel）的爱和得到的深情关爱。"

尽管《圣战》或许包含一些社会层面的意蕴，但“灵魂城”（the city
of Mansoul）却更多指的是有着多重情感、思想和意志的个人灵魂，
它有着内心的纠葛，也在为和平而奋斗。《天路历程》（第一部）描 127
绘了一般的、作为个人的基督徒，其中心人物就叫“基督徒”
（Christian）；第二部描绘了他的妻子和孩子的经历。《恶人先生的生
与死》（*The Life and Death of Mr. Badman*，1680）讲述了历史上
不信教之人的态度和行为，与另外两部著作中所描绘的基督徒恰成
对比。班扬信仰的是传统的正统派基督教，他相信耶稣化身为上帝
之子，耶稣的死让人类从历史上的罪恶中得到救赎并获得平安。

## 四

在19世纪上半叶，不少人都试图从德意志古典观念论的角度来理解基督教。这些思想并没有把基督教阐述为一门宗教，而只是提出了各种形式的哲学泛神论。他们强调上帝，认为他是无所不在的、永恒的基督。弗里德里希·冯·施莱格尔（Friederich von Schlegel，1772—1829年）的《历史哲学》（*The Philosophy of History*，1828）反对此类思想，并为传统观点作出声明和辩护。这部著作广为流传，它的一些主要观点在整个19世纪都被正统基督徒所接纳，至今仍是如此。冯·施莱格尔承认，历史哲学必须基于对实际历史的反思，但他坚信，基督教信仰的基本原则却并不依赖于职业历史学家从历史研究中所能获得的东西。历史的进程与这些基本原则的意蕴自古以来都是一致的。“历史哲学，作为一种历史的精神或理

念，必须从真实的历史事件中推导出来……一个相关联的整体历史。”它是企图获得“对整体全局的明确洞察力”的一种尝试。冯·施莱格尔区分了两类互相对立的主导性历史观。其中一种观点认为，“人无非只是被赋予了理性的动物，并逐渐为理性约束，最终提升自己获得才能”。在这种观点看来，“人类文明的历史不过是一部循序渐进的、进步的、永无止境的历史”。而根据另一种观点，人“真正的本质和命运在于他与上帝的相似性”。这一观点认为，“人的历史必须是重塑与上帝的相似性，或是朝着这种重塑进发的历史”。前一
128 种观点坚信人具有“可完善性”（perfectibility），冯·施莱格尔承认其中有“非常符合理性”的内容。不过，“人也有跟可完善性均等的可堕落性（corruptibility）”。而实际历史所揭示出的事件发展进程与第一种观点截然相反。

冯·施莱格尔认为，“首要的史实”是人落入“自然的统治之下”。“自然的莫名力量”在人的身上发挥作用。因此，冲突是起源于人的，并且传遍了所有世代。冲突在每个人身上反复出现。冲突是普遍的，“可被视为一种心理……现象”。在历史上就能找到这种堕落造成的后果。人类的堕落是无止境的。进步或退步在一定程度上取决于人作为一种精神所具有的自由意志。“一方面是善的或神圣的准则，另一方面是恶的或不良的准则，正是这两方之间的冲突，构成了贯穿人类生活和人类历史始终的主旨。”无论是人类整体还是每一个体，所要完成的伟大任务都是要“重塑自然与神意之间的和谐状态”。这其中的进步与倒退构成了历史的关键部分。冯·施莱格尔认为，上帝首次造人时赐予了人类一项启示，这项启示是关于上

帝自身的，也是关于上帝为人类设定的生活方式的。尽管各民族都在堕落，但在他们神圣的传统之中，仍然存在着原初那项启示“最清晰的迹象和零星的痕迹”，尽管其中常常掺杂着错误。冯·施莱格尔在细致地对不同民族的历史进行研究时，曾试图给出这方面的证据。他称，这些历史有着不同的阶段。“首先……是天真直率的童年时期；接下来是……青年时期；后来是精力充沛、富有活力的中年；最后出现了年纪渐长的症状，这是一种普遍衰颓的状态。”但不同的民族在历史上都拥有其特殊的位置。“例如，希伯来人的整个历史性存在和命运，都被限制在神意所分配的其中一段伟大时代当中——它只标志着人类向着神之目标迈进的一个阶段。”然而，“神之正义的宏伟历程”存在并贯穿于世间的各个时代。冯·施莱格尔认为，犹太人的流离失所和他们后来蒙受的苦难，是对他们拒绝耶稣基督 129
的公正的惩戒。

在历史的进程之中，犹太人与上帝订立的契约，上帝赐予希伯来人的启示，古希腊的语言和思想乃至罗马帝国，都是被神意所支配的，都是基督教兴起的根柢或“基石”。关于基督教真正的起源，他写道：“当我们用信仰的眼光来看待这整个过程时——当我们想到，此后世间的一切事物都是从看上去如此微小的开端中生长起来的时候——……我们便愿意相信我们的救世主生与死的奥妙和奇迹，不，他的整个学说体系都与这些奥妙和奇迹紧密相关……这些内容应当全部归入宗教。”这“超越”了普通历史的范畴。虽然它们对历史哲学具有重要意义，但却不能用历史哲学来解释它们。任何将耶稣基督仅仅描绘为一个普通人的叙述，都是“非历史的”，或者说是

“反历史的”。冯·施莱格尔用这样的陈述来表明，他的历史观与传统基督教信仰是契合的。“我们一旦移走了普遍历史这座拱门上拱顶位置的那块圣石，世界历史的整个架构就会沦为废墟。”没有对基督教学说的信仰，“整个世界历史就会变为无法解开的谜团——一个无法走出的迷宫——未竟的伟业堆积成山的砖块和碎片——而人类可怖的悲剧将依旧无法得到真理之照临”。同样地，“上帝为人类赎罪的恩典之奥秘”必须“暗设”在基督教历史哲学之中：“它超越了世俗历史的范畴”。人类取得的进步有前后相续的不同阶段，这些阶段以“三条史实”作为标志：原初启示的存在；基督教的建立；现代欧洲在文明中的优越地位。现代历史的要旨在于基督教所涉内容的进一步发展。在其论述的结尾，冯·施莱格尔凸显出时间性与永恒性的对立。“时间的精神”是“跟上帝的造化和基督教相对立的”。这种精神“在这类人身上是显而易见的：他们在考量和揣摩时间以及一切时间性之物时，并不依照着永恒的法则以及对永恒的体悟，
130 而是从短期的利益或世俗的动机出发，他们扭曲或轻视，并且遗忘了永恒的思想与信仰”。

在 19 世纪上半叶数十年的时间当中，观念论主宰着德意志人的思想，神学家们也概莫能外。但到了 19 世纪中叶，观念论基本上已被遗弃，形而上学也遭到弃置。主要是在阿尔布雷希特·里敕尔（Albrecht Ritschl，1822—1889 年）的影响下，神学家们把注意力更多地移向了作为历史人物的耶稣。里敕尔坚持认为，基于价值判断，耶稣才被视作是神圣的。伴随着这一时期严重的社会问题，社会福音运动（Social Gospel Movement）兴起，这场运动将耶稣描

绘为关心社会福祉的人。剑桥史家西利（J. R. Seeley，1834—1895年）以历史学家的视角审视基督教文献。他在《瞧，这个人》（*Ecce Homo*，1866）中描绘了一位仅仅只是人类的耶稣，这位耶稣的目标在于唤起“对于人性的热情”。他认为，这种社会动机才是宗教的本质，它与形而上的神明或者来世无关。马修·阿诺德（Matthew Arnold，1822—1888 年）在其《文学与教条》（*Literature and Dogma*，1873）中坚称，《圣经》的语言是诗性的、象征性的。神学家们把它当作科学的、史学的真理只会造成困扰。因此，针对弥赛亚的观念，他写道：“耶稣自称为弥赛亚，上帝之子，问题在于：‘他的这些主张和他的一切学说的真正意义是什么？’……语言是科学的，还是像我们所说的那样，是文学的？——诗歌和情感的语言。”阿诺德认为正确的答案毋庸置疑。“正统神学”是一种深刻的文学误解。

然而在同一时期，法国著名历史学家基佐（F. P. G. Guizot，1787—1874 年）却在为传统观点辩护。①基佐历经法国大革命之后半个世纪的时间，自由的理念在他的脑海中根深蒂固。在他看来，宗教改革意味着“人类思想的解放”。它废除了精神秩序中的绝对权威，这是有史以来，在人类迈向自由的道路上最伟大的一步，同时它也是在行使上帝赋予人类的意志自由。对于文明史的研究促使我们思考，随着世间的生命走向终结，是否一切终将会湮灭。为了理 131
解历史，我们必须承认意志自由的存在，除了其自身以外，无法用其他任何东西来解释意志自由，也无法为它辩解。历史并未表明道

① 关于基佐其他方面的思想，参见原书第 235—237 页。

德是人类的发明，它只是与时空环境相关的社会性产物。个人和社会若想获得幸福，就必须遵从“上帝的法则”。“我们对人类抱有希望的唯一根据”就是在理论和实践中承认，“存在着一种高于人类法律的法则，不管它叫什么名字，不管是叫理性、上帝的法则还是什么，它在不同时代、不同地点有着不同的名称，但都是同一种法则”。在西方世界，是基督教将这一真理引入人们的视野，并始终坚守这一真理。

在一个存在某种目的的世界当中，人类的自由也是有意义的。每个人“都必须在宿命和神意之间做出抉择”。“在人类的生命和历史当中，对于超自然的信仰是一种本能的、原初的、普遍的、恒常的事实。”历史的意义并不完全存在于现世生活中，它对来世也有着重要的影响。上帝不仅创造了世界，还通过他的活动影响着世界。上帝在历史上表现为神意。基佐挑战了他所在时代流行的观念，即相信世界是一套恒定的机制，其“法则”绝不可变。“谁又能说，上帝无法或未曾依据他对道德体系和人类的计划来修改他在自然界的物质秩序中所创造、维护的法则呢？”在行使其权力时，上帝仍可运用他的自由。历史证明了人类需要上帝施以援手。人类虽然拥有意志自由，但往往因为能力上的匮乏而无法实现自己做出的好的抉择。基佐在这些基本信念的基础上，阐述了基督教视角下的历史之意义。

基佐坚称，每个人都会在某种程度上违抗上帝，因此他相信人拥有原罪。有鉴于此，上帝作为神意，在历史上赐予人类他的恩典。上帝所做的还不止于此。道成肉身是一个历史事实。耶稣亦人亦神，他为了救赎人类降临于历史之中。如果没有这上帝的化身，基督教就“永远不会有如今的成就”。耶稣所做所为与其他伟人，如佛祖、 132
琐罗亚斯德、孔子、苏格拉底完成的壮举截然不同。“无论这些人负有怎样的盛名，无论他们施加了怎样的影响，无论他们的身后留下了怎样的痕迹，他们都只是显得拥有力量，而不是真正拥有力量；他们只能够激起微漾，而无法搅动深处；他们未能改变各个国家发展的道路。他们未能改变灵魂。”

## 五

在第一次世界大战爆发前的德国，学者们对耶稣的生平进行了大量不受约束的历史学研究。阿尔贝特·施韦泽（Albert Schweitzer）的《探寻历史上的耶稣》（*The Quest of the Historical Jesus*，英译本 1910 年出版）一书介绍了其中最为重要的一些研究成果。人们可以从这本著作中得出结论：对《新约》进行科学的历史学研究不会勘定多少史实，只会带来更多疑虑。施韦泽甚至说：“我们做好准备接受这样的结果：关于耶稣人格和生平的历史知识不会对宗教有何益处，甚至可能是一种亵渎。”道成肉身以及耶稣的受难和复活这些传统观念被完全排除在最后的讨论之外，施韦泽宣称：“耶稣身上的不灭与永恒是绝对独立于历史知识的，只有通过与耶稣的灵进行接触才能够领悟它们，耶稣的灵在世间依然发挥着作用。我们拥有多少耶稣的灵，就能获得多少关于耶稣的真知。”

在 20 世纪初，英格兰地区出现了一场名为“耶稣还是基督

(Jesus or Christ?)”的讨论。历史人物耶稣和教义神学（dogmatic theology）中的基督，哪一位是基督教的核心？参与讨论的大多数人都是被授予了圣职的牧师，他们坚信，基督教的核心是耶稣基督，而不只是在耶稣或基督中选其一。同一时期，天主教现代论（Catholic Modernism）的领袖们在“事实真理”和“信仰真理”间作出区分，他们认为后者并不依赖于前者。因此，虽然卢瓦西神父（Abbe Loisy）在他的《新约》研究中得出了与传统观点截然相反的结论，例如他认为耶稣复活的故事并不是对历史事实的记录，但他
133 强调了在教会内部基督徒富有生命力的信仰之价值。与此同时，法国的象征信仰论（Symbolo-Fidéisme）的拥护者们质疑或彻底否定正统派的历史教义，他们把基督教的教理当作具有生命力的宗教之象征。对历史人物耶稣的质疑最终到达了顶点，人们认为他从未存在过。采取这一立场的人并不是反宗教的。他们推测，基督教的诞生与一种“基督神话”（Christ-myth）有关，这是一种上帝与人类之间的象征关系。与施韦泽、天主教现代论者和象征信仰论者一样，他们也相信基督教的历史观并不像传统的正统派观念所认为的那样取决于任何历史事件。

在19世纪上半叶的几十年内，德意志观念论激发了某种形式的乐观主义，这种乐观主义延续至19世纪末之后。甚至于生物进化论似乎也证实了人类会向更高层次发展的信念。工商业持续发展，财富大幅增加。但第一次世界大战动摇了许多人对于人类的信心。基督教领袖分外强调人类的邪恶，他们坚信，唯一的救赎便是来自基督的拯救。几乎没有神学家延续了19世纪下半叶的追求，着力于对

基督教做出自由的阐释。人们认为信经表达了基督教信仰真实的、全部的意义。第二次世界大战又强化了人类历史上因人的邪恶而生发的“危机”感。人类文明的一切观念似乎都难以应对这种邪恶。因此，从第一次世界大战至今，基督教的历史观始终以传统的正统观念为主，这种历史观尤其强调原罪，以及唯有通过基督才能获得救赎的教义。

莱因霍尔德·尼布尔（Reinhold Niebuhr）是当今基督教最为重要的领袖之一，他在《信仰与历史》（*Faith and History*，1949）一书中阐述了此类基督教历史观。在这部著作中，他回顾并批判了古代和现代的那些非基督教的历史观，他对此提出了一条总的评论： 134
这些历史观太过“简单”了。古典思想把历史“过于简单地归结为自然的循环”；而现代思想在历史这一方面“沉溺在乌托邦式的幻想之中”。除了他自己所信仰的基督教的历史观之外，他很少关注其他的有神论历史观。他对于历史的全部思考都是在这一观念的主导下进行的，即人类时刻存在的首要关切始终是从邪恶中获得救赎。尽管他经常承认我们当下的生活也有好的方面，但他仍宣称，我们在当代的处境即使不是“绝望的”，也是相当“危急的”。

时间充满了奥秘。对尼布尔来说，根本问题在于，历史作为一种时间性的存在并非不证自明。人们在历史中寻求救赎，但历史本身却无法带来救赎。“历史无法解开历史之谜。”只要人“超越了时间的进程，他便可以通过追溯历史事件的各种连贯性、序列性、因果性和复现性来洞察生活和历史中的诸多意义”。不过，人必须参照某种时间之外的东西来寻觅其真正的意义。“人自身就处于他所要理解的时间进程中，就这一点而言，每一个融贯的序列和场域都指向一个更加终极的意义之源，而这超越了人类能够理性地理解的范畴。”尼布尔称，虽然各种文化是相互关联的，但它们之间的差异过于悬殊，很难从经验上把它们整合起来。只有通过信仰，普遍历史才有可能被感知到。尼布尔笔下的信仰指的就是宗教。“就历史整体性和统一性而言，历史被某种宗教信仰赋予了意义，从这个角度来讲，意义的概念是从关于时间和永恒之特征的终极预设中得来的，这种终极预设不是对历史事件进行详细分析的结果。”因此，“历史意义的真正核心势必要超越时间的流变”。

基督教在一定程度上是希伯来有神论的延续。在《希伯来圣经》中，“历史被构想为是具有统一性的，因为历史上的一切命运都处于唯一的至高权威的支配之下”。但基督教的意义就在于它超越了这种有神论思想。“基督教的信仰肇始于并且建立在这样的论断之上：基督的生死和复活代表了一个历史中的事件，通过这一事件，历史的
135 全部意义显露无遗。”基督的启示既是历史意义的“核心”，亦是其“线索”。这一观念挑战了那些褊狭意义（partial meanings）的适当性。尼布尔坚信，基督的启示能够促使褊狭意义得以实现，同时他也承认人类文化拥有一定价值。根据《新约》的说法，“只有借助于圣灵”，信仰基督的启示才是可能的。福音的真理只有通过“神赐的恩典”才能够被领悟。这是历史研究和哲学研究无法做到的。信仰需要“通过忏悔来促成”，也就是要承认自己内心的邪恶。几乎没有人反对尼布尔的这一观点，即那些试图取代基督教的宗教或体制都没有妥善地处理人类生活的一切方面。但有不少人强烈质疑他的这

一论断，即“尽管基督教信仰的基本前提是超越理性的，但却能够让人对生活和历史做出解释，其中的一切事实、一切矛盾都能够得以理解”。

考虑到历史上人类的核心关切在于救赎，尼布尔十分关注邪恶。他认为，根据《圣经》的信仰，邪恶是“人类秉性的核心”，“是一种普遍支配着人类的堕落”。这种原罪学说的奥秘“有一项优点，它能够真实地反映人类生活的事实”。根据经验，人们普遍相信，每个人在道德、宗教与其他诸多方面都有缺陷。但尼布尔的意思是不是他们的**内心**（“心底里”）是邪恶的？尼布尔说“普遍支配着”，这是否意味着邪恶**支配着**所有人？如果是的话，他“真实地反映人类生活的事实”这一说法可能会遭到质疑。黑格尔曾说：“对于那些理性地看待世界的人，世界也就会呈现出理性的一面。”尼布尔是否把人视作根本上是邪恶的，并且通过研究发现他们确是如此？他关注原罪理念，宣扬要反对当前“人类之处境”中的罪恶，这已经广为人知。然而颇为吊诡的是，他竟然说：“圣奥古斯丁的基督教实在论的错谬在于，他过分强调了世界和平在罪恶中陷落。”面对历史上这样的邪恶，尼布尔称，基督教的观点在于，有一条“最终的线索”，“可用于探寻神之力量的奥秘，这条线索可在一位被钉在十字架上之人的受难之爱中找到。”这条线索并不是“从可观察到的历史事实中 136
依照逻辑得出的”。接受这条线索是一种信仰的行为。“没有任何可观察到的历史事实是不能根据这条线索来进行解释的。”在历史的诸多谜团和矛盾之中，神的仁爱和神的力量得以彰显，“最终，它们通过一出戏剧清晰地显现出来，在这出戏剧中，苦难的爱赢得了对罪与死亡的胜利”。“十字架……不再只是代表一个历史故事，而成为了一种非常独特的神之‘荣耀’的显现，即一位经受苦难的上帝的荣耀和威严，他的仁爱和宽恕战胜了人类顽拗的罪和历史的混乱，获得了最终的胜利。”

尼布尔观念中的永恒显然不是非时间的（timeless）。但他的历史观本质上建立在他用“时间之外”以及“超越”这些语汇所指称的那类事物之上。他很可能会承认，“永恒”跟时间一样，都是难解的谜团。但很难看出这一谜团如何能够解决历史上那些特殊的谜团。此外，他构想中的基督教并不是超脱尘世的，无论如何都不会以一种禁欲主义的态度否定尘世生活的享乐。“历史上存在一些暂时性的意义……”，“历史就是个体生命和集体生命的革新”。人必须要认识到，自己与同胞之间存在一种“负责任的、充满爱的关系”。但基督之爱充当了历史的线索，这种爱超越了一切。

将永恒的观念理解为非时间的，或理解为一种能够囊括一切过去、现在与未来的当下，这种做法几个世纪以来在基督教思想中造成了大量模棱两可、含混不清之处。要想考察这些内容，需要花费大量的篇幅。此类观念还导致基督教的历史观出现混乱。这方面内容必须要参考奥斯卡·库尔曼（Oscar Cullmann）在其《基督与时间》（*Christ and Time*，英译本1949年出版）中进行的研究，不过我们只能浅尝辄止。这部著作是对《新约》圣经，尤其是对诸福音书的概述性研究。库尔曼明确指出，这些文本对于时间的关注是一贯的，也是确定无疑的。他相信，不论是在《新约》还是在《旧约》当中，那种非时间的永恒观念都是不典型的。“原始基督教对于那种

非时间的上帝一无所知。”对原始基督教而言，永恒的上帝是经久不
变的，是泛时间的，他存在于万物的开端，也存在于当下和无尽的
未来。历史的主要脉络是上帝拯救人类，而历史的中点则是耶稣基 137
督道成肉身、受难和复活的独特时刻。过去、现在（以及将来）的
一切所具有的核心意义都与这一中点相关。

尼布尔从一位基督教牧师的立场出发来理解历史。而《基督教与历史》（*Christianity and History*，1949）的作者巴特菲尔德（H. Butterfield）则是一位杰出的职业历史学家。巴特菲尔德坚信，将历史学中的科学方法理解为以一种自然论的方式将人仅仅看作是物质自然的一部分，这是一种误解。“历史学家不会把人类……本质上看作是自然的一部分，也没有主要从这方面出发来看待人类。”“历史是一部由人出演的戏剧……它发生在自然这座舞台上”，这部戏剧“描绘了人类的生活，围绕拥有自我意识、理智和自由的个人所经历的事情展开”。技术历史（technical history）无法让人理解生命的意义。世俗历史也并非不言自明。尽管如此，真实的历史“是塑造个性的过程，即使要使人历经磨难……”巴特菲尔德强调了他所坚持的一项基本观点：技术历史原则上反对**只**在遥远的未来寻找意义，甚至反对主要在遥远的未来寻找意义。“可以这么说，历史研究的技术本身要求我们把每一代人都看作是一个人们都以自己的方式存在的世界。”“生命的意义不在遥远的未来，也不像我们时常想象的那样，在不久的将来，相反，生命的全部意义就在此时此地，在这个世界上，生命的意义一如既往地完整。它永远是一个与永恒直接相关的‘现在’，而非遥远的未来；永远是对生命的直接体验，

直到最后才会浮现出意义……”

由于历史本质上是具有自我意识的个人经历的事件，而技术历史也无法对历史的意义作出权威的判断，因而每一位“茕茕孑立”的个体都必须对历史的意义作出自己的决断。技术历史可以提供一些帮助。这表明，无论一个人是否相信上帝就是神意，在创造历史的过程中，都存在一种神意的秩序，这种秩序不是那些人们有意识地渴望并刻意去争取的东西，神意的秩序超越了这些东西。“在任何
138 一个世纪都有数以百万计的人，他们除了自己所从事的工作之外什么都不知晓，但却共同完成了一项事业，这项事业在许多方面都比他们所知晓的事物要更加优越。”有时只有后代人才能理解这项事业的模式和“涵盖一切的主题”。技术历史证明了人类知识具有缺陷。认为“世界上普遍都是智慧与正直的人”，“这是一种对实际情况的严重歪曲”。历史揭示了“人类普遍的罪恶”。这是一桩历史事实，而不仅仅是某种基督教观念。技术历史也证实了历史会作出裁断，尽管它无法肯定这种裁断是完整且准确的。这似乎与早先《旧约》所表达的看法有诸多一致性，也就是说，人类在历史上所遭受的苦难不仅仅是因为他们错误的行为。人们知道，有一些苦难也会磨砺人的品格。替人承受的痛苦往往是被爱所激发。“由于历史上存在着不幸，爱本身就被人类经验中更为炙烈的火焰所点燃。”

“对宇宙和历史的全部解读”都取决于人是否信仰上帝。这种信仰并未建立在技术历史上，甚至最终也没有建立在哲学上。“我无法相信人如何能在世俗历史中见到上帝之手，除非他首先在个人经验中确信上帝之手的存在。”尽管在历史上，上帝作为神意必须“能够

扶正祛邪”，但上帝并不保证进步。我们不应当“把自己构想为拥有最高权力的历史创造者，而应当生来就配合上帝”，上帝“对结果有着最终的决定权”。心怀对于上帝的信仰，“因此，只要我们说每一代人——事实上每一个人也是如此——都是为了上帝的荣耀而存在的”，我们“便是在以正确的方式构想我们的历史”；“但是生命中最危险的事情之一，就是让人的个性屈从于生产，屈从于国家，甚至屈从于文明本身，屈从于上帝荣耀之外的其他任何东西”。

就我们目前所呈现的内容而言，巴特菲尔德的观点可以说是与基督教有神论相吻合的，但那些非基督教的哲学有神论者，甚至于犹太人、穆斯林和琐罗亚斯德教徒，也都可以持有此类观点。我们现在来谈一谈他对基督教的其他看法。基督教一直以来都与希伯来人的宗教密切相关，基督徒承认上帝是“历史的上帝”。但更进一步
来说，传统基督教是一门“特殊的技术意义上的历史性宗教”，因为 139
它声称道成肉身、受难和复活都是处于时间之中的事件。基督教认为这些事件“把永恒的一部分捕获到时间之中”（不论这意味着什么）。巴特菲尔德本人是否相信这些事件有这样的效用尚不清楚，也不知道他认为这些事件除了模糊地指涉永恒之外，还具有什么特别的意义。他以一位技术历史学家的身份来看待西方历史，他愿意称，基督降临在世界上的年月必须“无论如何都是最为重要的日子”。审判、不幸、替人受难、神意“在这一点上被更强烈地凸显出来”。“对于任何一位观赏这出人类戏剧，并思考其道德层面的人来说，这就是故事的高潮，也是故事的紧要关头——我们在此处能够分辨出一些关于历史的性质的根本性内容。”但是，决定人是否应该把道成

肉身、受难和复活这些传统信仰接纳为历史性事件的权力“不再掌握在历史学家们的手中”。“如果有人说，历史从科学的角度确立或否定了基督的神性，那么他也会因为同样的原因，犯下那种智性上的妄自尊大之罪，这种妄自尊大在一切科学中都发挥着作用，因为每一门科学都会越界，以争得一种篡夺的权威。”在这部著作中，巴特菲尔德基本上没有提到关于基督论的（Christological）教义，也没有强调永生的信仰对于世俗历史的影响。他主张，“在他信仰的宗教当中”，笃定的基督徒拥有“理解整部人类戏剧的要旨”，但巴特菲尔德并未说明他是否把正统的教义看作是这一要旨的基本要素。他在书的结尾告诫道：“请持守基督，切勿对其他事物全情投入。”

# 下卷　西方个别的历史理论

# 第六章　一些关于历史的独立思考：从文艺复兴到 19 世纪

## 一



随着基督教会权威的赓续，正统的基督教思想家所秉持的基督论历史哲学延续到了我们身处的时代。但在过去的 4 个世纪里，一些西方的独立思想家发展出了不同于基督教的历史观，并提出了其他看待历史的态度。无论他们对于人类从邪恶中解脱而出的灵性救赎有何看法，这部分内容都不是他们论述历史的重点。他们开拓了看待历史的视野。一部分基督教有神论历史观的信徒并不信仰基督论，他们受这些独立思想家的影响，对于历史上的世俗价值获得了更全面的认识。由此，他们重返奥古斯丁思想中一些曾遭到忽视的层面。这些关于历史的独立思考揭橥于意大利文艺复兴时期。尽管文艺复兴时期的思想家们阐发了各异的学说，侧重点也不尽相同，但他们都有助于人们从中世纪那种“超脱尘世”的思想和态度中解放出来。他们之中的许多人坚信，中世纪是一个堕落的年代，因此他们希望能重拾古代希腊、罗马时期的一些生活方式并回归理想状态。他们注重培育世俗生活的价值。萨沃纳罗拉（Savonarola，1452—1498 年）提出严正抗议正是为了反对人们夸大世俗生活的价值。

马基雅维利（Machiavelli，1469—1527 年）在他的作品，尤其在《论李维罗马史》（*Discourses*，约 1512—1517）和《君主论》（*The Prince*，1513）中，对一些（在他身处时代仍然广泛存在的）
144 中世纪观念提出了质疑。马基雅维利反对教会领袖们的观点，即世俗政权的统治者要服从在精神上拥有更高等级的权威。他坚称二者是相互独立的。在这一点上，他表达的不仅是他自己的看法，而且是一种在他所处时代的世俗统治者之中十分流行的观念。跟波利比乌斯（马基雅维利直接挪用了他的一些作品）一样，他把历史上的政治事例看作自然现象，他也认为人事总是有盛亦有衰。但马基雅维利竭力想要证明，政治权力如何能够在最低限度上得到保障并得以延续。他相信，人的本性不论在哪个时代都是相同的。因此，记录历史才能够具有实用价值，真正的政治理论才能够得到阐发。他深信，历史的进程会朝着建立一个更广泛的政治整体这个目标来发展，因此他梦想着意大利统一。他指责教会导致并维持着意大利的分裂。此外，他还批评基督教“颂扬那些谦恭又爱好玄思之人，而非那些身体力行者”。一方面是异端统治下罗马共和国的状况，另一方面是基督教统治下他自身所处时代的境况，他对于前者的评价要高过后者。马基雅维利实际上是反基督教的，因为他把政治的权术置于道德之上。一位统治者“如果可能的话，应当行善，但在迫不得已的情况下，也应该知晓如何作恶”。在当时的意大利各国，密谋和凶杀的情况屡见不鲜，而这些暴行显然没有让人良心不安，人们也并不担心死后会遭到报应。有人认为，近些年意大利的法西斯主义、德国的国家社会主义以及当代俄国的共产主义都是历史上马基雅维利主义的不同类型。

马基雅维利并不关心个别人的私人生活，他关注的重点是政治国家。在他看来，政治国家是一种独立于教会的社会组织。相对而言，他也很少对艺术、文学和宗教这种普遍意义上的文化作出评论。因此要是单看马基雅维利的作品，就会让人对占主导地位的人文主义历史观萌生错误的看法。人文主义者相当强调个性，他们相信人类的个性是多方面的。这种思想在西方的教育中持续发挥着影响，145
直到最近一段时期，新的需求才激发了对专门化的重视。15 世纪的艺术品大都是宗教题材的，即便有些作品暗地里拒斥基督教的教条，但普遍而言，艺术品都与基督教的仪制相符。不过，人们对于历史的本质却各执己见。有不少作品都与“命运”相关。布克哈特（Burckhardt）写道：“这些作品讲述了命运之轮的转动，还描绘了世俗事物，尤其是政治事物的变化无常。作者们引入神意，只是因为他们还会对不加掩饰的宿命论感到羞愧，对坦白无知和徒劳的埋怨感到无地自容。”对某些人来说，来世观念“如荷马作品中描绘的那般，是一个晦暗的领域”。1513 年，教皇利奥十世（Popeye Leon X）感到有必要公开为灵魂的独特性与不灭性辩护，并反对那种认为所有人都拥有同一种灵魂的学说。值得怀疑的是，那些表面上认可基督教的人文主义者是否持有宗教性的罪恶观念，或是否真正信仰上帝的救赎。然而，用布克哈特的话来说，在佛罗伦萨的柏拉图学园里存在着“一种彻底的有神论”，它“把世界视作一个浩大的道德性和物理性宇宙。中世纪人们眼中的世界是一个泪谷（vale of tears），教皇和君主被安置其中，以防范敌基督的到来；而文艺复兴时期的宿命论者，则在充满活力与干劲的时节与充满迷信或愚昧顺从的时节之间摇摆不定。这群被选召的人主张这样一种教义：可见的世界是上帝用仁爱创造的，这个世界是上帝心中预先存在的某种范例的复制品，而上帝将永远推动并修复这个世界。通过认识上帝，人的灵魂可以把上帝吸引到自己灵魂的狭小范围之内，也可以通过热爱上帝，把自己的灵魂扩展到无限大之中，这就是尘世间的福气。”在布克哈特看来，皮科·德拉·米兰多拉（Pica della Mirandola，1463—1494 年）在一次论说人之尊严的演讲中，表达了文艺复兴时期最崇高的人性观念：“造物主对亚当说，我把你安置在世界之中，使你更便于注视、观察世间的一切。我把你造为一个既不属天，也不属地，既非凡人，也非不朽的生物，使你可以自由地发展
146 自己、战胜自己。你可以沉沦为野兽，也可以再生而近似于神……你只有依靠自己的自由意志，才能成长和发展。你身上蕴藏着世间一切生命的萌芽。”文艺复兴时期的思想家们并未直接探究历史的内在意义，不过他们的态度却暗示着，历史的意义主要在历史的发展之中。他们关注过去是为了现在。他们没有提出任何关于未来的进步理论。他们醉心于自己的活动与古代希腊、罗马的辉煌，对于未来可能发生的事情，他们相对而言关注较少。然而，从意大利人文主义时代开始，把尘世间的历史看作仅仅是来世的预备这种观念在西方逐渐式微。意大利人文主义作为一种向现代生活的过渡具有根

本性的意义，它与许多中世纪思想家的狭隘视野决裂。但在论述现代的观点之前，尚有一些工作需要完成。

## 二

基督教历史观认为，只有在人类的灵性救赎之中，历史才具有意义。而意大利人文主义正是对这种狭隘历史观的反叛。不过，尽管在创造艺术、享受艺术这一点上，它显而易见地丰富了现世生活，但在思想方面，它很大程度上却是倒退的。尽管不是有意为之，但弗朗西斯·培根（Francis Bacon，1561—1626 年）在他的作品中对基督教观点进行了抨击。然而，他采取了一些超越意大利人文主义所需的重要步骤，以一些特殊的方式直指未来。培根承认，“神学”仍拥有一席之地，但他坚持认为，神学不应与其他类型的知识混为一谈。“在《创世记》第一章、《约伯记》和《圣经》的其他章节之上建立一种自然哲学”，这是十分愚蠢的行为。培根从不讳言他信仰上帝。“当人的心灵观察零散的次要原因时，它有时可能会驻留在这些原因之中，止步不前；但当人的心灵看到这些因果链条聚合并拼接在一起时，它必然会奔向神意和上帝。”不过在《论死亡》（“On 147
Death”）一文中，他并未将永生作为一种宽慰人的方式。另外关于基督教，他也只是简单提到了信仰的问题：“把属于信仰的东西交给信仰，这是最明智的做法。”培根并未讨论基督论教义，也没有把历史的意义与之联系起来。他还尽量避开了那种通常被理解为抽象理性的形而上之物。

培根著有一部《亨利七世史》（*History of Henry VII*，1622），还计划写作一部英国通史，但后者只留下了一些片段。尽管他的作品在历史学界并未引发多大反响，但却对实际历史产生了广泛而持续的影响。人们后来才觉察到，并且很少有人承认，培根对于历史“科学”产生了一些间接的影响，因为他坚持考订史实并探寻因果关系。他呼吁人们不要过分关注过去的观念，而要去研究现实状况、物质存在、人的思想以及这些事物的发展过程。在他的著作《学术的进展》（*Advancement of Learning*，1605）中，大部分内容都用以描绘知识增长的障碍。在他的《新工具》（*Novum Organum*，1620）一书中，培根提出了科学研究的方法。仔细看来，这些方法并不像培根自己所设想的那样富有价值，但他的重要性并不体现在这些具体的方法上。他激发起人们研究自然的兴趣，他以广阔的视野看待所要研究的诸多方面，这才是培根的重要性之所在。因此，在培根的引导下，实际历史的范围得到了扩展，人们拥有了与中世纪基督教截然不同的历史观。他极富想象力的著作《新亚特兰蒂斯》（*New Atlantis*，1627）表明，培根期望生活的方方面面都能在未来从知识中获益。所罗门宫（Salomon's House，《新亚特兰蒂斯》中一个虚构的组织，据说英国皇家学会的创立深受其影响）的目标在于，“探明事物的原因，了解事物隐秘的运动，扩大人类帝国的范围，以此来实现一切可能的事情”。培根企盼历史中并非必然的进步。他给出了充分的理由来证明“希冀”历史的进步是合理的。他本质上认为，历史既包括了对自然之认识的不断拓展，也包括了人类生活的不断改善与丰富，这便是培根的历史观。过去 3 个世纪在实现和欣赏世

俗价值方面取得的进步，可以说在很大程度上归功于培根所激发的 148
那些观念。

笛卡尔（Descartes，1596—1650年）开辟了向现代思想过渡的另一条途径，其工作的先驱性使得他被称作现代哲学之“父”。笛卡尔反对人们不加批判地接受过去的观念，他使人懂得了怀疑这种基本方法的必要性。他运用这种方法得出了第一项结论：怀疑的行为本身不能被怀疑，“我思，故我在”。通过一些在此不必详述的步骤，他接纳了物质和心灵的观念。物质具有广延性，而心灵没有。心灵具有思想、感知和意愿的功能，而物质没有。人们对于历史的惯常看法，以及大多数历史学家的历史书写，正是从这样一种二元论的立场出发的。但笛卡尔主要忙于数学和物理学研究，在历史领域并没有作出十分突出的贡献。他为信仰上帝辩护，也并未主张要将怀疑的方法用于基督论教义，时至今日，官方的基督教教师也几乎都没有采用这一方法。

托马斯·霍布斯（Thomas Hobbes，1588—1679年）的作品也涉及一些关于历史的内容。霍布斯对历史的兴趣颇为浓厚，翻译修昔底德的作品是他最早的学术成果之一。霍布斯因其《利维坦》（*Leviathan*，1651）而声名大振。他认为，人的本性完全是利己主义的，他们谋求自己的生存并追逐权力。“首先我认为，对一种又一种权力永无休止、不懈追寻、至死方休的欲望是所有人类共有的倾向。这并不总是因为一个人希望能得到比已经获得的愉悦更强烈的愉悦，也不总是因为他不满足于一般权力；而是因为，要是无法获得更多的权力，没有更多的手段，他便没办法过上好日子。”在“每个人都

相互为敌”的自然状态下，“没有工业的空间，因为工业的成果属于谁还无法确定，因此也没有土地的培育，没有航海，也就无法使用
149 可以从海上进口的商品，没有宽敞的建筑。没有搬动和移走这些物件的工具，因而需要花费更多力气，没有地理知识，没有对时间的记录，没有艺术，没有文学，没有社会，以及，最糟糕的是，人们不断处于暴力死亡的恐怖和威胁之中，人的生命变得孤独、贫穷、肮脏、野蛮和短暂”。对神学家而言，这样来刻画人固有的本性似乎在某种程度上符合他们的观点，即人本质上是堕落的。但霍布斯并没有说上帝会化身于历史之中给人类带来救赎。他坚信，通过接受政府的管制，人类已经实现并拥有了上文所提到的那些事物。霍布斯并不相信历史上曾有过这样一个时代：民众主动和正式地与政治政府订立一份“社会契约”。民众开始接受这样的政府并维持政府的统治，只是因为“好像”存在着这么一份契约。人之所以能够在历史中实现他所拥有的价值，是因为有一个旨在谋求全体国民福祉的主权国家制定了规范人类社会行为的规则。无论是在过去的切实历史中还是在霍布斯自己身处的时代，这一理想都未能实现，但可以说霍布斯相信这是未来的目标。有时人们会说，霍布斯认为道德不过是相对于时间和地点的，甚至取决于主权国家专断的意志。但霍布斯的作品中也有不少前后矛盾之处，在《利维坦》中，他一次又一次地介绍具有“理性”的道德观念，而且他所用的“自然法”一词跟中世纪时期和斯多葛学派所说的“自然法”具有相同的含义。不过，尽管他偶尔会论及“不朽的上帝”，但他并未提到一种支配历史的至高理性。霍布斯的立场不应遭到误解。他的学说并不打算让

个人完全服从于国家。相反，政府要在社会生活允许的条件下给予人尽可能多的自由。他认为政府的基本职能是保护其国民——使他们不受内部矛盾和外部攻击的侵扰。霍布斯的政府观在后来的历史中起到了一定的作用，直到它在各地被新的观念所取代，这种新的观念认为政治权力需要为社会进步和文明的普遍发展做出建设性的 150 贡献。霍布斯激烈地抨击罗马天主教会。“教宗之位只不过是已然死去的罗马帝国之幽魂戴着皇冠坐在帝国的坟墓上罢了。任何国家的教会都应该服从于世俗君主的统治。”

马基雅维利和霍布斯都提出了关于政治国家在历史上之作用的理论。而哲学家莱布尼茨（Leibnitz，1646—1716 年）则阐述了一套侧重点截然不同的形而上学。尽管迟至 18 世纪后期，学者们可能才首次认识到莱布尼茨在人们对于历史之性质的看法方面产生的影响，但他确实以间接而非直接的方式，提出了一些对后来的观点具有根本性意义的思想。若要完整阐述他的哲学思想，即使只是跟历史相关的哲学思想，也不是此处简短的篇幅所能做到的：本书只能提及莱布尼茨的少数几点具有特殊意义的思想。莱布尼茨认为，终极的实在是一些精神实体或“单子”（monads）。这表明，他是从作为精神存在的个人的角度出发来思考历史的。从哲学角度讲，每个人都是“作为自身并为了自身”而存在的，不管与他人的关系如何，每个人都是独一无二的，在存在的整体之中拥有自己的位置。单子具有一种内在的活跃性，也可以说是自发性或自由性。莱布尼茨认为单子们会追求完善的这种想法，可能是后来人类可完善性学说的一个根源。在这方面，他的论断“这个世界是所有可能的世界中最好的世界”有一定道理。需要纳入考量的不只有过去和现在，还有未来。必须要历经过去和现在，完善才能在未来达成。他的论断不能用理性或经验来证明，而只能建立在对上帝的信仰之上。自然界各部分间的和谐以及人与自然之间的和谐都仰赖于上帝，这被莱布尼茨称作“前定和谐”（Pre-established Harmony）。在《神正论》（*Theodicee*，1710）一书中，莱布尼茨讨论了历史上的恶。一部分恶源于不道德地运用自由：罪带来的苦痛是为了使人从罪之中解脱。并非因人而受的苦痛将帮助人走向完善。这些精神性的存在或单子，不能被延展，也不是通过组合而产生的。他们由上帝所创造。每个单子都拥有自己的一段历史。单子的生命可以延续到来世。唯有上
151 帝才能消灭它。不过，上帝意欲达成的目标是，让个人与其他所有人都臻于完善。莱布尼茨的哲学中存在着诸多严峻的问题，但其历史观的主要特征却是毋庸置疑的。

## 三

在莱布尼茨之前，让·博丹（Jean Bodin，1530—1596 年）已经在其著作中开始对历史进行科学甚至哲学性的思考。尽管有的学者倾向于把他描绘成历史哲学（Philosophy of History）的奠基人，但他所关注的重点不在于历史的意义，而在于历史研究的方法。他在 1576 年出版了一部关于方法的著作。[1]博丹对传统宗教和教会持较为

① 即《易于认识历史的方法》（*Methodus ad facilem historiarum cognitionem*），但这部著作实则出版于 1566 年。1576 年问世的是他的《共和六书》（*Les Six livres de la République*）。——译者注

疏离的态度，因而他的思想与后文艺复兴时期的神学怀疑论有一些共通之处。历史研究既满足了智识上的兴趣，也具有道德和政治上的实用价值。神必定会被视作永恒不变，物质世界似乎也是一个稳定的系统。乍一看，人类历史这一领域似乎变幻无常。然而，经过仔细研究，历史却呈现出一些有序的原则。人既有身体，亦有心灵（或灵），因而人同时具有物质世界和神的一些恒久的秩序性特征。历史既涉及自然，亦涉及神。从民法（civil law）的发展中可以窥见历史上秩序的一个侧面。在不同民族特殊的法则之下，存在着根本性的“普遍法”——（斯多葛学派的自然法）——人们通过研究历史事实便能够知悉这种普遍法则。因此，博丹反对那种认为历史上的道德只是相对于时间和地点的状况而言的观念。此外，他还坚持认为，经验性的研究无法证明过去存在一段黄金年代，也无法证明人类已不断地走向堕落。虽然有时人类会走下坡路，但总的来说，人类是在进步的。考虑到人类的双重本性，周全的历史研究既要涉及物质世界的科学，也要对宗教进行比较研究。人类历史并不完全由物质条件和社会习俗所决定，也在一定程度上取决于个人的自由 152
选择。人在很大程度上能够抵御外力，甚至可以将外力转化为自己的文化目的。历史从神创世肇始，将会以世俗的方式走向终结。

詹巴蒂斯塔·维柯（Giambattista Vico，1668—1744 年）在《新科学》（*The New Science*，1725）这部著作中开辟了一条研究历史的全新道路。儒勒·米什莱（Jules Michelet）满腔热忱地把维柯称为历史哲学之父。维柯是一位先驱，他引介了一定的研究方法并提出了一些一般性原则，堪称历史科学的奠基者之一。维柯在历史研究中所做之事与培根在自然世界研究中所做之事相同。他摆脱了意大利文艺复兴时期盛行的，让历史研究讲求实用的态度。历史研究的任何实际效用都应当被看作是次要的。在维柯的《自传》（*Autobiography*，约 1743）中，他承认受到了柏拉图、塔西佗、培根和格劳秀斯（Grotius）的深刻影响。从柏拉图那里，维柯获得了暗含在他一切著述背后的理念；从塔西佗那里，他习得了理解历史事实的一种方式；从培根那里，他借鉴了调查并统筹经验材料的方法；从格劳秀斯那里，他学到了历史中普遍法则的一些主要方面。另一方面，他也比较了自己与笛卡尔的不同立场。尽管他并不否认抽象的数学运算的有效性，但维柯对数学在论证具体事实方面的价值提出了质疑。历史学家应当关注历史的经验材料，利用这些材料，他可以得出概率性的论断，但无法从逻辑上证实这些论断。然而，相较于自然领域，人们对于人类活动应当有着更为深刻的理解。维柯之所以这么说，是因为只有事物的创造者才能正确地了解这一事物，这是一条普遍适用的原则。而人类至少在一定程度上创造了自己的历史。“当创造历史的人也在叙述历史时，那么这种历史就是最真切无误的。”基于这一原则，维柯坚信，关于历史上不断流变的观念、人物和事件的知识是可靠的。他反对那些认为只有数学和关于自然世界的科学才值得研究的人。无论人们如何评价维柯提出的原则及
153 其知识理论的细节，他认为，除了定量研究之外还有其他可靠的科学研究，就这一主张而言，即使在 18 世纪早期，维柯都是一位先驱。他强调了语文学（philology）对于历史学家的重要性。只有装备了这一利器，历史学家才能避免把后来的观念曲解为更早时期的

观念。

维柯在“圣”史和“俗”史之间做出了区分，他将前者视为“犹太人和基督徒”的历史，而将后者视为“异教徒”的历史。维柯论著的大部分内容处理的都是“俗”史，这部分研究被视作实证性的，因为他纯粹只是在经验材料中寻找历史进程发生的原因。由于他坚称人具有社会性，而且历史是由人创造的，因此学者们认为维柯的阐释全然是人文主义的。但无论是在维柯关于其工作的一般特征的论述当中，还是在其研究的细微之处，都可以找到明确的论据来驳斥这种观点。维柯在他自己的立场和传统的自然神学之间划清了界限。维柯对自然神学嗤之以鼻，因为它主要建立在对物质世界的思考之上。维柯提出了一种与之相对的“理性的民政神学”。他说，新科学的一个主要方面就是“理性的民政神学”，“可以说，一种对神意塑造历史事实的证明，因为它必然是这样一部历史，在这部历史中，神意将各种形式的秩序赋予了人类这座伟大城市，而人类没有察觉、没有意图，而且往往违背了人之计划”。

维柯笔下的“神意”（Providence）一词有两层含义，类似于神学中所说的“普遍的”和“特殊的”神意。普遍神意在历史中发挥着作用，它内在于一切自然进程当中，支配着所有民族。历史并不只是由人创造的。神意有时并不会实现那些人类自己希望达成的目的，而会去完成其他目的。维柯在“本书的结论”一章中最为明确地表达了这一观点，他把那些显然是神意的东西称作“一种思想”。“人类的确是自己创造出了这个涵纳各个民族的世界……但毫无疑问，这个世界是从一种思想中生发出来的。这种思想与人类向自己

提出的特殊目的相较，常常是不同的，有时甚至是截然相反的，而且前者总是高于后者，人类狭隘的目的成了为更广泛的目的服务的
154 工具，它始终致力于保护地球上的人类。”神意以其特定的目的并且通过一种“高于”人类的方式支配着人类。这一点在各种历史事实当中都能见到，从而驳斥了伊壁鸠鲁式的偶然性观念与斯多葛学派（和斯宾诺莎式）的命运观念。尽管历史在一定程度上由人们真正的自由选择所创造，但这种自由只能在神意所允许的范围内行使。“超凡入圣的柏拉图，”维柯写道，“断言说神意主宰着人类的事务。”

如果说历史不止于此——不同于并且高于人类特殊的目的，那么历史到底是什么？通过解答这一问题，人们期望能够触及维柯阐释历史的主要思想。不过在维柯的论著中，唯一可能的答案是这样一句明显具有柏拉图特色的表述：“理念的永恒历史”……“一切民族的历史都在时间中经历过它的进程”。类似的表述重复过多次，但维柯从未做出过解释。这一表述为克罗齐的看法提供了一些依据，他认为“维柯更像是柏拉图，而非培根”。然而，维柯所提出的“理念的永恒历史”是各民族的普遍历史所具备的一些基础特质，这些特质是各民族“在时间中经历过的进程”中经验地发现的。尽管有着柏拉图式的措辞，但维柯的著作实则与培根的观点相一致。他从未探讨过柏拉图式的“理念”与作为时间进程的历史之间的关系。

维柯采纳了将世界划分为三个时代的观念（“这是埃及人传给我们的”）：“(1)神的时代，在这个时代里，异教徒相信他们在神明的统治下生活，神通过预兆和神谕指挥他们的一切行动，而预兆和神谕是俗史中最为古老的事物；(2)英雄的时代，在这个时代里，英雄

们在各地通过贵族政体施行统治，因为他们相信自己较之于平民拥有一种天生的优越性；(3)人的时代，在这个时代里，所有人都意识到人在本性上是平等的，因此民主政体首先得以建立，然后君主制也形成了，二者皆是人类政府的不同形式。”所有民族都曾经历过，或正在经历这些阶段；随后他们便已堕入，或将会堕入一种野蛮的
状态。然后，整个过程就会从头再来。这种循环往复，这种历史的 155
周期性特征，是人类固有的本性造成的。尽管维柯承认，各民族间的一些相似性是交流传播带来的，但他认为，这些相似性主要还是从人类共同的本性之中独立生发的。当人与人之间的政治平等得以确立，又有一位英明的君主来维持这种秩序运转时，这一自然历史进程便发展到了顶点。当维柯提出的周而复始的规律应用到历史的细微之处时，诚如克罗齐所言，便会“充斥着例外”。《新科学》承认，神话与民间传说等材料对于远古历史意义重大。第二卷和第三卷致力于论述神的时代与英雄的时代，这部分内容对于本书的主旨而言并不具有特别重要的意义。不过，有意思的是，即使在神的时代，人们也“弄明白了这样一条伟大的真理：神圣的神意照拂着全人类的福祉”。社会组织（如婚姻）和法律在较早的时期便得到了发展。在这一切之中，维柯观察到了神意发挥的作用。“人类的激情要化为美德。”“我们对自然法的讨论就从神意的观念开始。”“各地的第一条法律都是约夫（Jove）[1]的神之法律。”

《新科学》中有关“圣”史的内容极少。无论维柯本人的真实想法是什么，他在这方面的论述都令人费解。人们在圣史的范畴内才

① 即维柯笔下的天帝。——译者注

能够讨论特殊的神意。不过维柯并没有对普遍神意与特殊神意之间的关系给予特别关注。二者皆是智性的表达，前者体现在自然规律与有序的自然历史进程之中，后者体现在那些引导人们迈向最优越生活的事物之中。他宣称，即使是“最蒙昧、最野蛮、最丑恶的人”也对上帝有所了解，而且“唯有宗教才有能力使人民行善事”，同时他还说：“我们的基督教是真实的……其他一切都是虚妄。”“神之恩典”是特殊神意的一个方面，或者与特殊神意是同一的，圣史受其支配。维柯是一位虔诚的基督徒吗？或者他只是为了避免遭受迫害，为了其著作不被查禁才这样来书写“圣”史？克罗齐肯定了前一种情况。虽然克罗齐的论断有几分道理，但重点在于，维柯忽略了那
156 些被认为是传统基督教之根基的特定（无论是传说中的，还是真实发生过的）历史事件。“希伯来人的宗教是由真正的上帝在禁止诸异教民族兴起所依托的那种预言的基础之上建立起来的。”希伯来人“被真正的上帝之光辉所照耀——希伯来人信仰的上帝唯有心灵，他会检视人的内心；而异教徒信仰的上帝既有肉体也有心灵，他无法检视人的内心”。有一种“神圣理性”，人只能知晓上帝启示给他们的东西。“上帝首先启示给希伯来人，随后启示给基督徒，这一过程借助的始终是向人的心灵诉说的内在语言，这种表达对于一位唯有心灵的上帝来说是恰当的；但（也）会借助外在语言，通过先知和耶稣基督诉说给使徒们，又由使徒向教会宣告。”对于他自己身处的年代和在前的几个世纪，维柯着墨不多。在黑暗时代，人类已经堕落到了野蛮的状态。但上帝“应允一种新的人类秩序出现”，使真正的宗教得以牢固确立。不过，尽管提到了新的人类秩序，但维柯随

后便开始以之前处理异教历史的方式，事无巨细地论述“人类事物的复归”。接下来，在其叙述的结尾，维柯断言：“基督教的欧洲处处洋溢着这样的人性光辉，它拥有一切能使人类生活幸福的美好事物，既能使身体舒适，又能让心灵和精神愉悦。”虽然维柯没有讨论普遍神意与特殊神意之间的关系，但他承认这二者的存在，而且立场鲜明地反对一切将上帝在历史上的活动限定在有序的自然过程之中的观点。神意不仅关注使历史成为可能的自然世界之构造，也关注历史本身的特点，因为这涉及人类生命的理想状态。

维柯著作的某些阐释者把他笔下的“神意”当作一种伪饰，他们认为维柯真正的想法是，历史进程具有显著的统一性，要通过对历史的经验材料进行科学探究才能发现这种统一性。他们摒弃了一切有神论的表述和一切具有特殊神意性质的内容，把维柯的立场描绘为实证主义而且纯粹人文主义的。维柯对这一类型的历史观或许的确做出了一些有价值的贡献，但并不能说这种历史观是他自己的 157
观点。在我们看来，事实似乎并非如此。克罗齐基于充分的理由说：“我们能在各式各样的著述中见到神学家维柯，不可知论者维柯，甚至创作宇宙学和物理学传奇故事的幻想家维柯，但在他的作品中我们却永远也找不到一位唯物主义者维柯。”

有一位学者曾把孟德斯鸠（Montesquieu，1689—1755年）称为历史哲学的奠基人，也有一些学者称他为科学的历史研究方法的开创者。尽管这两种说法都不是特别贴切，但他的确是历史事实研究的先行者，这显然不同于其他类型的历史观，例如波舒哀从预设的宗教观念出发所持有的历史观。《论法的精神》（*The Spirit of*

*Laws*，1748）只是间接地涉及普遍历史。孟德斯鸠论述了历史中的因果关系，而非历史的意义。他首先设法以自然原因来解释历史，譬如气候和其他地理条件，这是他的主要途径。然而，在它们直接的、必然的影响，以及各民族对它们作出的不同应对之间，他没有做出适当的区分。人类在历史上采用了各种方式来应对其生存环境，无论是顺应环境，还是积极对抗环境，抑或是改变环境，这些应对方式远比孟德斯鸠所意识到的更为重要。虽然他自称相信人类拥有自由的能动性，但他几乎只关注外部力量对人类造成的影响。即使在对于文明的思考中，他也极少承认个人的创造性贡献和特定事件发挥的作用。他把历史看作是广泛的普遍运动，以极缓慢的速率改变着其特性。人可以通过制定新的法律来改变这些运动。孟德斯鸠是"科学的"历史学的先驱，这种"科学的"历史学主要关注社会潮流。不过，尽管他论述的历史在自然、经济、政治和宗教方面皆与事实相符，但他忽视了历史的编年（chronology），也就未能把历史发展看作是一段时间进程。他强调传统，把理性发挥的作用降到了最低，因而伏尔泰对他嗤之以鼻。法国大革命时期，另一种看待历史的态度占据了主导地位，在这种历史观的影响下，孟德斯鸠的作品被边缘化了。

158 历史学家伯里（J. B. Bury）认为是伏尔泰（Voltaire，1694—1778年）首次使用了"历史哲学"一词。他在1756年的一篇论文中用了这个词，后来这篇论文作为导言收录在其《风俗论》（*Essai sur les Moeurs et l'Esprit des Nations*，1753—1758）中。他没有对该词的含义进行过系统的讨论。对伏尔泰而言，"历史哲学"就意味着以

18世纪理性主义的态度来思考历史。伯里曾说，伏尔泰“向以波舒哀为最佳代表的那种历史观立下战书”。伏尔泰信仰上帝，但他并不认为历史以“特殊的神意”一词所暗示的方式包含着上帝的行为，他反对一切类似的观点。他显然没有站在基督论教义的立场上来看待历史。他直言不讳地抨击罗马天主教会。历史上的诸宗教是对于自然宗教、有神论信仰和虔敬态度的迷信式表达。上帝赋予人类一种“普遍理性的原则”，而人类应把自己的信仰安放其中。伏尔泰不能理解与宗教崇拜相关的种种情感。尽管他承认怜悯与正义是历史的基本要素，但他本人对于普罗大众的态度更多是蔑视而非仁爱。在他看来，大多数人都是脆弱的、受感官支配的。他们始终被自私的，或多或少违背道德的少数人所主宰。

在伏尔泰历史方面的著作中，《风俗论》对本书而言意义重大。一部在柏林出版的版本称之为“普遍历史纲要”。伏尔泰创作的基本动机之一是抨击基督教会的历史观。基督教会历史观的辩护者大多具有一种欧洲中心的视野，与之相反，伏尔泰呈现的这项研究被称作“第一部真正的世界历史”。伏尔泰利用当时所能掌握的知识，把关于阿拉伯人、中国人和印度一些民族的记述也囊括在内，并对他们的思想和艺术、经济和政治状况给予了一定关注，尽管这种关注并不是特别均衡。朗松①写道，伏尔泰是第一位践行“现代历史观，即把历史看作是对文明进行描绘和解释的历史观”的学者。对伏尔泰来说，历史的意义在于科学、艺术、文学、社会生活的改善以及

① 即古斯塔夫·朗松（Gustave Lanson，1857—1934年），法国史学家、文学批评家。——译者注

自然的虔诚。他常常对充满着不可捉摸的偶然性，充斥着罪行、愚
159 蠢与苦难的历史事件感到悲观，但他仍企盼文明取得进步，期待理性逐渐获得胜利。伏尔泰信仰理性，这可能意味着，他接受人类具有可完善性这一观念。但他并未提出一种明确的看法，认为历史有着单一的或多元的目的。伏尔泰在《老实人》（*Candide*，1758）中描绘了历史上发生的罪恶与不幸，他借此讽刺了莱布尼茨的论断，即这个世界是所有可能的世界中最好的世界。要是莱布尼茨仍在世，可能会反驳道："勿要言之过早。"伏尔泰曾在《扎第格》（*Zadig*，1747）中写道："人们用自己所能感知的极小部分来评判整体，这种做法是错误的。"

罗伯特·雅克·杜尔哥（Robert Jacques Turgot，1727—1781年）是伏尔泰的同辈，但比他年轻一些。杜尔哥留下了一部已经拟定但显然从未写就的《论普遍史》（*Discourses on Universal History*）的草稿，这部著作在某种程度上是反对波舒哀的。他承认自然因素发挥的作用（如孟德斯鸠强调的气候因素等），但他相信内在的心理因素更为重要。杜尔哥信仰上帝，但却否认上帝能够干预历史；他将历史视作一个有机整体，在科学、艺术、道德、政治和宗教等方面，绘制出一幅文明进步的蓝图。即使在衰退的年代，也存在一些能够对整体性进步有所助益的东西：差错和灾祸能发挥某种刺激作用，而欲望提供了动力。与伏尔泰不同的是，杜尔哥并没有把进步的根基主要建立在理性之上。他与伏尔泰都代表了一种观念上的转变：与前代的流行观念不同，他们不再依赖神意，而提倡以明确的人文主义态度来理解历史。

让·雅克·卢梭（Jean Jacques Rousseau，1712—1778年）的著作发起了双重挑战：既挑战教会的传统教义，也挑战当时较为普遍的世俗社会组织。为了驳斥主流的基督教历史观中关于人性之堕落的教义，他主张人性本善。为了驳斥他眼中的那些社会组织，他主张人生而自由，但社会组织却给人套上了枷锁。人类的自主选择能力与自我完善能力将人类与那些低于人的兽类严格区分开来。若要维持自己作为人的真正地位，人就必须维护这种自由。卢梭承认， 160
人与人之间存在一种“自然的不平等”，但这种不平等本身却并不显著，也不像人们常说的那样会造成极为严重的后果。有许多被看作是自然的不平等的东西，实则是在社会中产生的。既往的社会演进造成了与自然法相悖的公民的不平等，而这些不平等导致了人类最严重的罪恶。与之相反，社会应当依照隐含的社会契约来进行组织，以此保证公民的平等。与公民的不平等相伴的，还有所有权的不平等与财富的不平等。卢梭明确强调人类个性的重要性。他控诉说，在传统社会中，人总是活在别人的意见当中，好像他对于自身存在的感受只能从别人的评判中获得。卢梭争辩说，自我完善的能力是人类的显著特征，这一观点得到了后代许多学者的附和，并成为了历史进步理论的一项基本原则。

在法国大革命这一动荡不安的年代，孔多塞侯爵（Marquis de Condorcet，1743—1794年）面临着被处决的危险，在危难之时提笔写下一部乐观的著述。在他看来，历史是人类不断进步并逐渐迈向真理与幸福的过程。他坚信过去就存在着这样的发展，而且这种发展会如自然规律一般延续下去，在未来无限趋近于人类的完善。“可完善性……可以被看作自然界的普遍规律之一。”从过去来看，“自然并未给我们的希望设限”。自然用一条牢不可破的链条把真理、美德与幸福结合在一起。可以看到，艺术领域也取得了进步，更重要的是，“各国间的友爱”也在发展。“我们关于人类未来状况的希望，可以归结为这三项重点：废除各个国家间的不平等；同一个民族内部平等的发展；最后是人类的完善。”

## 四

伯纳德·曼德维尔（Bernard Mandeville，1670—1733 年）并未采取后来在 18 世纪思想中占据主导的理性主义路径。曼德维尔的个人立场仍有待商榷。因此，正如其著作最新版本的编者凯耶博士
161 (Dr Kaye)①指出的那样，威廉·劳（William Law）和乔治·布吕埃（George Bluet）“抨击曼德维尔的禁欲主义观点，因为他们觉得他并不是诚心信仰它”，而亚当·斯密和约翰·布朗（John Brown）“反对这一说法，因为他们相信曼德维尔的确信仰禁欲主义”。曼德维尔著作的标题非常抓人眼球：“蜜蜂的寓言，或私人的恶行，公众的利益”（The Fable of the Bees，or Private Vices，Publick Benefits）。从 1714 年开始，这部著作几经再版，引发了诸多讨论和批评，一部分原因在于，人们对标题后半部分的含义产生了一些误解。问题集中在“恶行”一词的意义上。对曼德维尔来说，“恶行”

① 即弗雷德里克·本杰明·凯耶（Frederick Benjamin Kaye，1892—1930 年），一位以曼德维尔研究著称的美国学者。——译者注

的意义取决于什么是公认的美德，也就是在他看来符合不变的、永恒的理性原则的品格。曼德维尔认为，这种美德需要采取极端的禁欲主义态度并抑制冲动才能实现。他在著作一开头就抱怨说，“大多数作者总是在教导人们，你应该成为什么样的人，却不屑于告诉他们，你究竟是什么样的人”。与美德具有的理性主义特质（如上所述）相反，他相信人类除了那些显而易见的生理组织之外，也“是各种激情的复合体，而当所有这些激情被激发并占据主导时，便会一个接一个地支配人，不论人是否愿意”。无论曼德维尔本人最终是否认可超越性的道德原则这种观念，他都笃定地相信，人在世俗历史当中无法实现这些原则。他并未讨论人是否能在死后的来世中企及这些原则。在他看来，人类历史充斥着欲望和冲动。理性是欲望的奴仆。一切行为都植根于自爱。甚至人的“社交能力”也源于“他欲望的多样性”和“他在竭力满足这些欲望时不断遭遇的阻挠”。“饥饿和赤裸是迫使我们奋起反抗的第一位暴君；接着，我们的骄傲、懒惰、好色和善变是伟大的促进者，推动艺术、科学、贸易、手工业和一切职业向前发展；而欲求、贪婪、嫉妒和野心则是伟大的监督者，把每个人都安置在他所属的阶级，让社会成员不懈劳动，并使他们所有人——其中大多数人还是以愉悦的方式——在各自的岗位上任劳任怨，国王与君主也不例外。”

曼德维尔运用大量实例来阐明，有些行为虽与所谓绝对的美德 162
原则相悖，但实则有助于增进大众的福利。那些以卖淫这一恶行为生的妇女，却能够让他人免遭玷污。如果没有娼妓，“正派女性的贞洁”将“每天都面临公众的践踏”。曼德维尔对奢侈会损害社会和个人福利这一“公认的观念”提出质疑。他笔下的奢侈指的是一切超出了自我生存这一范畴所需的东西。他反问道，如果不这样来划定界限，那么奢侈应从什么尺度开始算起呢？他驳斥了关于奢侈会导致腐败、使得人民羸弱的指控，并坚信这是由“管理不善”和“弊政”造成的。曼德维尔对于历史的思考显然是从生活日益富足的角度而非禁欲主义观念出发的。贪婪以工业生产作为基础，并最终促成了产量的增加。每一种恶行都以间接的方式促进了公众的利益。不过，恶行必须受到限制：超过这些限度，恶行便会成为对社会不利的“犯罪”。换言之，曼德维尔把主导权交给了社会性的美德，要根据时间和地点的具体状况来决定何谓“恶行”，何谓“美德”。曼德维尔的著作在历史方面的主要影响在于，一方面它强调欲望，这与理性相对，另一方面它也关注丰富多彩的尘世历史，这与严苛的禁欲主义道德相对。凯耶博士称，曼德维尔的著作“预示了未来的事件发展趋势”。

大卫·休谟（David Hume，1711—1776 年）著有一部英国史，但他很难被视作一位符合当下标准的科学的历史学家。作为一位哲学家，他与那些反对霍布斯的观点——人性天生就是利己主义的——的学者一道，坚定认为，人普遍来讲都对他人怀有“同情”。在自然情感的基础之上，人们会在历史上的社会合作当中获得满足。休谟阐述的怀疑论可能本质上表明了一种人们**应当**接受洛克和贝克莱此前观点的立场。作为一位 18 世纪的思想家，休谟的重要性在于，他挑战了主流思想，质疑理性是否能够有效解决人类生活中出
163 现的问题。他的许多著作表明，他认可“常识”的看法。尽管他证

明了理性神学（Rational Theology）的论证未能提供上帝存在的证据，但其著作表明他对有神论持一种模糊的态度。他对哲学思辨逐渐失去兴趣，转而偏向历史。因此，在《宗教的自然史》（*Natural History of Religion*，1759）一书中，休谟（利用当时可获得的资料）追溯了宗教在历史上的位置。尽管如此，他的历史观仍是经验性的。即便是在宗教方面，他也并不认为人与超越性实在之间存在某种重要的联系。他承认，宗教中存在一些“秘而不宣的”，极少处于“历史认知之下的”东西，但在另一方面，他又描绘了宗教的“正当职责”，即“改善人的生活，净化他们的心灵，强制人们履行其所有的道德义务，并确保人们服从法律与民事法庭”。在一篇短文《论历史研究》（“On the Study of History”）中，休谟首先便信誓旦旦地说，研究历史是一种比虚构更富乐趣的“适意的欢乐”。他在文中揭露了他看待历史的实际态度：“人类活动，在其幼年时期便开始初次尝试追求艺术与科学……政府的政策与谈话礼仪在逐步精进，装点人类生活的一切事物都在日臻完善。”在历史上，人们看到“最繁荣的帝国兴起、发展、衰落，最后灭亡；看到那些造就其伟大的美德和导致其毁灭的恶行”。历史研究，就像“延展”一个人的生命一样，因为人的生命本身十分短暂：“在某些方面可以说，一位熟读历史的人与世界同寿……”历史与现实有关，休谟深信伦理在其中占据主导地位。他写道，历史学家“几乎无一例外”都是“美德真正的朋友”。某些哲学家用他们的思辨“否定一切道德差别的实在性”。即使是马基雅维利，他在作为一位政治家言说时会“把投毒、暗杀和作伪证视作合法的权术”，而在作为一位历史学家时，他却

“对恶行表现出强烈的愤慨”。历史“把对象置于其真实的观点之中”。休谟坚信，在历史上恶行与美德之间的差异是根本性的。

164 亚当·斯密（Adam Smith，1723—1790 年）曾大量利用历史为他在《国富论》（*The Wealth of Nations*，1776）中阐发的观点提供有效的例证。他并不关注历史的整体意义，只关注经济。经济在历史上的重要性不言而喻。虽然斯密的观点在今天的经济学领域并不是主流，但一些政治家大体上仍相信斯密的经济学，他的观点代表了当代历史中争论的一个方面。在一段时间内，斯密的经济学在英国和美国都占据主导地位。在他的一部早期著作《道德情操论》（*The Theory of Moral Sentiments*，1759）中，斯密坚信道德具有社会因素。不过，尽管人只能“在社会中生存”，他甚至当时就断言“就人的本性而言，每个人都会首先达成自己的目的，这是头等大事”。他在《国富论》中明确把“自利”（self-interest）摆在首位。人不能指望别人“仅仅出于他们的仁慈”而给予帮助。“如果一个人能让别人的自爱为自己牟利，那他便更可能成功……”“每个人都在不懈努力，为他所能掌控的资本寻找最有利可图的雇佣。这的确是他自己的利益，而非他所看待的社会的利益。”不过，他接着说，“仔细研究自己的利益会自然而然地，或者说必然地，使得他更倾向于那种让整个社会最有利可图的雇佣”。他深信公共利益和私人利益具有天然的同一性，如果每个人都追求各自的利益，那么这种情况对社会福祉最为有益。他并未验证自己的想法，而是将之寄托在信仰之上：他相信有一只“看不见的手”（？上帝）统治着历史。工业发展的历史进程当然让人们有理由怀疑这种想法的真实性。他争辩说，在天赋这一点上，人与人之间的差异微乎其微。差异主要由环境所造成。“最不相似的人物之间的差别，譬如一位哲学家和一位普通的街头搬运工之间的差别，与其说是天生的，不如说是习惯、风俗和教育造成的。”斯密认为，国家的财富依赖于劳动，尤其依靠劳动的分工，而非自然资源，他对自然资源并未给予足够的关注。尽管他承认有一些例外情况，但劳动不应受到来自政府的或其他因素的限制。要用“天赋自由”来从事劳动。“在自由和安全得到保障的情况下，每 165
个人都能做出改善自身条件的自然努力，这是一条十分强大的准则，在没有其他任何帮助的情况下，这条准则不仅能够使社会走向富裕和繁荣，还能够克服无数糟糕的阻碍，这些阻碍是人类愚蠢的法律时常拖累社会运行而造成的。”18 世纪所提到的“个人主义”（individualism），大多是指这种自利的“经济人”（economic man）。

## 五

与主宰法国思想界的人文主义历史观不同，德国学者莱辛（Lessing，1729—1781 年）在《论人类的教育》（“Education of the Human Race”，1780）中重新阐发了一种宗教性的历史观。历史是引导人类认识上帝的教育过程。莱辛遵从 18 世纪的理性主义，他相信上帝的启示所给予的东西皆可通过运用理性来获得。不过，通过启示来认识上帝会更快、更容易。人以上帝为师，上帝根据人的理解能力，在不同层次上向人类揭示了他的本质。由于人类生命首要的目的本质上在于个人和宗教而非社会文明，因此在各门宗教的一系列神圣启示中，能够见到历史最为关键一些侧面。因为个人所接受的教育无法在尘世间的单次生命中得以完成，所以人也无法在一次生命中便找寻到历史的全部意义。历史的意义能够不断延伸，要么延伸到尘世间的生命轮回中，要么延伸到单个或多个彼岸世界中。在文章的最后一句话中，莱辛追问道：“整个永恒不都属于我吗？”

赫尔德（Herder，1744—1803 年）谦逊地称其著作为“关于人类历史哲学的思想”（*Ideas towards a Philosophy of the History of Man*，1784—1791），但学者们认为这是一项具有开创性的研究。赫尔德称，由于人在历史中无法感知到任何计划，所以有些人“断然否认计划的存在”。考虑到历史上一切事物都是转瞬即逝的，有些人对人类怀有重重疑虑，就好像“被束缚在伊克西翁（Ixion）的火轮上，被捆绑在西西弗斯（Sisyphus）的巨石上，被胁迫着面对坦塔罗斯（Tantalus）的磨难”。与这些观点相反，赫尔德试图将历史描
166 绘为一个稳步向前的进程，一套大自然物质世界的发展序列，这一过程逐步导向人类的诞生。人类是物质发展的顶点，亦是另一种精神秩序的开端。尽管人类在某种程度上是“两个世界间的纽带”，但人类生命应被视为包括自然界在内的普遍秩序的一部分。赫德尔所说的下面两句话表达的就是这层含义：“人类的全部历史就是一部纯粹的自然史，包含着人类的力量、行动与习性，并随着时间和地点而改变。”“历史上的一切现象都是自然的产物。”赫尔德承认气候和自然环境造成的影响，但并不认为这些因素能够决定一切，他提出了“民族性格”这一概念。世界上自然环境的多样性有助于造就各异的“民族性格”。每个民族“都有各自发展完善的标准，这一标准

全然独立于其他民族的标准”。民族性格影响着民族历史的方方面面，它“一目了然地展现在这个民族在世间的一切活动当中”。民族有时会凸显人类文明的某些不同侧面，但在历史的发展过程中，民族之间可能会相互补足，“直至最终在整体上达成某种平衡”。

赫尔德对“民族性格”这一概念的运用有时会给人带来误解，仿佛他主张纯粹从社会的角度来阐释历史。尽管他明确表示人“为社会而生”，但他仍坚持认为，“整个物种都只活在”“众多个体构成的巨链”当中。“整体由个体成员组成。”“任何人都不能认为自己是为了他人或子孙后代而活。”①幸福是一种“个人的善”。除了家庭这个生物性群体以外，其他一切形式的社会组织都依赖于人的行为。历史是人类通过自主选择，努力实现自身能力和才干的一系列过程。在这一过程中，理性得到发展并逐步取得胜利，同时也愈发能够触及理想的正义。随着时间的推移，那些破坏性的趋势逐渐式微，让位于那些保护性和建设性的趋势。教育和传统是必不可 167
少的要素，但必须要摆脱掉那些可能会“麻痹民族、教派与个人之心灵”的旧传统。虽然赫尔德旨在描绘尘世间人类生命的本质，但他并不认为仅凭这一点就能够充分地理解历史。他反对这种不公正的说法，即上一代人只是为了下一代人的福祉便理应受难。他坚持永生的信念。“人类的历史，包括它进行的尝试与它的遭遇，它付出的努力与它经历的变革”，充分证明了“尘世”只是“我们心灵力量的锻炼和试验之地”。赫尔德常说，上帝是自然的设计者，亦是自然的终极原因，而人类是自然的最终目的。赫尔德以

① 从整部著作来看，他的立场表明，“只有”应被理解为排在“为了”之前。

另外的方式削弱了上帝的重要性，一些学者将他的论述与人文主义性质的历史撰述联系在一起。

埃德加·基内（Edgar Quinet，1803—1875 年）曾将赫尔德的作品翻译为法文，他也对赫尔德提出了不少中肯的批评。基内指责赫尔德过于偏向自然论，夸大了自然界对人的影响。历史的独特之处在于，人在历史上有时会利用自然，有时又会与自然抗争。这种情况在个体的生命里体现得尤为显著。个人的意志总能在历史上发挥作用，如果没有充分意识到这一点，那么任何历史叙述都不会令人满意。个人的意志是一切人类历史的核心。个人会为了自由和理想的人格而奋斗。就这一点而言，尽管不是一帆风顺，但人类在历史上仍取得了进步。民族与文明都致力于传达占主导地位的思想；它们的衰落更多是由于信仰错误的观念，而非遭遇外部侵略。

尽管从意大利人文主义和弗朗西斯·培根的时代开始，人们便愈发关注历史的世俗价值，但本章此前提及的大多数学者至少在形式上都认可宗教。然而，17、18 世纪的自然神论者却把历史上的宗教作为重心。他们认为，纵观历史，人类始终有一种“自然的”宗
168 教。他们摒弃了基督论教义，成为了我们上一章末尾所描绘的那种更广阔的历史观之先驱。自然神论者常给人留下这样一种印象：他们信仰上帝创造了世界，但此后上帝却与之保持着距离，对人类历史漠不关心。自然神论更为杰出的倡导者们显然并不认可此类观点。切尔伯里的赫伯特勋爵（Lord Herbert of Cherbury，1583—1648 年）的《论真理》（*De Veritate*，1624）一书就阐明了这一点，他被誉为“自然神论之父”。他认为，在所有人之中，无论何时何地，都有一

套关于神人关系的“共同观念”（Common Notions）潜藏在普世的“自然”宗教背后。这门宗教有五项基本的共同观念，它们作为历史恒久不变的构成要素，包含着以下这些看法：有一位至高神，他是“神圣的”，是“万物的归宿”，也是“一切善事的缘由”。普遍神意在自然中得以彰显，但“在危难之时总能感受到有神施以援手，基于这一人皆有之的明证”……“我们也必然会相信特殊神意的存在”。神是永恒、智慧与仁慈的。“经验与历史证明，无论何时何地，神之神意都以绝对正义支配着世界。”宗教无法以历史记录作为基底，因为历史记录只能给出某种概率性的东西。不过历史却可以给出通过理性认识到的真理之例证。因此在历史中，我们必能寻觅到“神之神意的法则”存在的证据，“无论它是特殊的还是普遍的”。第二项共同观念是，人应当崇拜神。第三项是，“以虔诚为美德”是宗教中最为重要的内容，其中“涌现出真正的希望”、“真正的信仰”、“真正的爱”与“真正的喜悦、幸福”。第四项是，人们必须为“恶行与罪行”而“忏悔、赎罪”。第五项是，“人在来世会受到嘉勉或惩责”。赫伯特勋爵坚信，这样的宗教才拥有独一无二的、真正“包罗万象的”或普世的教会。它囊括了所有地点、所有人，而不仅仅存在于“某一段历史时期”。历史的目标是获得“永恒的幸福”。“在今生能够取得一定进步，来世会更加优渥，这样的允诺激励着我们，而我们通过难以言传的方式竭力参透来世的本质。”永恒的幸福是“可能的”。但由于揣测未来只能给予我们一些“可能性”，我们对于未来的信心其实源于“对上帝真挚的信仰”。赫伯特勋爵热切地为 169
信仰永生辩护。正如母亲身体里孕育的孩子终将降生并对这个世界有所知觉一样，因而人也可以从此生的世界去往彼岸的世界。“有哪一颗胚胎曾经成功地省视过自身，又有哪一位发育完全的人会这样做?”

并非所有自然神论者都拒绝接受神明的启示。不过他们（如赫伯特勋爵）认为，对于那些发生在过去，同时又被呈现为启示的东西，最多只能谈论启示应验的概率。但若要检验一项启示，最终必须要判断它是否符合自然宗教的共同观念。要是这样来判断，那些所谓的启示要么是对这些公认的真理的某种再版——因而在某种程度上是多余的——要么与之相悖——因而应该被拒斥。这就是马修·廷德尔（Matthew Tindal）在《基督教与创世同龄，或福音是自然宗教的再版》（*Christianity as Old as the Creation*, *or the Gospel a Republication of the Religion of Nature*, 1730）一书中提出的论点。每个人都得到了上帝赐予的契机，能够认识到真正的宗教。“如果上帝的施予是均等的，”廷德尔写道，“如果他在不同的时间点，对人类及其永恒的幸福怀有同样的善意，那我们如何能够相信，他在人类怀疑罪行能否被赦免，人是否能得救的这种最为痛苦、充满困惑的状态之中，离开了所有人类这么长的时间，错过了这么长一段历史?”怀揣着这样的想法，自然神论者便难以认可传统的基督教神学家所宣扬的那些历史事件——道成肉身，耶稣被钉死在十字架上为人类赎罪，以及耶稣的复活——他们不相信这些事件与历史的意义有任何根本性的联系。自然神论者几乎不会直接讨论这些话题，这种不予理睬的态度表明他们认为这些问题无关紧要。廷德尔批判了有关亚当之“堕落”的圣经故事，以及基于此的“原罪”

观念，这些内容与一种特定的传统基督教观点联系在一起，这种观点认为，救赎是通过一些特定的事件来获得的。廷德尔质疑这些事件是否促成了它们理应取得的成果。他问道："有哪一位精通教会历史的……公正之士，能够从基督徒的行为之中发现他们达到了比其他人类更为完善的状态，而其他人类却理应一直退化和堕落？"历史 170
并未证实基督教会所宣扬的那些特殊的启示。自然神论者相信上帝是仁慈的，他们笃信，那些人类获得幸福所必需的知识能够在任何时间、任何地点为任何人所知。绝不能认为，直至（所谓的）基督赐予启示，这种知识才能被获知，否则它都是被隐藏的。纵观整个历史，上帝始终与人类保持着联系，这足以让人类过上美好的生活。如果人类无视上帝在他们的天性中赋予的道德和宗教层面，那完全是他们自己的过错（正如赫伯特尤其主张的那样，人类拥有意志自由）。

爱德华·吉本（Edward Gibbon，1737—1794年）著有《罗马帝国衰亡史》（*The Decline and Fall of the Roman Empire*，1776—1788）一书。这部巨著第一卷的第十五、十六章中关于基督教的论述引发了大量讨论。一直以来，学者们对于吉本作为一位历史学家的地位都评价不一。有人赞誉他为英国最伟大的历史学家。这部作品对很长一段历史时期进行了全面的研究，同时视野十分开阔，研究也不失连贯性，这着实令人钦佩。吉本在研究历史时并没有先入为主地认为有一些超凡的力量在影响着历史。或许是为了避免与基督教的教条主义者产生争执，吉本称，他论述基督教——尤其是基督教在罗马帝国内的发展——是在处理"次级因素"。他并不否认有一些基本的、超自然性质的因素存在。尽管他写道，“神学家可以尽情地描绘宗教，讲她本性纯洁，自天堂降临人间”，然而吉本自己却不相信这些超自然因素的效用，这一点几乎是无可辩驳的。他试图以调查普通历史现象的方式来研究基督教的扩张。他相信，正是凭借着“独有的热情、对来世的憧憬、奇迹的传播、践行严格的美德以及原始宗教的形成，基督教才在罗马帝国扩展开来并繁荣兴盛”。吉本在第十六章的末尾回顾了早期基督徒遭遇的迫害，他写道：“一个悲惨的事实……刻在了脑海之中，尽管不情愿，但也要承认……
171 历史所记载的或虔诚的教徒所杜撰的一切关于殉道的问题，人们必须认识到，基督徒在他们内部纷争的过程中给彼此造成的伤亡，远比异教徒的狂热带来的伤害要更严重。”在吉本看来，古罗马历史上有一段时期的生活比基督教时代的任何时候都更加美好。“如果要让人在世界历史上划定一段人类的生存状况最愉悦、最繁荣的时期，他会毫不迟疑地说，是从图密善遇刺开始到康茂德即位之前的这段时期。罗马帝国幅员辽阔，在美德与智慧的指引下，由绝对的权力进行统治。”尽管吉本指出，现代世界是在古代世界的废墟上兴起的，但他对于历史的看法要比他对其他事物的看法更为悲观。历史“无非是人类的罪行、愚蠢和不幸罢了”。史书的每一页“都浸透着平民百姓的鲜血”，“争斗的激情、胜利的荣耀、成功的渴望、对过去之不公的记忆与对未来之危险的恐惧”，这一切“都会让人内心激愤，并使怜悯的声音陷入沉寂”。

与吉本同时代的德国哲学家康德（Immanuel Kant，1724—1804年）并不信仰基督论教义。耶稣可被尊奉为善这一理想状态的最为杰出的代表，但他不过只是人类而已。对于宗教而言，更要紧的是善这一理想状态，而非作为历史人物的耶稣。尽管“头顶布满星辰的天国”与“内心良知的低语”引发了康德对上帝的敬畏，但他显然没有对上帝心怀神秘之爱。康德的哲学作品几乎完全是形式化的和抽象的。在生活的方方面面，他都不热衷于处理那些经验性的事物。他未能充分了解历史上宗教、道德和美学方面的具体情况，对于历史事件和伟人也漠不关心。他未曾在历史哲学领域付出太多心血，但他的一些核心观念影响了后来的历史哲学思想。康德在道德方面的学说尤为重要，因为他反对一切形式的道德相对论，也就是说，道德完全是相对的，是在历史中不断变化的社会条件的产物。
通过强调道德的自主性，即个人会为了自身的利益而希求道德，康 172
德维护了精神自由的实在性。个人历史的核心意义存乎道德品质当中。每个人都要将自己和他人视作具有内在价值的个体。大家共同组成一个“目的王国”（realms of ends）。道德是普遍的、理性的、无条件的和社会的。他在为“永生”这一基本假定辩护时表示，仅仅关注尘世间的存在是无法充分理解人类生命的。个人历史的意义超乎此生。康德著有一篇相对而言关注度不高的文章，题为“世界公民观点之下的普遍历史观念”（The Idea of a Universal History on a Cosmo-Political Plan）。但在这篇文章中，他反对“仅仅在另外一个世界里”寻找目的。尽管康德拒斥基督教会的“原罪”学说，但他依然相信人性中存在着某种根本性的恶。或许正是在这种观念的影响下，他称历史上的一些行动会时常引发“某种程度的反感”。因为“尽管能够偶然发现散落在各处的智慧的痕迹，但我们势必会觉察到，这些行为的总和是由愚蠢、无知的虚荣，甚至是无知的罪恶与毁灭的精神交织而成的”。与这些行动相反，他坚持认为，尽管从形而上的角度讲可以承认人类的意志自由能够促成某些特定的偶发事件，但“个人甚至整个民族都很少能意识到，人们往往是以相互对立的方式，依照自己的观点来追求自己的目标，此时人们会不自觉地遵从一项自然目标的指引，并努力推进这项他们自己都未曾意识到的自然目标，即使人们认识到了这项目标，也会认为它是无足轻重的”。一般情况下康德把这项主要的目标或计划归因于“自然”，但他在某处写道“或者说是天意造就的”。历史哲学的任务在于努力把握这项计划的脉络。除了自然直接给予或天性赋予的东西，人在历史中所获得的一切，所有以另外的方式使人感到“幸福或美满”的东西，都是“人类为自己创造的”。历史的进步取决于不稳定的状态与紧张的对立。在人类感受到其合群性的同时，他们也并非处于
173 完全和谐的状态之中。人“渴望和睦”，但“大自然更知晓什么东西对人类这一族群是有益的，因此她引发了纷争”，通过这种方式，人类将被带往更高的层次。人“希望安逸地生活，无所作为也能得到满足，但自然却要求人类抛弃这种懒散的状态与怠惰的自满，辛劳工作以便找到补救的良方，以明智的方式摆脱泥潭并提升自己”。文明的价值是诸多个人所造就的，但只有在遍及世界的社会条件下，才能充分地实现这些价值并达成和谐的状态。因此，世俗历史的意义，“自然托付给人的终极目标”，即“人类一切禀赋的发展”，要求建立“一个普遍的公民社会，这一社会建立在政治正义的帝国之上”。历史活动的核心任务便是去实现这一目标。在《永久和平论》

（“To Perpetual Peace”）这篇短文中，康德概述了一些建立“一个各民族的联邦式同盟”的必要条件，在上文提到的文章里面他也论及了这些条件。康德这方面的思想建立在一项基本原则之上：道德权利不是依情况而定的，也不是一种权宜之计，而是普遍理性的要求。

康德的作品中存在诸多模棱两可与一些尖锐的前后矛盾之处。在 19 世纪，那些与康德曾试图调和的思想形式截然不同的哲学思想也被认为是从康德哲学中派生出来的。康德拒绝承认费希特、谢林和黑格尔这些观念论者延续了他的哲学思考。尽管叔本华、赫尔巴特和弗里斯与康德存在较大分歧，但他们仍自诩为康德的追随者。随着德意志古典观念论的崩溃，本世纪中叶出现了一场“回到康德去”的运动。新康德主义的海德堡学派贡献了许多关于历史的重要研究。①康德哲学被冠以“批判”之名，这彰显了他的一部分思想特点。但正如其他学者使用的“唯物论”“观念论”等说法一样，这没有触及事实的本质。康德哲学包含了一种隐匿的二元论。若康德明确承认物质与精神的二元论，那么他便能够增进我们对二者的区别与联系的认识，同时有助于我们调和各种类型的思想形式，这些思想形式片面地夸大了某些因素，导致它们在历史的本质这一问题上产生了分歧。但康德未能做到这一点，而且在 18 世 174
纪已为人所知的经验主义和理性主义之间的对立一直延续到了 19 世纪甚至 20 世纪。本书第七章和第八章所讨论的问题就是这一对立的体现。

---

① 参见下文第九章，尤其是关于海因里希·李凯尔特的论述。

# 六

但在18世纪下半叶至19世纪初，美国革命与法国革命对人类历史观造成的影响要远远超过康德哲学。托马斯·潘恩（Thomas Paine，1737—1809年）在其著作中表达了这些事件所包含的态度与观点。潘恩在美国和法国都曾居留过，他与两场革命都颇有渊源。潘恩没有呼吁人们从事技术性的哲学工作或倡导人们涉猎广博的知识，他只信赖普通的理性和常识。潘恩在当时拥有举足轻重的影响力，因为他说他的第一部出版物《常识》（*Common Sense*，1776）售出了至少10万册。这部小册子只有唯一的主题，它坚称，美国殖民地从英国的统治下独立是历史的必然，这是常识的要求。有传闻说，华盛顿在读到潘恩的作品之前一直反对美国独立。

在18世纪，可能有相当一部分人都不相信基督教历史观所依据的那些教义，但相对而言却很少有人在正式发表的著作中直截了当地批判这些教义。而潘恩在《理性时代》（*The Age of Reason*）一书中正是这么做的，这部著作于1794年和1796年分为两部分出版，这使得潘恩具有了一定影响力。潘恩在写作的过程中深信，传统基督教一直以来都是一门剥削群众的工具，若考虑到教会与政府之间的关系，这一点便体现得尤为明显。潘恩把矛头指向他眼中整个基督教体系的根基：《旧约》和《新约》作为上帝之话语和神圣启示的权威。他在内部理据的基础上，对许多书卷的作者所秉持的传统观点都提出了历史准确性方面的质疑。他的基本论点是，为《圣经》

服务的那些主张不具有可靠的历史依据。潘恩把重点放在了《旧约》记载的那些“淫秽的故事”、“残忍而冷酷的处决”与“无情的复仇” 175
上，同时以令人感到惊讶的方式不恰当地忽视了《旧约》中的其他内容，由此，他宣称，《旧约》中关于上帝的观念是不可取的。就本书的目的而言，更重要的问题在于，潘恩态度鲜明地反对基督教传统历史观所依据的那些基本教义：原罪、上帝的道成肉身与救赎。“人的堕落”、“耶稣基督是上帝之子，他的死是为了平息上帝的震怒，并且以这种古怪的方法来为人类救赎”，这些说法“跟神话一样都是杜撰出来的”。教会的基督论教义缺乏充分的历史依据，因而只是某种形式的神话，这些关于上帝的观念毫无价值。潘恩对宗教并不抱有敌意：教人向善的宗教就是好的宗教。但与基督教的“神话神学”相反，他提出了一种通过了解上帝的创造才能习得的“真神学”。“上帝的话语就是我们所见的创造，上帝正是通过这话语向世上所有人说话，任何人类的创造都无法仿冒或改变这话语。”我们是否要审思他的能力，他的智慧，他的慷慨，他的慈悲？我们眼见这些事物“处于宏大的创造之中”，“处于支配着这一难以理解的整体的恒常秩序当中”，“处于上帝用于填满世界的充盈之物当中”。“当人类环顾四周，发现自己是一种非己所创的生物，而且有一个装潢完毕的世界被托付给他，他所做的第一件事必定是奉献。”潘恩从传统的教条中解脱出来，他把耶稣描述为“品德高尚又和蔼可亲的人。他所宣扬并践行的道德观念是最为仁慈的。尽管孔子和一些古希腊哲学家多年以前就曾宣扬过类似的道德体系，而且在各个时代都有不少仁者做过同样的事，但无人能够超越耶稣”。

潘恩在年轻时便已形成了这些观念，这些观念也构成了他行动的背景。虽然他未曾明言，但可以看到，道德原则与造物中所揭示的神性是一致的。潘恩强调，政府应当遵循常识所应用的道德原则。他在《人权论》（*The Rights of Man*）中提出这一观点，这部著作
176 于1791年和1792年分两部分出版。我们没必要关注该书对于埃德蒙·伯克（Edmund Burke）的《反思法国大革命》（*Reflections on the French Revolution*，1790）以及对于世袭君主和贵族所共享的政府的批评。潘恩的主要目的在于用常识来陈述并捍卫人的权利。他并不依赖任何政治哲学家的权威。他认为，无论从表面上直观地看，法国革命和美国革命的动机是什么，人所拥有的这些权利都为这两场革命提供了根本性的动机。潘恩相信，这两场革命之所以成为了历史的关键转折点，正是因为它们是人民的革命，而不是先前那些只影响了少数统治阶级的革命。“此前发生在这个世界上的革命没有什么东西能让大多数人类产生兴趣。”第一种统治形式是神职人员通过其政治影响施行的，第二种统治形式是征服者施行的，而第三种统治形式则是理性施行的，或将要由理性来施行。

潘恩接受了大多数美国和法国革命家所认同的理念，即人作为神的造物，其权利是天赋的。“每一位降生在世间的孩童都应被认为是从上帝那里获得了其生命。”这些天赋人权普遍且恒久。人作为政治团体的成员所拥有的公民权利，归根结底是为了保护天赋权利，公民权利可以根据情况而变。美国的《独立宣言》和法国国民议会通过的《人权宣言》都肯定了这些权利。只是两者的表述有些许不同。在《人权论》第一部分的结论中，潘恩采用了法国的表述形式。他主张，“有一些原则就像真理和人的存在一样普遍，它们将道德与

政治上的幸福和财富结合起来。（1）人生而平等，而且在人的权利方面始终是自由而平等的。因此，公民的荣誉只能建立在公共事业的基础上。（2）一切政治结社的目的都在于维护人天赋而不可侵犯的权利，这些权利是自由、安全和反抗压迫”，这些原则为革命赋予了正当性。众所周知，美国《独立宣言》给予了人类生命、自由和追求幸福的天赋权利。潘恩坚信进步是可能的，甚至可以说他认为进步是板上钉钉之事。“人总是有能力改善环境”；但他并没有高估 177
政府发挥的作用。“形式上的政府只占文明生活的一小部分。”安全和繁荣更多地取决于个人的一些特定活动，以及人们在既定惯例中的合作。因此潘恩宣称，除了从道德原则中直接产生的事物之外，商业是“通往普世文明的最佳途径”。

美国革命和法国革命的基本理念对当下的历史观依然产生着影响。这些理念在不同的国家得到了更为广泛的应用，并改变着各国历史的性质。但并非所有国家都遵循着这些理念：德国的国家社会主义政府与意大利的法西斯主义政府就与之相悖，现在俄国的共产主义政府亦然。18 世纪的思想对于个人本身已经给予了充分的考虑。潘恩的观点本质上也是关乎个人的。对于目前已现实化的国家社会主义、法西斯主义和共产主义来说，个人最多只被视作历史这部戏剧中的卒子而已。

从文艺复兴时期到 18 世纪末，历史发生了两次根本性的转变。在实际历史当中，富有意义的内容大幅增加；而历史作为科学性的记录，其范围也得到了极大的拓展。大多数不受教会信仰约束的学者都从基督论历史观的束缚中脱身而出。

# 第七章　19 世纪以来的观念论历史观

## 一

178　在 18 世纪，人们愈发倾向以经验性的方式阐释历史。将上帝构想为神意的传统观点退居幕后，要么被完全忽视，要么被旗帜鲜明地反对。到了 19 世纪，这种理解方式遭到了观念论哲学的挑战。观念论用精神性的绝对者（Absolute）概念取代了传统的上帝观念。除了不断延续的基督教历史观外，自 19 世纪以来，还出现了两派相互对立的阐释历史的方式。广义来讲，我们可以用观念论的（Idealist）和自然论的（Naturalist）两个术语来指称这两种历史观。弗雷德里克·安西隆（Frederick Ancillon，1766—1837 年）于 1817 年创作了一篇关于“历史哲学”的文章，在这篇值得关注的短文中，他对这两种历史观之间的分歧给予了明确的认知。他把前者称为“形而上学的观点”，把后者称为“政治的观点”，政治的观点主要是经验性和社会性的。“形而上学的”观点是“缺乏实用价值的，诞生于抽象的领域”。它以上帝之存在或永恒且自存的（self-existent）绝对者作为出发点。它认为自然是一个必然的领域，有着不可避免的统一进程。具有心灵的人类享有自由，拥有“按照理性行事的能力”——人通过这种能力把握那些永恒的、普遍的、神圣的观念，并把这些观念当作指令。人被认为是“可完善的”。人类发展完善的一项基本条件是“必然”与“自由”、外在与内在、自然与人、人与其同伴、人与自身之间持续的斗争，“人类的 179
历史，以及有差异的人类群体，即诸多民族的历史，大部分内容都是在与自然抗争，与人类的激情抗争，而物质世界则是这些活动发生的舞台”。“在每个人心里出现的内部挣扎，是人与神之间的秘密。它并不真正属于历史的范围之内，历史无法探明其细节，历史涉及内部挣扎只是因为它可用于解释前者”（即外在的抗争）。不过，“可完善性”指向了尘世之外的地点和时间。安西隆告诫称，稳步迈进的可完善性和永无止境的发展与各民族实际发生的历史是相悖的，他转而描绘了“政治的观点”。这一观点以事实为依据，用原因来解释结果，不致迷失在永恒的观念之中。它“把人看作有组织的存在，其生死都受制于不变的法则，它从自然历史出发来研究公民的历史”。这种观点并不认为“迈向完善的进步是整体性的、全方位的”。“人们看到，作为政治集体的国家（the body politic）历经其幼年、青年、壮年和老年，而且这种框架总是呈现出一幅有着同样的范围与性质的图景。”它迟早都会死去。“事物有一种必然性，自由永远无法胜过它；而人有一种自由，它能胜过表面上的必然性，这种必然性只是在普通的头脑看来是这样的。人不应夸大其中任意一方。”安西隆显然认为这种“政治的”观点是“可取的”，而且具有一些

“实际的”优势，但他在前言中写道：“禁绝形而上学的观点是不切实际的。”甚至可以说，正值安西隆写作这篇文章之际，就在德国本土，现代历史上最为精妙的形而上学观念论哲学正在形成，其基本思想是：人类生命（因而历史亦然）只能够在作为整体的实在中得以理解，这涉及比转瞬即逝的世俗经验更为重要的东西。这种哲学思想最令人钦佩、影响力最为深远的阐发者有克劳泽（K. C. F. Krause，1781—1832 年）、费希特（J. G. Fichte，1762—1814 年）、谢林（F. W. J. Schelling，1775—1854 年）和黑格尔（G. W. F. Hegel，1770—1831 年）。

180　克劳泽发表过题为“纯粹的，也就是普遍的生命学说与历史哲学”（*The pure，that is，general Doctrine of Life and Philosophy of History*，于 1848 年在他逝世后出版）的系列演讲，有充分的理由可以认为，这是第一部系统的历史哲学著作。尽管克劳泽与德意志古典观念论学者群体同属一个时代，但无论是在思想方面还是在措辞方面，他都有意识地与传统的有神论保持更为密切的联系。他使用“神”而非“绝对者”一词，但与绝对者的概念一致，他把神描绘为整体，因而是完美的。克劳泽称其观点为“泛神论”，并坚信万物都在神**之中**。世界不是神，而是处于神的内部，神较之于世界更为广博。世界及世界中的万物都是有限的，而神是无限的。由于有限处于无限之中，人类历史的意义也就涉及了人与无限的关系。要理解人类，最关键的不是从人作为一种有限的存在这一角度来进行思考，而是要从无限的神这一概念出发。人在他此生与来世的历史中，要竭力变得“与神相似”，在其生命中实现善良、智慧、美好、神圣。克劳泽在详细地阐发他的观点时，执意坚持了一些重要的意涵。一切时间都在神的范围内，每一部分时间都具有某种内在的意义。童年时期不只是青年时期的预备，而青年时期也不只是成年时期的预备。如果跟许多人一样，认为人在尘世的存在只是为来世生活做准备，那便“错解了今生的价值”。换言之，至少有一部分历史的意义是在其发展过程之中的。因此，自然也处于神之内，人的肉体作为自然的一部分亦可得到完善并为人欣赏。“每一有限的存在都只能在生命整体之中，并且通过这一生命整体，才能完善自己的生命。”尽管自然有其内在意义，对于人类思想而言并非只是工具性的，但人类精神生活的发展在某种程度上却是与自然相关的。克劳泽在恶的问题上颇为挣扎。他与同时代的许多观念论者想法一致，把恶描绘为本质上是缺失性的，即缺乏某种东西。因此，这是在神之中的、有限性的存在所具有的特征，而神作为无限性的存在是没有恶的。不过克劳泽感到有必要明确承认，历史上的恶是由于人类意志的错误行使。上帝会助人行善；他允许恶的存在，但不会助人作恶。毫无疑问，克劳泽相信神拥有完美的善，他认为，神会唤起一些事物来战胜恶，并通过这些事物来引导、转变恶，以实现更高 181
的善。在实际历史当中，精神在不断经历重生和革新。个体的历史与人类历史一样，可被分为三个阶段：（1）最初的朴素统一的阶段；（2）多样化的阶段，在这一阶段，人们会通过各种方式努力争取价值；（3）和谐的阶段，在这一阶段，综合性价值使统一再次实现。人类目前正处于第二阶段。到了 19 世纪下半叶，随着绝对观念论（Absolute Idealism）的一些更加明确的形式遭到反对，一些思想家回归了类似于克劳泽的立场。[①]

在克劳泽的著作问世之前，比利时学者 J. J. 阿尔特迈耶（J. J. Altmeyer，1804—1877 年）于 1840 年出版的《历史哲学讲稿》（*Course on the Philosophy of History*）一书就表达了一种类似的当代历史观。历史哲学的基础一方面在于历史学这门兼具空间性与时间性的“事实科学”，另一方面也在于永恒不变的“纯粹观念”。神与每个人切身融合，并干预着人的生活。阿尔特迈耶称，事实证明，在历史的重大转折点上有着神的干预。“当人类气喘吁吁、精疲力竭地抵达一段进化的终点时，神为人类插上新的翅膀，并为人类划定了新的发展方向。”人类以神的形象存在，遵从这一本性，人类渴望并努力追求完善。由于这一本性，没有什么是人不能“用他的智性去理解”的；没有什么是人不能“用他的爱去接纳”的；没有什么是人不能对其行使“意志的主权”的。和克劳泽一样，阿尔特迈耶也对恶提出了不同的看法。尽管他把恶描绘为是消极的，但他仍坚持认为，在人类历史上，恶主要是由于错误地运用了自由意志。“人人皆信一位神，人人皆有一个祖国”，这是全人类的目标与希冀，爱人类是唯一的律法。

F. W. 谢林著述中的绝对观念论主要是在对不同的概念进行讨论。有时学者们指出，必须对谢林的早期思想与后期思想加以区分，但无论在哪段时期的思想中，谢林都没有提出一种能够涵盖一切细节的、理解历史的重要方式。除了（这是极为罕见的情况）在一位

---

① 譬如赫尔曼·洛采。克劳泽曾在哥廷根大学任教，而洛采正是在这所大学发展出了自己的哲学思想。

偶尔有泛神论倾向的德国神学家的著作中，谢林已不再具有影响力。182
至少在表面上看来，谢林认为历史上的各种恶都处于绝对者的内部，而这种观点是克劳泽试图避免的。自然与历史是有机整体，亦即绝对精神（Absolute Spirit）的“进化”和自我彰显。一切形式的有限之物都是无限之物的象征，一切形式的瞬时之物都是永恒之物的象征。

J. G. 费希特更加贴近康德思想中的伦理这一方面，在他的构想中，绝对者的本质在于道德秩序。费希特提出了一个基本概念：“自我”（Ego）。他的意思是（正如他一直以来坚持的那样），“自我”并不是指个体的“我”，而是指绝对者。个体有限的精神是无限的生命表达自我的方式。尽管根据这一点，每个人在历史上都有其独特的位置，但费希特仍在他于柏林发表的，题为“极乐生活指南”（The Way towards the Blessed Life）的系列演说中宣称：“那些仍具有自我的人——在他们身上一定找不到什么好东西。”在他关于“普遍历史观念”（The Idea of Universal History）的演讲中，费希特称：“这尘世间的生活以及从属于它的林林总总，都可以从此时此地我们已能触及的永恒生活的基本理念中推导出来。”在讨论“人的绝对天职”（The Absolute Vocation of Man）时，他说“完善”是最高的、“人难以企及的目标”，是“永远趋于完善的人的天职”。“我确信，在我生命的每一刻，我都知道应当做什么，这就是我所有的天职，因为这取决于我自己。”但“我无法理解我全部的、完整的天职：我死后会怎么样，这超越了我的一切思想”。不过，“永恒的意志会把一切都安排为最完美的情况”。“最后，所有人都必定会抵达天堂，享有永恒的安宁与福祉。”费希特承认，他的思想模式绝非仅仅是观察世界的结果。事实上，他认为我们最重要的一句格言应当是：“不要认为在时间中显而易见的存在本身就是真实的、实在的，而要去假定一个超越它的、更高的存在。”从费希特的立场来看，实际历史中出现的非理性现象仍然是一个难解的谜团。在《对德意志民族的演讲》（*Addresses to the German Nation*）中，费希特尽心竭力地唤起德意志人参与到历史之中，他告诉他们：“人类臻于完善的萌芽得到了特别的允诺。”他敦促说，“只有通过战争和共同的奋斗才能成就一个国家”，他又宣称，“你们有更伟大的命运——去建立一个以
183 思想和理性为基础的帝国——去摧毁统治世界的、粗暴的物质力量的霸权”。

尽管黑格尔哲学的诸多思想都遭到了反对，但它对历史哲学仍具有重要的意义。自 19 世纪以来，黑格尔哲学的影响力比其他任何观念论哲学都要更为深远。在黑格尔逝世后出版的《历史哲学讲演录》（*Lectures on the Philosophy of History*，1837；1840）中有他关于历史的论述。这些论述是对黑格尔一般哲学的理念与原则的应用，是从逻辑思考，而非对自然或历史的经验性研究当中得出的。尽管他说“从世界历史来推断，世界的发展是一个理性的过程”，但他实际的处理方式与他说的另一句话相符：“哲学给关于历史的沉思带来的唯一思想便是理性这一简单的概念……”或许迄今为止，所有从事哲学或科学研究的人都应当会同意这一点。但黑格尔更进一步说，“……理性是世界的主宰，世界历史因此向我们展示了理性发展的过程”。他对于东西方世界的研究就是为了阐明这一观

念，而且他把这一观念代入到了历史研究当中。他专注于他意欲发现的东西，因为“对于那些理性地看待世界的人，世界也就会呈现出理性的一面”。作为普遍历史发生的舞台，自然是理性的一种体现，尽管它所施加的影响（地理的、气候的等）并未主导历史。黑格尔所提出的“发展”这一概念对他关于历史的论述至关重要，但却是意涵模糊的。因为作为绝对者的精神是永恒的：“有了它，就没有过去，没有未来，只有一个不可或缺的当下。”然而，为了探讨历史，他必须坚持这一点：“始终存在的精神之生命是进步化身的循环。”他的基本立场可能最好用他自己的话来表达：“精神真正追求的是要实现自身的理想存在；但在这样做的时候，它把这个目标从自己的视野中掩盖起来，并在这种与之疏离的状态中感到骄傲与满足。”有了这一点便很容易理解，黑格尔哲学在人类历史方面遭遇的最激烈的批评就是针对这种绝对主义的意蕴。若历史只是绝对精神
发展的**表象**，那么一切时间进程在某种意义上都是不真实的。若真 184
实的就是理性的，那么历史上的矛盾和冲突就完全可以被称作“不流血的范畴之争”。

理性体现在各种系统当中，而非仅仅体现在抽象的普遍性当中，通过这一重要意涵，黑格尔哲学对各派历史理论都产生了建设性的影响。不应该在历史中追寻一些相似的特殊情况的循环往复，而应该去追寻协调的整体，或者不同的特殊情况迈向系统化的过程。真实的历史表现出种种矛盾与冲突。黑格尔派的哲学家努力想要证明，在历史辩证法中，这些冲突与矛盾会综合双方的因素，逐步形成一种更为全面的整体。在真实的历史进程当中，有许多内容都符合这

一构想，但也有诸多意外情况是黑格尔的逻辑体系所无法容纳的。

黑格尔认为，他对于历史的考察给了他充分的理由以理性自由为参照来叙述历史。“世界历史无非是自由意识的进步。”人正是通过行使自由、做出抉择来认识自身的精神存在。人知道何为善，何为恶，并且有能力行善或作恶，人在历史上的命运便系于此。然而，低层次的自由是肆意妄为；“以积极的方式现实并完成”自由则需要依靠“法律、道德和政府”。“唯有服从法律，意志才是自由的。”实现自由的条件在于社会和国家。黑格尔对历史上单个的人物相对关注较少。“在世界历史上，与我们关系密切的个体其实是民族，与我们关系密切的整体其实是国家。”个人要通过国家来实现自己的自由，这要求他们主动、自发地参与到那些超越一己私利的目标中去。对于整体的任何一个构成要素而言，完整的精神自由只有在整体和谐的情况下才能实现。黑格尔认为，从政治的角度来讲，绝对者的自我发展在他那个时代的普鲁士国家已经完成，这一观点遭到了合理的反对。不过，这种荒谬的论点以及黑格尔的其他观点，譬如他
185 说“欧洲绝对地是历史的终点”，并不会全然否定或严重损害他提出的这项原则，即通过矛盾和克服矛盾，人类能够向更广阔的精神生活迈进。黑格尔认识到，历史上的宗教并未仅仅关注或首要关注时间中的道德修养，相反，宗教本质上是有限与无限和永恒之间的直接联系。这种宗教观念与传统的神意思想以及自然论的历史叙述皆不相同。宗教在精神活动中拥有最崇高的地位。“在宗教之中，精神克服了时间和世俗存在的限制，意识到了绝对精神，并且在这种自存的存在（self-existent Being）的意识里，精神放弃了其个人的利

益。”“曾有一段时间，人们对上帝展现在动物、植物和孤立的事件中的智慧表示钦佩，这是一时的风气。但是，如果准许神意在这些对象和存在形式中显露出来，为什么不也准许它显露在普遍历史中呢?”他以这段申告为他的整个讨论作结：“世界历史，以及关于它的史籍呈现出的纷繁复杂的情况，是精神发展和实现的过程——这才是真正的神义论（theodicy）——为上帝在历史上的存在正名。”

虽然黑格尔对于基督教的构想显然不同于传统神学，但他称这包含了一项“新的原则”，即基督教是“世界历史旋转的轴心”，同时代表了历史的起点与目标。人意识到自己是一个个体，这便是堕落。人执意与上帝分离，这便是恶。苦难“作为一种使人与神结合的工具”降临到历史之中。基督教的本质并不存在于“基督只是一位已然逝去的历史人物”这样的思想中。“基督——作为人来说——在他的身上出现了神与人的结合，在他的死亡、在普遍意义上的历史当中，基督自身表现出精神的永恒历史——每一个人都必须在自身内完成这部历史，这样才能作为精神存在，或者成为上帝的儿女、神国中的公民。基督的信徒们基于这一原则联合起来，他们的目的在于过上一种精神生活，这便组成了教会，而教会就是神国（King-dom of God)。”基督教在历史上的至高的意义就在于，通过基督教， 186
“上帝的绝对观念，在其真正的思想中，达到了意识的层面”。在基督教中，人类理解了“他们真正的本质，这是在‘圣子’这一特定概念之中被赋予的。人类在看待自身时是有限的；但与此同时，人类却发现**在其自身中**蕴含着上帝的形象与**无限的**源泉”。国家中的生活，以及一切世俗事物，都要与宗教基本原则所包括的道德上的正直保持一致。

纵观整个19世纪，人们普遍的印象是，德意志古典观念论，以及受其影响而萌发的其他国家的观念论思想，本质上是乐观主义的。通过辩证的过程，矛盾会在一个更为广泛的综合体中得到解决，这种思想与人类进步的信念相符。但从另一个角度看，也可以认为，如果现有的恶的现象（至少是人所经历的现象）构成了绝对者永恒之完善的一部分，那么这些恶的现象便可能永远这样存在下去。因此，绝对观念论的立场是模糊不清的。到了19世纪中叶，随着社会上广泛出现的不满情绪，历史根本上是理性的这一说法受到严重质疑，并经常遭到否定。亚瑟·叔本华（Arthur Schopenhauer，1788—1860年）生活在费希特、谢林和黑格尔在思想界占据统治地位的较早时期，但直至本世纪中期，他的《作为意志和表象的世界》（*The World as Will and Idea*，1818）与他的许多文章才开始受到学者们的广泛关注。从形而上学的角度来说，叔本华的立场是观念论的，然而对他而言，精神现实的本质不是有意识的理性，而是无意识的意志。黑格尔哲学试图寻找理性，这种理性即使没有彻底主宰历史，也在历史中占据着压倒性的优势地位，而叔本华让人转而关注历史中的人类意志，就这一点而言，叔本华对后世的学说产生了重要影响。与那些关于发展与进步的学说截然相反，他坚信："真正的历史哲学就在于这样一种洞见：在所有这些无尽的变化及其造成的混乱当中，我们面前总存在一个永恒不变的本质，它行事的方式无论在昨天、今天还是未来都不会改变。""历史在不同的侧面都以不同的形式展现出同样的内容……各国历史的不同篇章，本质上只

是按名称和日期来作出区分，真正的基本内容在各处都是一致的。” 187
在描绘了战争时期与和平时期的生活状况之后，他问道：“但这一切的最终目的：它是什么呢?”叔本华给出了自己的答案：“去支撑生命短暂、备受折磨的人们度过短暂的一段人生，在最幸运的情况下，贫穷堪能忍受，并且相对而言可以不受痛苦侵扰，不过同时也伴随着倦怠；然后是这个种族的繁衍与奋斗。”这就是个人及其行为的真相：“少数人的卓越、美德甚至神圣；多数人的乖张、吝啬和卑鄙；一些人的放荡不羁、肆意挥霍。”叔本华采用了一种本质上享乐主义的标准，而且他反对某些认为恶只是消极的观念论思想，他把恶描绘为积极的，而且是好的消极。即便出现了一些社会和知识进步的迹象，也伴随着苦难的加深。“历史所诉说的，其实只是人类冗长、沉重而混沌的迷梦。”对于美的沉思或许能带来一些宽慰，虽然多数时候这种宽慰也非常短暂。试图在历史中寻找意义是徒劳无益的。我们不应对这件事给予过多关注。他认为，这就是历史上最伟大的宗教的基本态度。真正的精神，基督教、婆罗门教和佛教的核心要义，“是认识到，世俗的幸福只是虚妄，是对其彻底的蔑视”。相对而言很少有人受到这种观念的吸引，叔本华自己在实践中也几乎没有遵从这一态度。无论是出于生理上的冲动，还是精神上的抱负，或者两者兼而有之，包括 19 世纪思想领袖在内的大多数人，仍继续从进步观念这一角度来看待历史。叔本华的观点时常遭到忽视。在美国，爱默生的思想因其开拓精神令许多人心向往之。在英国，卡莱尔提出的颇具男子气概的学说引发了与叔本华的悲观主义截然相反的回应。

## 二

拉尔夫·沃尔多·爱默生（Ralph Waldo Emerson，1803—1882年）并未将他的观念论历史观呈现为一门系统的哲学思想，而是用以表明一种生活态度。爱默生在他的《随笔集》（*Essays*）一书，尤其是
188 其中论及历史、自然、超灵（the Over-Soul）和自助（Self-Reliance）的篇章，以及《代表人物》（*Representative Men*，1850）的序言当中，详细阐述了他的观念论历史观。他写道：“令我感到万分惭愧的是，我发现我们所谓的历史是一个多么肤浅的乡村故事。”与此相反，他参照终极实在，将历史描绘为一种永恒的普遍精神，一个“超灵”。在这一精神中，“每个人独特的存在都被包含在内，并且与其他所有人融为一体”。在精神显露之前，“时间、空间与自然都退缩开了”。“整体的灵魂”，“永恒的一”，就在人的内部。爱默生在《历史》（“History”）一文的开篇就强调说，这是他看待历史的主要观点，他笃定地称：“所有作为个体的人都有着同一个心灵。每个人都是一个入口，既可通往这个同一的心灵，亦可通往所有同一的心灵。”历史是由这个普遍心灵的行为结果构成的。整体在每一个部分、每一颗原子、每一段时刻都有所体现。历史无法简单地用自然世界和人类有意识的活动来加以说明。“我每时每刻都被迫承认，相较于被我称之为自己的意志的那种东西，事件具有更高的起源。”“事件之网”就是普遍灵魂“身披的”“飘动的长袍”。在每一段历史时期的每一个人身上，它都是在场的。所谓的物质自然不是一种独

特的“实质”，而是精神整体的一部分或一方面。在“原始推力”（aboriginal push）的影响下，自然从一个阶段迈向另一个阶段，促使每一生物向前发展。“情人在婚姻中寻求他自己的幸福和完善，他并没有预期的目的；而自然却在情人的幸福中隐藏着她自己的目的……种族的永续。”但自然似乎在嘲弄我们，因为她从未让我们获得完全的满足。爱默生质问道：“我们是否受自然戏弄，并成为它的小丑呢？”回答是：“只要看一眼天地的面目，一切怒火都会平息，我们会被劝慰去接受更加智慧的信念……我们在生活的各个方面都有精神力量护卫，有一个对我们有益的目的在等待着我们。”享受自然的无尽变幻也是历史意义的一部分。人类的心灵会把自然当作自己的“家”来爱护。因此，要依照这两项事实来书写、解读历史：“心灵是一（One），而自然是它的相关物。”

爱默生坚信只存在一个普遍精神，但他也强调人类的个性。他强调的这一点在其历史观中具有根本性的意义。他并不赞同那些仅 189
仅是或者主要是社会学观点的思想形式，譬如后来孔德式的实证主义提出的社会进步观念。“社会从未进步。它一面有所失去，一面有所收获，两边的速率几乎一样……（它）收获了新技术却失去了旧本能……现在的人不如以前的人一般伟大……人类不会随时间的推移而进步。”对文明真正的考验是看它培育出了什么样的普通人。每个人都是普遍心灵的一个化身。每个人都独一无二。“似乎神给每一位他送入自然的灵魂都披上了某些无法与他人相通的美德与力量，并派遣灵魂在生命的轮回中再走一遭，神在这些灵魂所披的服饰上写着‘不可转让’和‘只可用于此行’。”我们每个人都表达着神的观念。尽管没有“普通人”，但也有卓越的、伟大的或有代表性的人，他们带领人类迈向历史的“伟大时刻”。“追寻伟人的足迹是青年人的梦想，也是人类最严肃的职业。”“在每个时代，人类都依附于少数几个人，或因为他们所表现出的思想的质量，或因为他们广受拥戴，这些人有资格获得领袖或立法者的地位。”尽管“一切历史都极易变成关于少数几位坚毅且真诚之人的传记”，但每个人在历史当中都拥有自己的一席之地。

人们不应当主要在时间中预先找寻历史的意义，好像历史是在朝着一个终极目标进发。相反，历史的意义存在于对永恒之当下的体验之中。强调个人的来世大谬不然。真正的永生就是体验无尽的当下。“一切尊重个人的东西都是暂时的、行将到来的，就像个人本身一样，他正在挣脱自己的桎梏，升格成为一种包罗万象的存在。”终极的事实是“万事万物都会逐渐变成永受神佑的一”。宗教是个人的灵魂与普遍的灵魂之间的交融。爱默生将“桎梏”（limitation）视为万恶之源。他说：“唯一的罪就是桎梏。”虽然从他的理论立场来看，他认为恶就在于真理和美德的缺失，但他也提到了许多其他事物，这些事物表现为具有积极因素的恶。爱默生秉持着如此宽泛的
190 恶的观念，因此他并不鼓励艰苦奋斗的态度。“没有必要去奋斗……没有必要去歇斯底里、咬牙切齿。”“只要稍稍思考一下每天在我们周围发生的事情，我们便会明白，有一种高于我们的意志的法则在掌控着各种事情；我们痛苦的辛劳是多余的，是徒然的；只有安逸、简单、自主地行事，我们才有望成功。”

随着近代的工业和国家军队将民众组织起来，以及全世界范围

内的金融和经济联系，历史的社会层面受到关注也就不足为奇了。不过，当文化的进步成为了人们关切的核心议题，历史学家们便不得不承认个人发挥的重要作用。尽管托马斯·卡莱尔（Thomas Carlyle，1795—1881年）在其著作中还展现出了其他看待历史的视角，但他最为有力地表达了这样一种观点：历史的意义突出表现于伟人的丰功伟业之中。卡莱尔在《论英雄、英雄崇拜和历史上的英雄业绩》（*On Heroes，Heroworship and the Heroic in History*，1841）的第一篇演讲中谈道："因为在我看来，世界历史，也就是人类在这个世界上所取得的成就的历史，归根结底是在世间活动过的伟人的历史。他们是人民的领袖，而且是伟大的领袖；他们是模范，是标杆，在广义上说，他们是普罗大众排除万难想要完成或想要获得的事物之创造者；我们在世界上见到的一切已然实现的事情，都是被派往这个世界的伟人心中的思想所造成的真正的物质结果，是这些思想实际的实现和体现。有充分的理由认为，整个世界历史的灵魂就是这些伟人的历史。""世界历史"就是"伟人的传记"。①

卡莱尔认为，宗教是人们对"这个神秘世界"的信仰和态度，也
是他们在其中的责任和命运，他还相信，在其中可以找到"人类历史 191
或民族历史的灵魂"。"正是人身上那些看不见的、精神性的东西决定了那些外在的、实际的东西。"宗教与伟人在历史上始终密切相关。"对高于自己的存在心怀憧憬，在人的胸怀之中，没有别的感情比这高

① 在之前的一篇文章《论历史》（"On History"，1830）中，卡莱尔写道："历史就是无数传记中的精华部分"，但与后来他对杰出人物的关注不同，卡莱尔提请人们关注那些被遗忘之人，那些一般都被视作较为次要的人物的重要性。"哪一位是更伟大的革新者，哪一位是人类历史上更为重要的人物：是那位第一次率领军队翻越阿尔卑斯山，取得了坎尼（Cannae）会战和特拉西美诺湖（Thrasymene）战役之胜利的人，还是那位第一次为自己捶打出一把铁锹的无名之辈？"

尚了。直到此时，以及在所有的时刻，这种感情都在为人的生命赋予活力。我认为宗教就是建立在这种感情之上的……”正如卡莱尔在《旧衣新裁》（*Sartor Resartus*，1833—1834）中所描绘的那样，历史上宗教的本质是在信仰和实践中采用“永远的肯定”（Everlasting Yea）而非“永远的否定”（Everlasting No）之态度。最为关键的信念是，“时间的巨浪呼啸着汹涌而来，你并未被吞噬，而是被升华到了永恒的蔚蓝之中。不爱愉悦，唯爱上帝。这就是永远的肯定之态度，在其中，一切矛盾都得以化解，凡是行走、观看之人，都与他同在。”而“永远的否定”之态度，把世界看作是“一台巨大到难以估量的蒸汽机”，并认为这台机器“滚滚向前，以它那种致命的、漠然的态度，把我的四肢百骸节节碾碎”。简而言之，卡莱尔批判那种“机械的”、“盈亏的”、有着统一进程的哲学思想，他反对经济决定论，主张参照精神价值来理解历史，而对于这些精神价值，首要的意义不在于统一性，而在于伟人的独特贡献。历史的本质就是在各种形式下为理想而奋斗，而这些形式就是永恒的善、美与智慧的不断变化的象征。

卡莱尔创作了许多书名具有历史意蕴的著作，譬如《法国大革命》（*The French Revolution*）、《奥利弗·克伦威尔的书信与演讲》（*The Letters and Speeches of Oliver Cromwell*）、《普鲁士腓特烈大帝史》（*The History of Friedrich II of Prussia*，*called Frederick the Great*）。职业历史学家有充分的理由提出质疑，卡莱尔的这些作品是否属于他们所理解的“科学的历史学”。《法国大革命》是一部散文史诗，其核心关切并不在于记录事实，而在于表达作者看待历史的方式。整部作品都在以戏剧性的方式描绘领袖人物——这符合卡莱尔的看法，即历史首先是伟人和强者的历史。但通过所有这些论述，他也阐明了滥用权力、玩忽职守、敷衍塞责所带来的必然后果。卡莱尔在他关于克伦威尔的作品中寻觅到了契机，以表达他自己对于道德本质的看法，以及他对于个人力量之重要性的坚定信念。192
关于他笔下的腓特烈大帝，或许可以说，卡莱尔开始用一个强权与正义相结合的浪漫主义形象来描绘他，但实际上却无法让腓特烈契合这一形象。卡莱尔书写其历史作品，主要是为了有说服力地阐明他对于基本生活态度的看法，他希望这些看法能够与唯物主义经济学和以统计“民众”数量为基础的民主政治思想形成对照，并在他所处的时代得到承认。在卡莱尔所有的历史写作背后都存在着伦理性的动机。人们或许会赞同J. G. 罗伯逊①的判断：卡莱尔是“在他身处的年代英格兰最伟大的道德力量”。“他讥笑着对科学唯物主义的自我标榜表示鄙夷，因为它破坏了人类对于那些无形之物的信仰；他毫不留情地抨击那些自吹自擂的关于政治经济的科学；他捍卫精神而反对物质，要求人们遵循正义与道德法则，并坚信人最需要的是敬畏之心……不仅要敬畏那些高于我们的事物，而且要敬畏尘世间的、在我们身旁的和低于我们的事物。”

## 三

当卡莱尔强调个人在历史中的重要性之时，许多职业哲学家也

① 约翰·乔治·罗伯逊（J. G. Robertson，1867—1933年）是一位语文学家，德国语言和文学研究专家，以下文字出自他参与编写的《剑桥英国文学史》（*The Cambridge History of English Literature*）。——译者注

对德国古典观念论提出了批评，指责它对人类性格的构想存在缺陷。在德国本土，赫尔曼·洛采（Herman Lotze，1817—1881 年）认可特殊的自我的实在性，这在他的哲学思想中具有根本性的地位。他影响了许多德国、英国和美国的思想家。洛采熟习关于自然世界的科学，他坚信，为了理解人类生命，就必须要明确承认人的个体意识，对于他们来说，关于理想状态的观念，也就是关于“应该是”什么的观念，应当成为思考“是什么”的基础。洛采在他的著作《小宇宙》（*Microcosmos*，1856—1864）中讨论了当时盛行的各种不同的历史观。历史就是人类的教育，这种看法与一种关于人类的隐喻性观念有关，就仿佛一个人的生存与学习都仰赖于人类的代际传承。从形而上学的角度来讲，这种观念是欠妥的，而且历史的赓续
193 实际上无法与一个人的生命相提并论。黑格尔将历史构想为绝对观念（Absolute Idea）的理性发展，他并未给历史偶然性留有余地，不断发展的观念与为之奋斗的生灵之间的关系也颇为费解。“在历史上目睹观念的发展之人，一定会说这种观念的发展对谁有利，以及这种发展实现了何种利益。”这种人无法相信绝对者需要历史的发展。而同时代还存在着另外两种相互对立的观点，一方认为历史是一首“神圣的诗篇”，而另一方相信历史是一场“痛苦又毫无意义的迷梦”。这两种观点都与历史中善恶并存这一史实相悖。

洛采深知，我们从历史进程之中所能够了解到的历史存在着各种局限性。它不会向我们揭示人类的起源和命运。“我们跟从古至今其他人的想法一样，历史在我们看来仍是一条从未知起点通往未知终点的路径，而我们认为必须要采纳的关于历史行进方向的一般性

看法，却无法详细说明历史的发展进程，也无法解释历史的发展为何如此曲折。”人们无法以经验地知晓的历史为基础，用符合逻辑的方式推论出必然的普遍规律。哲学家们尝试完成的工作是，准确地阐述我们已知的历史所囊括的那些内容，而这就是洛采承担的任务。个人在与自然世界、其他人和上帝的关系中获得的经验就是历史。历史的意义就在这些经验之中，而不在任何超越这些经验的绝对者之中。不能仅仅从个人主义或人文主义的角度来思考历史。洛采认为，历史具有一项显著的特征：前代人已经做好准备为了后代人的福祉而做出牺牲，而且普遍来讲对后代人丝毫不怀有嫉妒之心。他认为这有助于确证这样一种观念：“某种历史统一性超越于我们的认知之外。”人与人之间的相互关系既包括合作，也包括对立。只因个人具有一些选择和行动的自由，真正的历史才得以成立。人类进行活动的条件与状况就是为他们而设定的。在这些条件之下，人类的行为可能是正确的，也可能是错误的，既可能行善，亦可能作恶。在历史上这两种状况都能见到。主导因素就是上帝，这些条件大都 194
出自上帝之手。历史的进程可以说在某种程度上是由上帝支配的。历史的意义并不完全在于它“向前的”运动，更在于“向上的”，对于上帝的凝望与渴求。“我们所估计的、每个人的灵魂与超自然世界直接的关联度愈高，历史的融贯性对于人类的价值便愈低；而历史的发展无论是稳步向前还是蜿蜒曲折，都无法通过其自身的运动达成一个不处于它所在平面上的目标，因而我们也就不必费心在仅仅是向前的运动中找寻一种高于此平面的进步，这种进步是历史注定会取得的，不过不是在此处，而是在一种向上的前进过程中取得的，在向前发展过程中的每一个阶段，历史都会取得进步。”洛采最终提出了：“一种世界历史的观念，在这个世界中，有些共同的经验是我们与上帝一道参与的。尽管依照上帝最普遍的计划，历史已然被决定了，但历史在细节上仍不仅仅是原初的预定结果。因此，历史不只是依照理性法则及其结果的‘发展’，而是真实的历史。”

在法国，夏尔·勒努维耶（Charles Renouvier，1815—1903 年）在《历史的分析哲学导论》（*Introduction à la Philosophie Analytique de l'Histoire*，1864）、《历史乌托邦》（*Uchronie*，1876）和《个人主义》（*Le Personctlisme*，1903）中坚持认为，从根本上讲，历史依赖于个体人格。勒努维耶强调个人在历史中的自主性与基本的自由。文明前后相续的发展阶段依赖于人做出的决定。“民族的生命跟个人的生命一样，不是一种徒然的再现，亦非牵线木偶的表演，不会被外部力量拉着线指挥其一举一动；历史之中存在一些严肃的、悲剧性的内容——历史是一部关于意识和自由的戏剧，其结局无人可以预知，历史不是先定的。”“历史事实并未进入一个单一的系统，这个系统的内在逻辑也没有维系并预先决定史实。毫无疑问，历史事实产生的结果遵循着现象决定论（phenomenal determinism）的法则，但它们最初却诞生于人的自由意志。诸多历史时刻彼此相随，
195 它们并未被整合在一起，其中的每一个时刻都有可能会出现新的趋向，而这些新的趋向皆由个人的主动性决定。”历史依赖于自身，人类的不确定性以及人类前进或倒退的趋向证明了这一点。

勒努维耶对文明必然会进步这种盛行的观念提出了质疑。在人类现实中不可能展现出一种时刻在场的进步规律。我们既不知晓起

点，也无法以科学的方式勘定人类进步的终点。这种关于必然进步的理论意味着规程比个人更为强大，个人不是一个积极的、永远存在的、对事态发展起促进作用的动因，只是一种结果。进步的证据无论从空间还是时间的角度来看都极为有限，难以证明这种持续且普遍的进步理论的合理性。此外，也存在倒退与衰败的情况。这种关于必然进步的理论既危险又荒谬。这种理论所认可的不是那些人们甄别为善的东西，而是那些符合时代趋势的东西。通过把过去正当化，它寻求一种对于未来的指引——正如勒努维耶所言，这是一种更为精心策划的方法，以教导我们如何规复或延续过去。确定无疑的进步法则并不存在；真正的法则是，个人与社会进步或者倒退的可能性是均等的。“唯有每个人有意愿取得进步并去实现这一进步，进步才能够达成。”“作为人类的一员，作为国家的公民，我们肩负着使命；道德法则要求我们为了进步而努力。进步一定可以实现，至少我们应当相信，进步是可以实现的。”历史是人类自由的产物。正因为恶依赖于人类的意志，因此人类通过其意志也能够战胜邪恶。邪恶通常都是因为人受到一时的欲望之驱使，没有为了未来更崇高的利益拒斥这些欲望。勒努维耶最大程度地强调了正义的观念。进步本质上取决于自由和正义的实现。

勒努维耶一方面反对形式各异的黑格尔观念论，另一方面也对传统的教条主义的基督教核心教义提出了批评。“这不是一种浮夸而空洞的关于无限的学说，这种学说并未蕴含着可供后代所用的真理；这是一种关于和谐的学说，是关于在有限的秩序中实现完美关系的
学说。而且为世界带来救赎的既不是来自上苍的恩典，也不是某一 196

个人的天赋或者功绩，而是具有正确理性与伟大心灵之人的金链，他们从古至今都是精神上的领袖，是真正拯救其手足的人。”勒努维耶把自己的哲学思想称作“个人主义”（Personalism），他临终前的一句话道出了他对于人类生命与人类历史的基本看法。“哲学的终言不是‘去成为’，而是‘去做’，在做的过程中成就自我。我们应该成为自己的成就者，这在一定程度上取决于我们的理性，取决于我们对自由的合理利用。这便是个人主义。”

尽管鲁道夫·奥伊肯（Rudolf Eucken，1846—1926 年）是洛采的弟子，但他一改后者对于人格的强调，在很大程度上复归了费希特和黑格尔的立场，不过他采用了不一样的措辞。在奥伊肯的大多数著作中都存在着一些关于历史的意蕴。在《当代文化》（*Kultur der Gegenwart*，1924 年第 2 版）一书中的《历史哲学》（“Die Philosophie de Geschichte”）这篇文章里面，他简明扼要地陈述了他对于历史的看法。他的另外两本著作，英译本分别题为“基督教与新观念论”（*Christianity and the New Idealism*，1908）和“生活的基础与生活的理想”（*Life's Basis and Life's Ideal*，1910），更为详尽地展现了他的相关论述。他流传甚广的著作《大思想家》（*Grosse Denker*，1907 年第 7 版，英文版翻译作“人类生活问题”［The Problem of Human Life］，1910 年版）是一部人类生活问题的发展史，他从柏拉图一直写到了他自己身处的时代。在这部著作中，奥伊肯阐发了他的主要观念，即历史进程是精神生活的表达。奥伊肯并未谈及一种绝对的存在，而是将实在以动态的方式描绘为一种“普遍的精神生活”。尽管人类历史的意义涉及一些超越时间的价值，但应该在时间经验中寻找这些意义。“我们必须把历史建立在一个永恒的秩序之中，并把历史理解为这一秩序在我们人类生活这一层面上的启示。”“只有在作为永恒显露自身的媒介时，只有在作为它的全部存在不过是为了永恒的斗争时，历史才是有价值的（事实上，就其独特的人类意义而言，只有这样历史才是可能的）。”他对能动性方面的强调对历史有着特殊的意义。历史的各个时期并非“如同自然生长一般，以沉寂的、必然的方式”出现的。过去所提供的东西，只有在当下积极地占有，才能够真正地为当下所有。在历史上，197
再创造与新创造永不停歇。当下必须“塑造自己的生活”——无论这样做的主体是什么，它都可以利用来自过去的遗产。在奥伊肯看来，历史为不断扩大的综合体提供着可能性，这个综合体一边吸纳着、一边超越着那些褊狭的生活理论与生活模式，这让人回忆起黑格尔的辩证法。自然论中较为积极的内容能够且应当在精神生活更广泛的整体中得到承认。历史的进程是对自然的超越，而非对自然的否定。现代社会主义（Modern Socialism）与审美个人主义（Aesthetic Individualism）都是褊狭的理论和观点，这些理论观点的基本要素在历史上都是具有正当性的。奥伊肯问道：“历史的发展进程所趋向的整体是什么？”他回答道：“我们越是思考这个问题，就越发强烈地感受到，思考这件事情给我们提供的是一个方向，而非一项结论。”然而，历史首要的意义并不在于它在时间中向前的运动。历史也包含了跟时间的冲突。人愈是为了精神的目标而努力奋斗，就愈发感受到自己身处于一种普遍的、高于时间的精神生活之中，并且通过这种精神生活寻觅到了平和与满足。人被超拔到了时间的流动之上，去参与“时间中的永恒”。

## 四

到了20世纪，观念论历史观最为杰出的阐释者是贝内德托·克罗齐（Benedetto Croce，1866—1952年）。他在一部关于逻辑学的著作的一部分中，在《历史学的理论和实际》（*History：its Theory and Practice*，1941）中，在《历史唯物主义和卡尔·马克思的经济学》（*Historical Materialism and the Economics of Karl Marx*，1914）中，以及附带着在《生活的行为》（*The Conduct of Life*，出版日期未定）中都详细论述了历史的问题。克罗齐提到说，“思想”“因为它本身就是生活（也就是说，是思想的生活，因此是生活之生活），因为它就是现实（也就是说，是思想的现实，因此是现实之现实）”，这明确地表达了他的观念论思想。他很早就拒斥了人们通常阐述的那种“历史哲学”。他说，历史哲学是在寻求一种超验性的解释，在寻求历史中的“设计”和终极目的。“各种历史哲学的神话性
198 特征是显而易见的。它们都想发现并揭示世界计划（World-plan），即世界从诞生到死亡，或世界从进入时间的领域到进入永恒的领域之设计。”这样来构想的历史哲学“跟其他一切关于超验性存在的概念和形式一样”，都是“死的”。他也明确反对运用“决定论的因果链”来解释历史。历史决定论与历史哲学都“把历史的现实抛诸脑后”。有神论的历史观就属于克罗齐所反对的超验主义的一种形式。“对人类历史而言，超验的上帝极为陌生，如果上帝真的存在，那么

人类历史便不会存在；因为历史就是它自己的神秘的狄奥尼索斯，是它自己的受难的基督，罪孽的救赎者。”他既反对各种形式的“普遍历史”在起源方面诉诸神学的或自然论的虚构，也反对在目的方面诉诸启示和预言或自然论的社会主义目标。他反对一切试图从历史起源循迹至历史终结的论述。

克罗齐本人的哲学思想被称作“精神哲学”（Philosophy of the Spirit）和“历史主义”（Historicism）。实在是精神的生命，也就是实际的历史。用物质、上帝、观念或意志来解释历史的尝试都是徒然的，因为它们都想超乎历史“之外”，这是不可能做到的。但克罗齐使用“精神”一词的方式跟上述其他那些术语被使用的方式一样含混不清。它通常以单数的形式出现，这说明，正如鲁杰罗[1]所认为的那样，对克罗齐而言，历史是“不可见的上帝在可见世界中的显在”。他对时间、空间和自然等概念的论述也表明了同样的状况。这些概念都是“抽象的”，对实践活动有一定用处，但却不如“精神”一样具有实在的准确性。克罗齐曾谈及“超越时间”与“永恒”。自然并非一种站在心灵之对立面的物质实在。有时他将自然描述为“消极的时刻”（不管这是什么意思），“非存在”与精神的“存在”综合为一体，构成了精神活动的“生成”。另有一些时候，克罗齐给人留下的印象是，自然是精神积极的构成要素，是精神之意志的表达。自然科学的诸种概念是出于实用目的的歪曲。因此，
自然的统一性这种观念严格来讲是站不住脚的。谈论外在的“赤 199

[1] 即圭多·德·鲁杰罗（Guido De Ruggiero，1888—1948年），意大利哲学史家。——译者注

裸的事实”（brute facts）（譬如自然）是错误的做法，因为这些被错误地称为“赤裸的事实”的东西其实是“在思考这些事实的精神中所意识到的精神的行为”。克罗齐批判了动力因与目的因的概念，不过他说，“精神”“假定”赤裸的事实“是运用的这种方式，因为这样来假定它们对精神是有用的”。精神似乎与黑格尔的绝对者或有神论者的上帝一样，是不可见的、超验的。“假定”、“行为”这些说法表明了动力因，而“对它是有用的”则表明了目的，即“目的因”。

克罗齐将他的历史主义定义为“对于这样一种观念的肯定：生命与实在就是历史，而且只是历史”。作为精神的生命，历史的“目标”就在其内部；历史的运动并不会朝向一些超越性的目的或目标。尽管克罗齐明确承认实际的历史与作为记录的历史截然不同，但他仍然可能会因为常常把这两类历史混淆而遭到指责，一部分原因在于他的逻辑和他模糊的时间观，以及他所提出的“精神”这个超越时间的终极理念。克罗齐的以下说法亦可作证这一点：当“历史已然被升华到对永恒的当下的认识时，它就会显露出自己与哲学是一体的，而哲学就其本身而言，就是对于永恒的当下的思考，仅此而已”。历史和哲学具备了这种同一性，便不可能有“历史哲学”这种有别于历史的存在。克罗齐称，黑格尔的目的是要把历史逐渐改造为哲学，而他自己把哲学等同于历史。历史既是认识活动，亦是实践活动，是认知的、直观的（如真的、美的方面），亦是概念的、意愿的（如经济的、伦理的方面）。作为历史的实在是动态的，不断有新的创造。历史的意义“在每时每刻都获得了，同时又没有获得，因为每一次获得都会形成一个新的愿景，我们每时每刻都因占有而获得满足感，但从中又萌生出不满，驱使我们去寻求新的占有”。尽管克罗齐对黑格尔提出了诸多批评，但他的哲学思想比他所承认的要更接近黑格尔主义。黑格尔把历史描绘为向理性自由的进步；跟黑格尔一样，克罗齐也称：“自由是历史永恒的创造者，自由本身也是每一部历史的主题。这样一来，自由一方面是历史进程的解释原则，另一方面也是人类的道德观念。”不过，历史中的自由并不是一项被动获 200
得的条件：只有在它积极地维护自身时，精神才是自由的。“如果需要说服一个人，自由不能以不同于它以前的存在方式和以后恒久的存在方式在历史上存在，也就是说，自由始终过着一种危险的、战斗的生活，那就让他构想一个没有桎梏、没有威胁、没有任何形式的压迫的自由世界吧；他立马就会惊恐地从这幅图景中移开视线，他会明白这是一种比死亡更可怕的情况，是一种极端的枯燥。”

克罗齐在很大程度上受到了拉布里奥拉（Labriola）工作的启发，他写作了不少关于马克思主义的文章。克罗齐主张，不应将马克思主义视作“一门历史哲学”，将其定性为“唯物主义”也是失当的。马克思主义中任何假定的形而上学都可以被丢弃。相反，它是一种“方法”，旨在为历史提供阐释。但即使是从方法的角度来讲，《资本论》（*Das Kapital*）仍十分抽象。“在世界上的任何一处地方，马克思提出的范畴都难以被视作正在实施之中的真实的存在。”“马克思的研究不是历史的，而是假设的、抽象的。”事实上，马克思主义并不是一种历史**思维**的方法，而是一门“历史阐释的巨炮”，它建议，注意力应当集中在社会的经济基础上。它不是一种伦理学说。

克罗齐对以下两种观念都提出了质疑：价值是用劳动来衡量的；历史从根本上说是阶级斗争的领域。他尝试去寻找马克思主义作为经济史的一种表达方式的独到之处，这种做法是无可非议的；但他不承认马克思主义的唯物主义态度以及它提出的伦理上的诉求，这是错误的。

跟许多观念论者一样，克罗齐也相信恶本质上是消极的。历史上所谓的“非理性”，“只是理性所投射的阴影，是其实在的消极方面”。恶总是“被看作是某种特定的秩序中不可避免的情况”。克罗齐想要通过讨论他在《历史，自由的故事》（*History, the Story of Liberty*）一书中举的一个特殊事例来证实这一点，不过克罗齐的论证让人感到颇有些费解。更糟糕的是，他把苦难甚至自然灾害描绘为消极的。“历史是关于那些积极的事物，而非那些消极的事物，是关于人取得的成就，而非他经历的苦难。消极的事物固然与其他事
201 物彼此关联，但仅仅因为这一点，仅凭这种作用，并不足以让它进入历史的图景之中……”“无论是人类社会所遭受的自然灾害，如地震、火山爆发、洪水和疫病，还是人类的自相残害，如侵略、屠杀、偷盗和劫掠，抑或是玷污人类灵魂的邪恶、背叛和残忍，这一切事物都可能让人类的记忆满是悲痛、恐惧和愤慨，但它们并不值得历史学家去关注……除非它们为丰富的人类活动提供了激励和素材，而人类活动是历史学家唯一感兴趣的东西。”“邪恶与谬误不是实在的形式。”它们“只不过是实在从一种形式转变为另一种形式，精神从一种形式转变为另一种形式的过渡物，仅此而已”。“我们通过让恶成为善的一部分来否定恶的实在——因此，恶是善的一个方面，

一个构成要素，就像善本身一样永恒。”进步不应被理解为是从恶到善的过程，而应被理解为是从善到更高的善的过程，“在其中，恶就是从更高的善的角度来看的善本身”。克罗齐抱怨说，黑格尔坚持现实的事物都是合乎理性的，合乎理性的事物都是现实的，但在此之后，黑格尔“又从头开始，把那些真正理性的、必然的事物与那些坏的、偶然的现实重新区分开来”。克罗齐在他的《自传》（*Autobiography*）中坦言：“我习惯于承认，发生的任何事情都是合乎理性的。”从这一观点出发，他认为：“从绝对意义上讲，历史上一切的堕落同时都是一种新生命的形成和孕育，因此也是进步。”“永恒的进步无法被遏止。”

仔细思考便会发现，克罗齐的论述之中存在一些显而易见的模棱两可之处。“我们的历史，”他写道，“便是我们灵魂的历史，而人类灵魂的历史便是世界的历史。”我们关注的是绝对的一（Absolute One），还是许多不同的精神？若人类灵魂的历史便是世界的历史，那么“人类灵魂”这一称谓似乎就只是被构想为整体的“精神”的另一个代称，因为它包括或等同于“世界”。在许多情况下，他笔下的历史仿佛以人的多样性为关切，拒斥主宰一切、囊括一切的，拥有超越性特质的“一”的观念。然而另一方面，他又把历史描述为 202
“精神”之灵性的“永恒生长”。显然，这样的历史具有螺旋式的特征：精神“以循环的方式运动（原文如此?）”。“这个循环是精神与它自身真正的统一和认同，这是一种从自身中得到滋养，成长并超越自身的精神。”所以，“绽放”在哲学上的宗教是“人所拥有的这样一种意识，即人与万物，与真正的、完全的实在之间是统一和谐的”。从这段话中可以很明显地读到，克罗齐关于永生的阐述是较为模糊的：“我们的每一次行为，在其完成的那一刻，都会脱离我们，获得它自己的永生；由于我们在现实中不过就是我们的一系列行为，因此我们也是永生的，因为只要活过一次，便可以永远活下去。”这段话里的“我们的”和“我们”意指施以行为的“存在者”，“精神”一词也有相似的用法。然而这段话里面写道，我们“不过就是”“一系列行为”。是不是说，永生就是“精神”永存？很显然，对克罗齐来说，历史的意义存在于自身。尽管这种意义的性质只是被模糊地提到过，并且从未得到过周全的思考，但有时克罗齐的论述仍被人指责太过于抽象（这也是克罗齐对其他许多学者的指责）。因此，如果意义与价值有关，那么以下这种说法一定也具有抽象的性质。“活动就是价值。对我们来说，除了想象、思维、意志与我们的活动所产出的任何形式的成果之外，没有什么东西是有价值的。”“可以说，除了人类活动的价值之外，世间万物没有任何东西是有价值的。”

后世的历史学家可能会发现，克罗齐最主要的成就在于他的政治活动以及他的文学批评。在他与历史相关的著作中，他关于各种历史学常见形式的缺陷与片面性的讨论，远比他自己对于历史的论述更富有价值。克罗齐在哲学领域的贡献可能主要在于揭示了他所主张的那种观念论会导致何种结果：使观念论遭人质疑！他在一篇短文中写道：“常识是一种历史的发展，是时代思想的提炼。”但克罗齐的哲学却不能这样来描述。考虑到其散漫的写作风格，而且缺乏彻底的批判分析，我会用克罗齐自己的话来评价他的哲学：“我憎恶无能的哲学家。”

# 第八章　19世纪以来的自然论历史观

## 一

上一章讨论的受观念论影响的学者拥有一方共同的基底：他们 203
都认可现实的精神性本质。与他们形成对照的是，自19世纪以来，一些思想家以形而上学的不可知论态度，或显性或隐性地否定或忽视了这种观念，他们也对历史有过一些论述。除了在这点上一致持否定态度之外，他们大都倾向于强调自然事实，并采用与自然科学近似的经验方法。为行文方便考虑，这些思想家可被称作是“自然论的”（Naturistic），“自然论”一词的含义在此处是广义且未经严格界定的。他们的立场部分是由于对观念论的不满而导致的，其中有些学者早年间曾秉持观念论态度。但当代生活的诸多侧面对他们造成了更深刻的影响，他们以实在论的方式处理其中的问题。这一点在马克思主义中体现得尤为明显。随着共产主义社会真正组织建立起来，马克思主义因其实践表现成了自然论历史观最令人印象深刻的代表。尽管奥古斯特·孔德（Auguste Comte）的自然论实证主义（Naturalistic Positivism）没有促成任何具体的政治组织，但它通过各种方式和渠道对一些专业历史学家以及对许多普通民众的观念产生了影响。不过，还有许多学者所持的观点本质上是自然论的，但他们却既非马克思主义者，亦非孔德主义者。他们提出了各种不
204 同的历史观，但都秉持同一种信念，也就是说，他们恪守历史事实，其思想没有被先入为主的观念论所歪曲。有人可能会提出质疑：他们是否关注到了**一切**事实，是否有意或无意地忽视了那些通常被称为“精神”的内容？在为数众多的此类思想家中，本书只能涉及少数几位有代表性且具有特殊意义的思想家：马克思、巴枯宁、克鲁泡特金、巴克尔、尼采、诺尔道、瑞德、梅契尼柯夫、斯宾格勒和威尔斯。

卡尔·马克思（Karl Marx，1818—1883 年）与弗里德里希·恩格斯（Friedrich Engels，1820—1895 年）明确反对黑格尔的观念，拒绝承认实在就是绝对精神，他们将自己的思想体系建立在世间人与物的现实性之上。尽管他们认可人类的思维，而且反对通常的唯物主义观念，但他们仍把自己的学说称作“唯物史观”。用马克思的话说，该理论的实质就是“物质生活所需要的生产方式普遍制约着社会生活、政治生活和精神生活的进程”。“一切人类历史的首要前提，”恩格斯写道，“是有生命的人类个体的存在”，但它们的性质“取决于物质条件，而物质条件决定了它们的生产”——这既包括他们生产什么，也包括他们如何生产。个人的交往形式是由生产决定的。“一切历史的基本条件都是为满足生存需要而进行的生产，观察这一事实全部的意义与影响，是一切历史理论的首要任务。”物质条

件构成了一切心理动机的基础。“无论结果如何，人类都在创造自己的历史，因为每个人都遵循着他自己的自觉期望的目的，而构成历史的恰恰是这些许多意志朝着不同的方向运作的结果，以及它们对外部世界造成的多方面影响。”无论个人自觉的期望能否实现，历史“总是受内部的隐秘规律支配”。这些规律归根结底是经济规律，涉及一种历史决定论。“劳动的历史发展是理解整个社会历史的关键。”历史的进程是不可避免的，其发展形式类似于黑格尔所描绘的那种“正反合”的辩证运动。恩格斯说，马克思已经把“辩证法”从它观 205
念论的束缚中解脱了出来。历史上基本的对立始终存在于经济与政治上的阶级斗争之中。“一切现存社会的历史都是阶级斗争的历史。”最后的综合——“劳动”与“资本”的综合——将在一个无阶级的社会中实现，在这个社会中，人们将不再需要“国家”这个组织化的权威。当这一目标达成时，“前史终结，历史方始”。领袖与杰出人物无论有何是非功过，都会得到马克思主义的充分承认，但这些人物的出现被解释为是由当时社会条件的一般状况所决定的。不论如何从形而上学的角度来理解其辩证唯物论，马克思的学说都不承认上帝，无论上帝是作为历史上的造物者还是代表了神意。信仰这些内容的宗教就是迷信。宗教在历史上向来是少数人剥削多数人的手段：把多数人的注意力转移到他们来世的“福报”与“极乐”之上。而少数人则掌控了世俗权力，享受着多数人的劳动所生产的财富。不过，尽管历史的意义仅是在尘世间的，但马克思主义的拥护者们却被一种未来的目标所鼓舞，甚至甘愿为实现这一目标而做出牺牲。人必须在历史上为“人道”而奋斗，在前行的道路上为自己享受理想所蕴含的任何一部分价值。有一些未来的结果是前几代人无法完全拥有的，在很大程度上，他们只是实现这些结果的手段和工具。人们可以认同马克思主义的看法，即为满足物质需要、维系肉体生命所做的努力是人类历史的主要因素；但其他一切方面都只是副产品，最终都是被这些需要以及满足需要的方式所决定的，这种观点已然遭到了人们根据史实所提出的质疑。

俄国人米哈伊尔·巴枯宁（Mikhail Bakunin，1814—1876 年）在《上帝与国家》(*God and the State*，英译本 1895 年出版）中曾一度与马克思携手，试图唤醒群众发动社会革命，后来却逐渐与马克思产生分歧。自由的情感与理想是巴枯宁思想和生活的中心，而马
206 克思，巴枯宁写道，缺乏“对自由的本能渴望”，而且是“一位彻头彻尾的专制主义者”。巴枯宁最终与马克思分道扬镳，反对他关于历史上的人不可避免地为经济力量所决定的理论。巴枯宁早年曾受到费希特和黑格尔观念论思想的吸引，甚至将费希特的一部著作翻译成了俄语。在经历了剧烈的思想转变后，他开始把当时的有神论和观念论哲学视作外在于个人的权威之基础。上帝是主人，人类是奴仆。人若想要崇拜上帝，就应当放弃自由和他作为人的尊严。宗教在历史上意味着权威的统治，它会妨碍人内心的自由。巴枯宁承认，基督教的伟大功绩在于宣扬上帝面前人人平等，但他争辩说，这对历史而言已不再具有意义，因为人们被教导说，这是在“为来世着想，而非为当下尘世间的现实生活着想”。为了人类自由的进步，必须摒弃对于上帝的信仰。黑格尔强调的那种在历史中可见的国家权威，以及马克思的学说涉及的经济上的强制性，亦应遭到质疑。巴

枯宁认为，正如孔德对历史上实证主义发展的看法所表明的那样，科学对一个政府施行统治几乎不会产生什么帮助。“就像科学无法把握兔子的个性一样，它也无法把握人的个性。并不是说科学对个性的原则一无所知：科学把个性完全构想为一项原则，而非一桩事实。”随着个人的自由成为人在历史上的一项根本目标，人也会努力追求联合，但这种联合却不依靠任何支配个人的力量来实现。“人类会难以自持地趋向联合。但无论在什么地方，只要联合是在不自由的状态下达成的，无论是通过暴力，还是在任何神学、形而上学、政治甚至经济观念的权威之下达成的，联合就会是灾难性的，会破坏智慧，破坏尊严，破坏个人与民族的繁荣。”尽管巴枯宁和列夫·托尔斯泰（Leo Tolstoy）对于宗教的看法有所不同，但他们的无政府主义思想有着根本性的相似之处。

另一位俄国人彼得·克鲁泡特金（Peter Kropotkin，1842—1921年）也在《告青年》（*Paroles d'un Révolt*，1888 年第 2 版）和《面包与自由》（*Conquest of Bread*，1996）中对一切限制人类自由的事物提出了质疑。“从摇篮到坟墓”，国家“把我们扼杀在它的怀抱之 207
中”。从过去发展起来的经济组织在今天已经占据了统治地位，它让真正的自由不再可能。“我们今天的历史就是一部描绘享有特权的统治者反对人民的平等主义愿望的斗争史。”为了把社会组织建立在新的原则之上，革命势在必行。在过去，绝对君主制与农奴制并行不悖。议会制和工资制度与对于群众的剥削也相伴而行。“人民”在重新获得了共同的遗产之后，必须在自由的团体和团体的联合中寻求新的组织。在物质需要得到满足后，人们会努力追求其他各种价值。

因此，“社会愈是文明，个性就愈能得到发展”。

## 二

在德国，当围绕绝对观念论展开的论争愈演愈烈之时，法国的奥古斯特·孔德（Auguste Comte，1798—1857 年）正提出一种“科学的”、纯粹是人文主义的历史观。他声称自己发现了适合建立“真正的历史哲学”的“进化的普遍规律”。孔德与孔多塞遥相呼应，他倡导人类历史的进步观念，这种进步虽不是必然的，但却是真实存在的，这一点可以从人类心灵的成长中得到证明。社会进化是普遍的生物进化之延续。“进化规律”在历史上通过思想和生活的三个阶段表现出来：神学阶段或虚构阶段；形而上学阶段或抽象阶段；科学阶段或实证阶段。每一阶段内部也包含着发展，譬如在第一阶段，就有从拜物教，到多神教，再到一神教的发展。形而上学阶段的主要意义在于，通过批判来动摇并最终消除对于早期神学虚构的信仰。随着经验科学的观念占据主导地位，历史关注的不再是神学的虚构或形而上学的抽象，而会关注实在，并关注身处物质环境之中的人。在《实证宗教教义问答》（*The Catechism of the Positive Religion*，1852）中，孔德写道：“人类明确用自己取代了上帝，却不曾忘记上帝临时性的帮助。”孔德摒弃了虚构的上帝，也反对个人怀有实际的、
208 有意识的来世观念。不朽只存在于“他人心灵里面的一种无意识但却恒久的生命之中”。孔德将历史描绘为从战争向和平生产的发展。现代历史上集体性的科学思想和工业生产的传播正在推动人类

迈向普遍和平。人类奋斗的核心目标与“主要目的”是“道德的完善”，而道德应当被理解为“为他人而活”。孔德的整个论述显得惊人的肤浅，他只展现了历史上那些看似与他对科学本质的看法相符的内容。他承认，三种类型的态度在人类之中仍都存在。他认为，这是因为实证的立场尚未被所有人都坚定地采纳。孔德体现了从神学和形而上学角度思考实际历史进程的做法日渐式微。然而，神学、形而上学和科学并不一定是互斥的。事实上，历史证明了三者长期以来皆是思想与生活的重要方面，它们并行不悖。孔德在全神贯注于发现并陈述“真正的社会性规律”时，只论及了历史的一个方面。在摒弃“特殊事件和次要细节”时，他忽略了许多构成历史基本特质的内容。

A. 古诺（A. Cournot，1801—1877年）跟孔德身处同一年代，但比他更年轻一些。尽管古诺也规避了形而上学的内容，并且在其他方面遵循着实证主义的观念，但在他的《论科学和历史中基本思想的连贯性》（*Treatise on the Concatenation of Fundamental Ideas in the Sciences and in History*，1861）一书中，他对孔德的立场提出了重要的修正。与孔德对社会规律的论述相反，古诺坚信个别的、特殊的事物对于哲学性的历史思考之重要性。“我们关注个别性，即特殊的事实配合着它所具有的关于这一事实的独特性。因为我们不再置身于科学的一般状况之中，这种状况普遍来讲会并且应当会从个人身上得出一些抽象概念。我们发现自己置身于真实的历史之中，面对命运的种种奇异性。”历史哲学“探究事件的缘由（reason），而非其起因（cause）”。尽管他承认，我们只对人类历史的一小部

209 分内容拥有最基本的了解，但他仍写道，“有必要把历史的发展作为一个整体来进行考察，不仅要思考它的起点，还要思考最后的阶段，以及通往这一阶段的过程中发生的诸多事件”。古诺赞同那些认为自己的任务是“通过种族分化与帝国革命，使文明的进步得以彰显”的历史学家的观念。文明在语言与文学、政治与道德、科学与工业、艺术与宗教方面皆可取得进步，他反对那种“太阳底下没有什么新事物”、“人类的经验总在同一个圈子里打转”的观点。“重复出现的历史现象只是随着一些变化而重复，这些变化恒久的意义见证了这一切，在复现与重复的起因之上，还存在着一种持续进步的起因。”尽管进步与衰落的运动次第出现，但此后更高层次的文明却获得了使自身存续的时间延长的能力，在某些方面甚至能够无限延续下去。古诺这样来总结他的历史观：“依照惯常的理解，历史以原始事实为出发点，而对于原始事实的描述，以及如果可能的话，对于原始事实的解释，则属于人种学的范畴。历史引导人类逐步走向一种最终的状况，在这种状况之下，那些可以被恰当地称之为文明的要素的东西，在与社会组织相关的方方面面中，都比人性的其他一切要素发挥着更加重要的作用。由于经验和普遍理性的不断介入，所有原始的差异都渐而被弥合，甚至历史前例的影响也趋于减弱。如蜂巢一般，社会也倾向于依照类似几何的状况组织自身，而这些状况的基本条件，则是由经验提供证据，再由理论来证明的。”“就其基本目的而言，历史哲学必须在历史事件的总体之中辨明占主导地位的一般事实，可以说这些事实构成了框架和骨骼；历史哲学必须说明其他事实如何从属于这些首要的一般事实，历史哲学还需要说明，这样一来，这些细节性的事实如何能够提供一种巨大的吸引力，强烈地激发我们的好奇心，但不是我们作为哲学家的好奇心。”

在马克思主义首经阐述及其早期发展的时期，它在英国并未激 210
发人们的兴趣。马克思主义思想尚未得到广泛的接纳，也没有什么人对其提出批评。孔德式的实证主义引发了更多关注，因为该思想与大多数英国思想家所共有的经验主义态度较为接近。不过，英国的文化传统对于个人之重要性的接受程度远比孔德所承认的要更高，这也妨碍了实证主义在英国进一步传播。尽管英国人对于历史仍主要进行经验性的论述，但这些论述却并不处于实证主义的框架之内。亨利·托马斯·巴克尔（Henry Thomas Buckle）的《英国文明史》（*History of Civilization in England*，1857，1867）可以证明英国人论著的独特性，他在书中提出了一些关于历史之性质的基本观点。他把自己的工作与古代，更重要的是，与他自己身处年代的历史研究者的工作进行了对比。“我坚信，人类历史很快就会被置于适当的根基之上；历史研究将被认为是一切追求中最崇高、最艰苦的事业；人们将清楚地看到，要想成功地进行历史研究，就必须要拥有一个知识广博又兼收并蓄的头脑，通晓人类知识最崇高的分支，这样的时代即将到来。当这一愿景圆满实现之时，只有那些习惯书写历史并适合完成这项任务的人，才能够撰写历史。历史将不再为传记作家、宗谱学者、奇闻逸事的搜集者以及为王公贵族编写年代记的人所掌控——这些人总是就一些虚无缥缈的事情胡言乱语，他们伺机而动，侵扰着我们的民族文学这条大众的要道。”虽然他的书名明确地提到了英国文明的历史，但在该书总论部分范围更广的研究当中，巴克尔系统阐述了他对历史的看法。在巴克尔的构想中，这部著作其余的部分阐明了他观念的基础，并为之提供了例证。

自然科学在19世纪下半叶取得了突飞猛进的发展，生活在这一时代的巴克尔写道，自然科学的诸多不同分支已经取得了一些建树，他想为人类历史这一领域达成一些与之相当的，或尽可能与之相近的成就。巴克尔问道："人的行动，因此也是社会的行动，是被不变
211 的规律所支配，还是出于偶然，抑或是超自然干预的结果?"他确信在人类历史的现象中存在着与自然科学所总结的"规律"相类似的规律性和统一性。事件的规律性"既是历史的关键，又是历史的基础"。行为出于动机，而动机又出于前事，"如果了解到前事的全部情况及其变化的一切规律，我们便能够预测出它们的一切直接结果，但这种结果并不完全准确"。历史就是人类的心灵，"人类心灵依照其组织条件发展"，并"服从它自己的规律"，人类的心灵在改造自然，自然也在改造人。"在这种相互的改造之中，一切事件的发生都是必然的。"应用于物理世界的"偶然性"观念与人类心灵所具有的"自由意志"观念相呼应。这两种观念都被巴克尔所拒斥。科学揭示出的"必然关联"与某些神学思想蕴含的"预定"类似。巴克尔接受了这种学说，但不是作为神学的教条，而是作为科学的真理，并未隐含任何上帝的意志。就人类所关心的事物而言，无论它们是出于神圣的"预定"，还是被它们的前事所"完全决定"，都没有本质上的区别。巴克尔以简短的篇幅反对了形而上学的方法，无论是属于理性主义、观念论类型的，还是属于感观经验主义类型的。对于形而上学的"研究如此热忱，历史如此悠久"，却又"成果如此贫

乏”。他轻视一切对于个人之内省的依赖：历史应该“从人类整体行动的角度”进行研究。他并未从自己的立场出发说明那些演化是如何发生的，而历史进程的发展（他热切地相信这一点）则取决于这些演化。他坚持在人类心灵与物质世界间作出区分，并承认心灵是历史的根本，但他却并未探究其特性。若巴克尔开展了这项研究，他便一定会考虑到——事实上他并未考虑到——人们奋力追求并且被涵纳在进步之中的诸多目的或目标。

历史事件完全取决于自然与人类心灵间的交互作用。巴克尔提出了一个耐人寻味又十分重要的问题：两者中哪一个才是主导因素？在一切民族的早期历史阶段，自然占据主导，但自然并未在所有民 212
族的历史发展中都始终占据主导。历史上最为重要的物质因素是食物、衣物与土壤，但也存在其他一些影响思想和情感的一般因素。巴克尔认为，不论是在过去还是在当下，我们应当冠以“西方”（但他称之为“欧洲”）之名的文明与其他文明，譬如东方文明，都存在着根本性的差异。“欧洲文明和非欧洲文明之间的巨大分野是历史哲学的根底，因为它提出了一项极为重要的思考，也就是说，如果我们想要了解，譬如说，印度的历史，我们便必须把外部世界作为我们首要的研究对象，因为它对人造成的影响比人对它造成的影响更大。另一方面，如果我们想要了解像法国或英国这样的国家的历史，我们便必须把人作为我们主要的研究对象，因为自然的影响相对较弱。长足的进步当中的每一小步，都提升了人类心灵对于外部世界的支配力。”巴克尔在思考西方文明时作出了这样的概括：“唯一真正有效的进步，并不依赖自然的恩泽，而是取决于人的能力”，他宣称，人的力量是“无限的”。

人类的心灵决定了历史的进程，巴克尔在其中区分了道德造成的影响与智性造成的影响。历史的进步更多依赖于道德的发展还是知识的演进？他相信，道德方面的动机在文明进步中发挥的影响“极其微弱”。“因为毫无疑问，世界上没有任何东西像道德体系规定的伟大信条那样几乎没有经历任何改变。与人为善、舍己为人、爱邻如己、以德报怨、省身克己、孝敬父母、尊重长者，这些品格和其他一些信条都是道德独有的要义，但它们数千年来始终为人所熟知，德育家和神学家们所能完成的一切布道、说教，撰写的一切教材都未能给它们增添一丝一毫的内容。”与之相反，“知识真理所取
213 得的进步”“着实令人震惊”。“我们有理由相信，欧洲文明的发展完全是由于知识的进步，而知识的进步取决于人类智性所发现的真理之数量与传播真理的范围。”智性进步带来的结果更加经久不衰。道德本质上属于个人品德，它无法被转移。慈善事业带来的效果相对来说是较为短暂的。人类的进步从不是通过培育天生的道德与智性**能力**来实现的。一个出生在野蛮国家的婴孩与一个出生在欧洲最文明的国家的婴孩，这方面的能力可能是相同的。“这里，”巴克尔写道，“就是问题的全部要点”：“两个孩子在其中分别接受养育的整个精神氛围”——出生后的境遇。这似乎就意味着，一切进步都取决于环境，尤其是社会环境。但显而易见的是，发展性的演进势必具有某种根源，而巴克尔也最终不得不承认这一点。“绝大多数人必然始终都保持在这种中间状态：既不是很愚笨，也不是很有才能，既不是很贤明，也不是很恶劣，而是安眠在一种平和又体面的平庸当

中，轻易地采纳当时通行的观点，不作任何探究，不干任何不光彩的事情，不引发任何人的惊讶，只是与他们这代人保持在同一水平上，不声不响地遵从他们身处的时代和国家普遍的道德与知识标准。”为了寻找进步的根源，巴克尔不得不从社会环境转向个人出色的内在能力。进步最终依靠的是“天才的发现”。“我们现在所拥有的一切都归功于这些天才。”他们的贡献“本质上是累积性的”。巴克尔在别处宣称，“人类整体的行动”必然是有关历史的真理之基础，但天才的发现比“人类整体的行动”更能推动历史的进步。这些个人以及他们的发现具有一种特殊性，而这种特殊性又具有根本性的意义。他们与人类在社会关系中的表现形成了鲜明的对比，参照这些表现，巴克尔（考虑到社会统计）坚持认为，在历史当中应首先寻求一致性（或规律）。

巴克尔的核心论点是，人类福祉主要取决于智性知识。物理现 214
象和道德原则造成的影响皆次于它。它们“在短期内”可能会造成“极为反常的现象，但长期来看”，它们会自我修正、自我平衡。宗教、文学、法律方面的进步都是既有的智性成就的产物，是进步的次要动因，它们有助于更广泛地传播智性的演进。巴克尔认为，思想家与军事领袖之间的对立在历史上始终存在。知识的增加必然会导致战争的减少。在论及他自己身处的时代时，巴克尔评论说：“俄国是一个好战的国家，这不是由于它的居民不道德，而是因为他们知识上的匮乏。”他进一步提出问题：是什么让知识与知识的增长成为可能？他的答案是：财富的积累。他的意思是说，食物与其他物质生活的必需品出现过剩，这使得一部分人可以不从事生产工作。

只有这样，这些人才能投身到追求知识中去。没有这种意义上的财富，就不可能有知识的进步。“在一切伟大的社会进步当中，财富的积累一定是居于首位的。”不过，除了“有闲暇”的少数人获得知识之外，还必须对知识进行传播以促进社会进步。

## 三

弗里德里希·尼采（Friedrich Nietzsche，1844—1900 年）对于历史的论述与本书目前为止已经论及的内容都截然不同。正如 G. A. 摩根博士[①]所言：“一种历史背景与历史使命位于尼采哲学的核心。”尼采对黑格尔观念论中纯粹的理性主义构想提出了质疑。“历史不是理性的事业；历史之中满是偶然性与非理性，‘谁要是不理解历史有多么残酷、多么没有意义，那他也丝毫无法理解那种使历史变得有意义的冲动’。”不过，如果历史“没有意义”，那么“使历史变得有意义的冲动”这句话是想表达什么？尼采有时似乎认为历史是“没有目标”的，他的意思是，历史也可以描绘那些低于人类的
215 生命。“如果剥去一切道德与宗教目的论的外衣，历史中的力量无疑是可辨的。这些力量也一定是那些在有机生物的整体现象中发挥作用的力量。最显而易见的宣示（是）在植物王国之中。”从另一视角出发，他执意于“永恒轮回”的观念，他宣称这是他《查拉图斯特拉如是说》（*Thus Spake Zaratbustra*）一书的基本概念。然而，这

① 即小乔治·阿伦·摩根（George Allen Morgan，Jr.），时任杜克大学哲学副教授，著有《尼采想表达什么》（*What Nietzsche Means*，1943）。——译者注

一观念主要表明了宇宙发展的循环特征。尼采以格言的形式写作了大量的内容，并且涉及人类生命的诸多不同侧面，尼采给人留下的印象是，他的论述有些前后矛盾，他从未把自己的思想纳入一个融贯的体系。因此，人们对于尼采的真实意图一直有着不同的看法。有人认为，在尼采的构想之中，历史上的人类延续着他那个时代的生物进化论所描绘的进程。通过冲突和斗争，可以达到一种超越人类现状的阶段，尼采把这一阶段称作“超人”（Superman）。虽然他撰写的为利己主义辩护的篇章表明，他尤其关注个体，但他对于“主人种族”和“奴隶种族”的区分也包含了一些超越特定个体的意蕴。

人类历史上的衰退时期与一贯向前的进化形成了鲜明的对比。尼采认为，传统道德与宗教在很大程度上是这种衰退的核心。“一切历史都确乎会获得这样一种实验性的声誉：教士（包括那些隐藏的教师，即哲学家）不仅在有限的宗教团体之内，而且在任何地方，都成为了主人，颓废的道德、无所求的意志被视作道德本身，从中可以看出：利他主义被认为具有绝对的价值，而利己主义却处处遭遇敌视。”“灵魂”、“精神”、“自由意志”、“上帝”——这些从属于道德的概念，皆是“谎言”。史前时代是“前道德的”；从古至今的历史时期始终是“道德的”；在将来会出现一种“超越道德的”观念。在最后这个阶段会“重估一切价值”。这就是“具有最高层次的自我认知的人类行为准则”。然而，在解释为什么要借用查拉图斯特拉这位杰出的德育家的名字时，尼采说：“讲真话且直言不讳：这是波斯人的美德。”“坦率”、“正直”、“诚实”是尼采不希望改变的价 216
值；他还赞许地提到了“永恒的正义”。他所反对的是“自我牺牲”

的道德，他将之视为历史上基督教教义的道德本质。从他书写的内容来看，有时他仿佛认为，其实历史的根本就是“权力意志”所引发的斗争。但“权力意志”一词的确切含义却难以确定。在包括尼采所身处的年代在内的衰退时期，人都是“软弱的、迂腐的、过分狭隘的”，他们的精力“在想象中比在行动中更容易找到满足”。文化所依托的宗教神话遭到破坏，人们从与之相关的道德观念的束缚下解放，一种虚无主义的态度导致了文化的崩溃。历史上存在着一种文化的循环，既有兴起，亦有衰落，“未来也会遵从这种循环的模式”。“人类必须生活在循环之中，这是生命延续的唯一形式。文化不必要无限延长，而应当在尽量短的时间内尽可能地追求高度。”“命运会安排人体验一些幸福的时刻——每个生命都有这样的时刻——但不会安排人体验一些幸福的年代。”尼采尤为关注未来，他反对过分在意“过去的”历史，因为这样会鼓励人们因循守旧，沿袭过去的生活方式。关注历史这种对于过去的记录，并不是要削弱当下的自主性。

尼采是一位文学家（litterateur），而不是一位专门的哲学家或历史学家，马克斯·诺尔道（Max Nordau，1849—1923 年）亦然。诺尔道在《历史解释》（*The Interpretation of History*）中讨论了关于历史之本质的不同看法，但他也未能避免论述前后矛盾的问题，而且没有得出一个明确的总体性观点。“书写历史是一门科学这种说法纯属无稽之谈。”它的趣味“在于人类天生的、对于讲故事的热爱”。它是“一种人工制品，出自统治阶级之手”，用以“给那些已经失去任何合理的正当性的体制，赋予一种半亲切半崇敬的，富有魅力的敬畏之意”。尽管如此，在“试图对历史事件作出合理的解释”的历史哲学之外，“再没有其他工作对人类心灵更富有价值了”。然而，传统的历史哲学假定上帝是存在的，而且上帝在历史中具有 217
一项目的，这种历史哲学并不会竭力从历史事实之中证明这项目的的存在。它“只是挥舞着宗教的火炬，佯装要照亮这片黑暗”。而在另一方面，唯物论的历史哲学没有公正地对待“活生生的人类整体”。在孔德的影响下，诺尔道有时倾向于将历史学等同于社会学。“社会学是没有专有名词的历史学，而历史学是具体化、个体化的社会学。”但诺尔道却由此转向了心理学，转向了对于个人的明确强调。“个人的心理特征才是确真之物。”只有通过对个体的特征、思维方式和反应方式进行研究，简言之，只有对个人的生理与心理进行研究，才能确切地了解整个人类历史生命的内在结构。“人类历史是由个体人类的诸多行为构成的……”诺尔道以一种享乐主义的态度描绘了个人的生活意愿：“他现在活着，将来也会活着，因为生活给他带来快乐。”与此同时，他在其论述的结尾部分宣称，只有一种理想事物能经得起知识的冷酷审查，即“善良与无私的爱”。国家的起源与维系依靠的是胁迫。“国家是被自私发明的，要依靠强迫方能延续，而强迫就是一种寄生的机制。”国家的寄生与教士的寄生共存。“以外部视角来看，历史就是一出以寄生为主题的情节剧。”“进步定然会朝向一个目标运动，但这一目标并不是神秘的，既不是被超自然的精神设想出来的，也没有被超自然的意志所决定；这一目标自始至终都是世俗的、具体的、内在的，对所有人而言都是同一的；它是自我存续的。”诺尔道几乎完全把形而上学排除在外，但若要充分讨论

“自我”被“存续”的本质这一问题，可能就会导向那些他在前几页中不屑一提的哲学和神学思想。当然，如果历史不具有以形而上学为基础的内在精神意义，那么历史也无法回答“关于永恒的问题”。

1872年，人类学家威廉·温伍德·瑞德（William Winwood Reade，1838—1875年）发表了《人类殉道记》（*The Martyrdom of Man*），他在这部著作中对历史的性质与意义进行了深入的思考。瑞德是一位著名的探险家，他曾探索过所谓“最黑暗的”（darkest）
218 非洲。他的这部作品自称是某种形式的“普遍历史”，覆盖的范围从亚、非、欧的古代一直延伸到了欧洲的19世纪。这部著作研究的广度与晓畅的写作风格使得它几经再版并广为流传。在末章的开头部分，瑞德简述了他所认为的太阳系的演进，以及生物有机体进化为人的过程。接下来他转向了人类历史，他的基本关切在于进步的本质，进步是通过战争、宗教、争取自由的斗争、智性的进步与知识的增长来取得的。瑞德的核心观念是，正是通过“殉道”，后代的生活水平才得以提高。他试图通过记录真实的历史来证明，“人类的进步”得益于战争、宗教、奴隶制，甚至还得益于无知，无论战争多么具有破坏性，宗教多么迷信，奴隶制多么令后人憎恶。

《人类殉道记》给人留下的最深刻的印象是人类历史上的苦难。在“自然之书”中可以读到，“人生就是一出漫长的悲剧”。“有多少渴望爱情的心灵在孤寂与冷漠之中枯萎！有多少女人孑然一身，枯坐在炉火旁，追思着本应拥有的时日……寒冷、残酷、悲戚的生活啊，你的痛苦多么漫长，你的快乐多么短暂！”他追问道：“为何恶注定会成为善的原料？”人类蒙受的苦难的性质和程度使得他拒绝相信造物主是一位人格化的神。“那些相信神明慈爱的人们，只能对人生的境遇视而不见，或者歪曲这个世界来迁就他们的理论。”即使慈爱的神明存在，世界上的善恶以及一切残酷与罪过都势必为他所赐。尽管如此，瑞德却并不认为自己的立场是无神论的。“我们教导说，神是存在的……他如此伟大，因而无法为人所定义。”然而，因为“神明并不会屈尊，与我们这些被称之为人的人类单子产生私人的联系”，所以神对于人类历史不具有直接的意义。瑞德将他的观点限定在自然之上，这种自然是从最广泛的意义上来理解的自然。这样一来，其思想的形而上学意蕴就像我们当代的自然论阐释者一样含混不清。从一些论述中可以看出，瑞德仿佛认为心灵是由一些非心灵 219
的事物进化而成的。但在另一段论述之中，他言之凿凿地宣称心灵是恒在的。“心灵是物质的一种属性。心灵栖居在物质之中。”他认为，人类历史是自然的一部分，因此全然是在尘世间的。尽管他并未阐明“永生的虚妄”在人类历史进程中发挥了何种影响，但他在末章的结尾部分写道：“灵魂势必要牺牲，永生的希望势必要破灭。人类必须要摆脱甜蜜而诱人的妄想，因为青春与美貌一去便再不复还。”人类的视界需聚焦于尘世，瑞德坚信，进步存乎尘世，我们必须把希望寄托在此。我们无法在短时间内超拔至一切罪恶之上。在未来的漫长岁月里，战争“将是必需的，它为东方的自由和进步铺平道路；而在欧洲本土，除非科学发现了某种毁灭性的力量，它的部署如此简单，但效果却如此可怖，以至于一切艺术、一切英武都将终结，战斗将成为人类情感所无法承受的屠杀，否则战争不可能完全止息。”“唯有科学才能改善人类的状况。”“放弃信仰永生，人在历史上应当企盼人类的未来。”“生活充满了希望与慰藉。”“我们自身的繁荣建立在过往的苦难之上。”“我们因而应当为了后代的利益而经受苦难，这不是天经地义的吗？”

二十余年后，声名卓著的生物学家、医学家埃黎耶·梅契尼柯夫（Élie Metchnikoff，1845—1916 年）在其《人的本质》（*The Nature of Man*，1903）一书中为人应如何看待历史给出了他的建议。他是一位俄国人，曾在德国和俄国的大学里任教，并于 1888 年成为巴黎巴斯德研究所的一名教授。他笃定地认为，人类“必须要相信，科学无所不能”。他的副标题“乐观主义哲学研究”表明了他的态度。人渴望幸福，但“何为幸福？”“幸福是个人自身所经验到的喜悦感，还是他人对这一知觉的判断？”个人自身和他人的看法可能都
220 是错误的。他从未在任何地方阐明他所理解的幸福是什么，不过他对于幸福的一般看法则是较为明了的。他坚信，科学已然证明人的起源并不是超自然的，于是他采纳了自然论的观点，认为人在生理上和心理上都是自然发展的产物。人不是神明的造物，而是“猿类的一次非正常的生产，人类天生便具有高超的智性，能够取得卓越的进步”。梅契尼柯夫痛苦地意识到，自然有机体有诸多不完美和不和谐，这些自然有机体既包括那些低于人类的生物，也包括人。他详述了人类所具有的许多这类要素。对人来说，“最深刻的不和谐”是他“欣生而畏死”。“对生的热爱与对死的恐惧是人之本能，而这只是前者的一种表现，在对于人性的研究中，其重要性再怎么强调都不为过。”面对这一根本性的不和谐，启蒙程度较低的人求助于宗教和哲学来获得幸福，无论在过去还是现在皆是如此。梅契尼柯夫

对宗教进行了一项颇为有趣的探究，对哲学的思考则稍显狭隘，他得出结论说，两者都不令人满意。在他看来，宗教的观点本质上是一种对于未来精神生活的信仰，不和谐的因素将在这类精神生活中被超越。但他坚信，从科学的立场出发，任何此类信仰都必须遭到驳斥。“没有任何一桩事实能够佐证来世观念——而且还有许多反对这种观念的证据。”随着知识的进步，“绝大多数开明人士都认可这种观念：死亡就意味着完全湮灭”。他怀疑人们屡屡构想的来世是否能提供真正的幸福，并引用海克尔[①]的话说：“无论我们如何以赞赏的方式来描绘这种天堂中的永生，到头来，即使是从最好的方面来讲，它对于人而言都是一种可怕的负担。”面对此类不和谐，哲学提出的解决方案跟宗教一样，都是徒然的。哲学最终会教导人类屈从于他们未来的湮灭。

梅契尼柯夫的“乐观主义哲学”建立在科学之上。他承认，科学家在过去和当下都遭遇了许多失败。“如果科学所做的不过是摧毁信仰，并教导人们说，整个生命世界正在逐渐认识到衰老和死亡是
不可避免的，那便有必要问一问，是否应当遏止科学的这种危险的 221
发展。”不过，虽然科学破坏了宗教信仰，但也唯有科学才能提出一种解决方案，来克服人类生命根本性的不和谐。以科学的方式解决这一问题是《人的本质》一书最重要的议题。这部著作的论述迫使他深入思考了对于死亡的恐惧。过去的人大都经历过老年，现在的人大都知晓老年，而老年本质上是“病态的”。老年不是“一项正常

① 即恩斯特·海克尔（Ernst Haeckel，1834—1919年），德国生物学家、艺术家、哲学家。——译者注

的生理进程”，而是那些与有机体的真实本性相抵牾的有害因素所造成的。卢梭认为，“随着其欢愉逐渐消逝，生命对我们而言变得愈发珍贵；老年人比年轻人更能够紧紧把握住生命”，梅契尼柯夫称这种说法“完全正确”，而且“许多事实都证明了这一观点”。由于一些异常情况，死亡这种“意识的绝对消亡”“在人的生理发育尚未完全，生活的本能依旧强烈之时便已然到来了”。科学最终要使人摆脱这些异常情况。随着“生命的本能”得以充分满足，一种“死亡的本能”便会随之出现。如果“在死亡之前”，已经过上了“一种正常的生活”，“生命的机能皆得以实现，这种感觉充盈着生活”——那么死亡就将被接纳为生命“寻常的终结”。而我们看待历史的方式也由此而变得清晰。从根本上说，历史就是个人的历史。在发挥构成生命的诸种效能的过程中，人会体验到一些满足感，每一个体的历史之意义就在于此。人不应该思忖或企盼那些超乎死亡之外的意义。作为一段称心如意的生命的“寻常的终结”，死亡本身也是有意义的。在帮助人们过上这样一种生活的科学之外，梅契尼柯夫又添补了一门关于老年的科学，这门老年学（gerontology）的对象是“正常的”（有别于普遍出现的、异常的）衰老过程。“真正的进步在于消除人性的不和谐，在于培育生理上的衰老，随后自然死亡。”他坦陈，他这一代人无法实现生理上的衰老与正常化的死亡。在通力协作以尝试实现这些目标的过程中，历史的社会层面具有了一种工具价值。

222 梅契尼柯夫并未充分思考令人满意的生活所包含的具体内容这一问题。他也从未明确提出过这一问题。不过从他的一些较为偶然的评论当中，或许能够推断出某种答案。那些被他笼统地称之为“奢侈”的东西必须要减少，以此来减轻奢侈带来的恶果。“进步就在于简化文明人之生活的诸多方面。”遵照这种态度，梅契尼柯夫对赫伯特·斯宾塞（Herbert Spencer）提出了批评，后者认为，进化与历史包含着越来越多的分野，各种饮食的不断丰富就是这一现象的例证。而梅契尼柯夫仿佛怀有一种教条式的假定，认为这种分野只会带来危害，他的意思似乎是，即便我们要享用美食，那也只能从获得营养所必需的食物中获得这种享受。但是，历史上各种价值的丰富性都随着这一分野而增加。很难看出，梅契尼柯夫如何能够从他的自然论立场出发，给予这些内容比那些因此而遭到拒斥的食物更多的认可。梅契尼柯夫承认，人具有“高超的智性”与取得“卓越的进步”的能力，但他并未对此给予充分关注。不过，梅契尼柯夫明确指出，在他的构想中，历史的意义就在于每个人都过上和谐的生活，在于每个人都无畏地接纳死亡，在于每个人都认可死亡是人的自然终结。

在 18 世纪，有关人类之可完善性的学说，黑格尔关于综合辩证过程的观念以及后来的进化论，都让普罗大众有充分的理由相信，历史就是人类进步的空间。而第一次世界大战的性质却导致一些人对此持怀疑态度。奥斯瓦尔德·斯宾格勒（Oswald Spengler，1880—1936 年）在其著作《西方的没落》（*The Decline of the West*，1919，1922）中也立场鲜明地对这种看法提出了质疑。斯宾格勒的形而上学立场不太明确。他是一位自然论者，具体来说是由于他对历史的一般性看法建立在一些物理学与生物学类比之上。此外，他不相信上帝真实存在，他也并未暗示人死后精神生命会延续下去。对他来说，历史仅限于世俗领域。他力图提出一种普遍性的历史理论，同时也在细致入微地解释为何他相信西方文化已走向没落，二者是紧密相关的。本书主要关注前一项议题。从以下这段引文中，
223 可以了解到斯宾格勒观点的要旨：“我看到的，不是一条线性历史空洞的虚构，只有当人在面对极为丰富多样的事实时紧闭双眼，这种看法才能维持下去；我看到的，是众多伟大文化上演的戏剧，每一种文化都以原始的力量诞生于一方母体地区的土壤之中，并在其整个生命周期中都与这方母体地区紧密相连；每一种文化都把它的材料、它的人类印在自己的形象上；每一种文化都有自己的观念，自己的激情，自己的生命、意志和感情，自己的死亡。这里确实有色彩、光线、运动，但智慧的眼睛尚未被发现。在这里，文化、民族、语言、真理、神灵、景观，都会绽放又老去，就如橡树和石松一样，就如花朵、枝条和树叶一样：但‘人类’不会再衰老。每一种文化都有各自新的自我表达的可能性，这些可能性萌发、成熟、衰败，永不复还。这里不止有一种雕塑、一种绘画、一种数学、一种物理学，而是有许多种，每一种在其最深层的本质上都与别的种类不同，每一种的持续时间都是有限的，都是自成一体的，就如每一种植物都有其独特的花朵或果实，有其特殊的生长和衰败方式。这些文化就是生命之本质的凝练，正如田野里的花朵一样，它们的生长也没有最终的目的。它们如动植物一般，都属于歌德式的活的自然，而非牛顿式的死的自然。我把世界历史看成是一幅永无休止地形成与变幻的图画，也是一幅有机形式妙不可言地盈亏相继的图画。而专

业的历史学家则与之相反，将世界历史看作某种绦虫，把各个时代以工业生产的方式一节节地往自己身上续加。”

斯宾格勒的措辞不同寻常，因而可能会遭到误解。不过他仿佛在暗示，文化是一种“巨型”存在的表达——就好像是一种群体思想——它通过一些特定的人群来自我实现。这种关于“巨型”存在的观念可能是一种合成谬误（fallacy of composition）所导致的。它所带来的一个后果便是，斯宾格勒未能公正地对待作为文化创造者和体验者的个人。他说，不同的文化之间具有如此显著的差异，以至于受一种文化熏陶的人难以理解其他的文化。然而，斯宾格勒自己却声称描绘了多种不同的文化，并且他不得不承认，某些文化是受到更早期文化的影响才初步发展起来的。斯宾格勒过分专注于文 224
化之间的差异性，却没有认识到它们有着更高程度的相似性。他的生物学类比将他引入了歧途。不同地域的人类分属不同的民族与族群，但他们却不是不同的物种，人类无法跟拥有不同种类的植物相类比。H. G. 威尔斯坚信人类同属一个物种，的确如此，人类的生活模式皆有其生物学基础，而这种生物学基础的根本要素本质上是一致的。族群历史的某些特质或许可以用幼年、青年、壮年、老年、终年的生物学类比或春、夏、秋、冬的物理学类比来表示，但若认为这种类比传达了一切历史的基本原则，那么这种观念的正当性仍是值得商榷的。斯宾格勒关于不同文化的论述已然遭到了细致入微的批评。就本书的目的而言，这些批评意见并不重要。不过最后可以提出一点评论。斯宾格勒认为，当代西方文明的“机械化”程度是其衰落的标志，这一观点很可能会遭到驳斥。因为当代的机械化解放了人类的思想和精力，使人类朝着更加丰富的经验迈进，机械化本身在很大程度上有助于实现超越其他文化的特殊价值。

## 四

在 19 世纪下半叶至 20 世纪前 25 年这段时间内，那种经验的、非观念论的历史观盛极一时。H. G. 威尔斯（H.G. Wells，1866—1946）的著作，尤其是他的《世界史纲》（*The Outline of History*，1920），是这种历史观的最佳代表，这部著作曾在英美广为流传。在他此前出版的一些作品，譬如《制造中的人类》（*Mankind in the Making*，1903）、《现代乌托邦》（*A Modern Utopia*，1905）、《为了旧世界的新世界》（*New Worlds for Old*，1908）之中，威尔斯已然表现出了对于社会福利和人类进步的广泛而深刻的兴趣。他撰写《世界史纲》的旨趣在于描绘促成进步的各种因素，同时揭示那些阻碍进步的主要事物。威尔斯乐观的性格让他更为强调前者。在导言部分的开头，威尔斯引述了拉采尔[①]的话：“一种名副其实的、关于
225 人类的历史哲学，必须要确信，一切存在皆为一——一种自始至终都在同一条规律上存续的单一概念。”威尔斯称，他这部著作的目的在于“尝试以一种连贯的叙事，真实而清晰地讲述迄今为止已经获知的关于生命与人类的全部故事”。这部著作并不是当代意义上的历史哲学，而是以前学者们时常构想的那种普世史。尽管如此，《世界

① 即弗里德里希·拉采尔（Friedrich Ratzell，1844—1904 年），德国人文地理学家。——译者注

史纲》仍阐明了一些看待历史的态度，而且至少展示了一部分作者对于历史之意义的看法。威尔斯认为，在最近两个世纪以前，除了“只是僧侣所撰的编年史”之外，“历史”是不存在的。早些时候的民族并不具备历史性的视野。即使是对于现代的历史研究者而言，他们也很难保持适当的时间间隔感。前九个章节依照当时所公认的自然科学理路，描绘了旧石器时代晚期通往“第一位真正的人类”的发展历程，这部分内容既包括了进化的过程，也有其他的进程。在威尔斯看来，有机生命体起源于沟渠和海滨的淤泥之中。对他而言，心灵是历史的主导因素。他把心灵简单地看作是在进化的过程中诞生的。虽然他对历史的连续性给予了应有的重视，但他并不认为历史是线性发展的。在他的笔下，不同时期的民族大都是独立生存发展的。他并不关心文明的不同类型，而是在互不相干的民族与不同的时期当中寻觅相似的历史进程。在他看来，人之为人的本性所具有的统一性与相似性，比处于特定时间、特定地点的不同文明之间的差异性要更为重要。他坚信，不同族群的人类并不是生物学意义上的不同“物种”（物种间的杂交会导致不育，譬如骡子）。这些人类族群只是同一个物种的不同类型，他们有能力凝聚在一起。人类和谐的基础就在这一点上。但“数千年来，有两股力量在同时发挥作用，一股力量倾向于把人类分隔为众多地方性的异种，另一股力量倾向于在独立的人类序列建立起来之前，把这些异种混杂、融合在一起”。

在威尔斯的笔下，文明就是“人们定居在不断耕种并持续占有的地区之上，他们住在始终有人居住的房屋里，有着共同的规则以 226

及共同的城市或城堡”。在历史进程中，游牧民族打破了这种定居的族群，最终带来裨益并推动了人类进步。在定居的族群中，书写的技艺出现了，科学、普遍正义、世界政治的思想也随之萌生。这些思想在不同时期的不同民族中发展起来。“人类历史的其余部分，在很大程度上就是科学、普遍正义和人类共和这三种思想的历史，这些思想最初产生于极为罕见的、卓越的个人和民族的头脑中，接下来传播到人类的普遍意识当中，它们首先为人类事物赋予新的色彩，然后赋予新的精神、新的方向。”威尔斯拒绝承认人类历史主要是物质力量与物质条件的结果，他宣称：“一切人类历史本质上都是思想的历史。”“人和国家所做的一切事情都是本能动机的结果，通过谈话、书籍、报纸和学校老师等方式，有一些思想会被灌输进人们的头脑，而本能动机会对这些思想作出反应。物质需要、瘟疫、气候变化与类似的外部事物可能会使历史发展发生偏移和扭曲，但历史发展活着的根底却是思想。”虽然印刷术的发明为知识的普遍传播提供了可能，但直到纸张充足供应，这才成为现实。在鲜活的历史中，纸张的重要性怎么强调都不为过。威尔斯自己也曾主张：“纸张使欧洲的复兴成为可能，这种说法一点也不过分。”

威尔斯所信赖的职业史家的作品极少关注“普通人”。在一些篇章中，威尔斯展现出了他对这一问题的认识：对普通人而言，历史有何意义？即使在文字发明以后，普通人也还在“继续耕种他的田地，关爱他的妻子和儿女，教训他的狗，照料他的牲畜，抱怨日子难过，畏惧僧侣的魔法与神明的力量，不过是盼望着上面的权力不
227 要再来打扰他。在公元前一万年，普通人是这样的，在亚历山大大

帝的时代也是这样的，其本性和面貌都未改变；今天，在世界上广泛的地区，普通人也还是这样的。”“普通人真正的生活就是他的日常生活，是他的小圈子里的情感、恐惧、饥饿、欲望与富于想象的冲动。只有当他的注意力被引向政治事务，而且政治事务对他个人的小圈子产生重大影响时，他才会不情愿地把他的心思用在这些事情上。”在历史上的大部分时间里，定居的民族都是“服从的社会”。大多数人都没有“摆脱对于统治和保护的渴望”。然而“普通人不能在逃避世界政治的同时享有个人自由”，但“他们花了无数代的时间才理解这一点”。

除了知识和政治体制的发展之外，威尔斯也承认了宗教在历史上发挥的作用。“宗教是伴随着并且通过人类的联合而发展起来的，上帝从古至今都是人类的发现。”“文明的开端和寺庙的出现在历史上是同时发生的。这两件事密切相关。城市的萌芽就是历史的庙宇阶段。”尽管威尔斯在适当的位置对别的宗教，譬如佛教，有过一番论述，但他对基督教与伊斯兰教给予了更多的、持续的关注。“基督教和伊斯兰教皆以各自独特的方式，至少在人类经验中第一次给出了承诺……给予广大人民以共同的道德教育，并为他们提供一段共同的过去的历史，以及关于人类目的和命运的共同观念，这就是它们在历史上巨大的重要性之所在。”“从 5 世纪至 15 世纪的欧洲历史，很大程度上就是这一世界政府的伟大观念在实践中未能实现自身的历史。”繁琐的教条式神学陈陈相因，使教会不堪重负。神学的部分过多，宗教的部分不足。然而，“基督教在经历了种种变化与堕落之后，却从未彻底让人放弃献身于上帝的指令，这使得君主和统

治者个人的浮华看起来像一个打扮得过分的仆人的傲慢，使得财富
228 带来的荣耀与满足像是强盗的挥霍。生活在基督教或伊斯兰教这样的宗教影响力所及的社会中的人，没有人能够完全成为奴隶；这些宗教中有一种不可磨灭的品质，迫使人们对自己的主人加以评判，并领会到自己对世界所负的责任。”“尽管人们创作了许多愚蠢的关于科学与宗教之对立的文章，但事实上这种对立是不存在的。所有这些世界性的宗教通过灵感与洞见所宣示的内容，在历史发展得更加清晰、科学的范围愈发拓展时，就能够显示出一桩合理的、可证的事实，即人类形成了一种普遍的兄弟情谊，他们源于共同的起点，他们的个体生命、他们的国家和民族交互融合，并最终在这颗位于众星之间的小小星球上融汇为共同的人类命运。而且心理学家现在可以站在传教士的身旁，向我们保证，除非失去生命的人重新获得生命，并教育和训导他的兴趣与意志超越贪婪、竞争、恐惧、本能与狭隘的情感，否则理智的内心之平和、灵魂中的均衡与安定是不存在的。”“我们人类的历史与个人的宗教经验如此紧密地并行，以至于在一位现代的观察者看来几乎是一回事：二者都讲到，一种最初散漫、盲目而又完全混沌的存在，慢慢摸索着，迈向一个有序而融贯的目的，获得安宁与救赎。用最简单的话来说，这就是历史的纲要；无论一个人具有宗教的目的，还是他完全否认宗教的目的，这一纲要的脉络都是相同的。”

尽管威尔斯承认宗教在历史上发挥的作用，但仍然可能有人会质疑他对于宗教的论述是否恰当。宗教在他看来主要是社会性的，在理想的状态下，宗教就是人类普遍的兄弟情谊。这种观念的不足

之处事实上关系到一种历史方面对于宗教之性质的歪曲。威尔斯很少使用“上帝”一词。诚然，他在《上帝，看不见的王》（*God, the Invisible King*, 1917）当中描绘了一位好似“人格化”的上帝，他将上帝说成是为了人类的福祉引导他们反抗邪恶、争取正义的领袖和首领。但他似乎认为这种观念并不妥当，因此在《世界史纲》和他之后的所有著作中，他都没有再运用过这种思想。威尔斯的态度本质上是自然论的。在生命和思想的起源方面，宗教产生的影响超 229
越了一切自然论思想，而威尔斯却忽视了这一点。威尔斯并不承认他提到的“庙宇”始终都是为了崇拜那些自然与人类之外的神灵，并与之进行交流。这些庙宇并不仅仅是人类为了培育社会情感与社会协作而集会的场所。宗教一直以来都以威尔斯难以理解的方式关注上帝，关注那种能够延续到尘世之外的存在。安东妮娜·瓦伦丁（Antonina Vallentin）① 的评论揭示了其中的关键要素：“在人类的一切精神状态中，对威尔斯来说隔阂最深、最为陌生的，就是那种出神般的神秘体验（mystical rupture）。”

《世界史纲》出版于第一次世界大战之后。威尔斯在其中仍然保留了一些他早期的乐观主义思想，但他对这种思想的真确性表现出了严重的质疑。“若我们的人性不是仍处在未成熟的状态，我们正开始理解这个世界可能是什么样的，我们人类可能变成什么样子……只要让男人和女人足够嫉妒或恐惧，或醉酒、愤怒，那么今天连穴居人都会瞪着火红的眼睛看向我们。我们有了文字和教育，有了科

① 波兰裔传记作家（1893—1957 年），著有《H. G. 威尔斯：我们时代的先知》（*H. G. Wells: prophet of our day*, 1950）。——译者注

学和力量，我们驯化了野兽，驯服了雷电，但我们仍只是向着光明蹒跚而行。我们驯化并饲养了野兽；但我们还得驯化并培育自己。”他在最后一章中更为强调道德。知识一定要有道德力量的支持。“历史仍然需要成为人类尊严的记录。”人类的生命“最终仍必定是一项崇高而惊人的事业”。为了未来的进步，他主张对所有个人，对生命的方方面面，进行综合的教育。尽管他曾断言“人类历史就是教育与灾难之间的博弈”，但他当时却相信“世界……尚在进步，也仍将进步”。威尔斯经历了第二次世界大战。他曾在虚构作品和其他一些作品中宣扬过世界联邦政府和普世教育的思想。不过，尽管其早年的乐观主义性格会偶尔乍现，但他仍倾向于悲观主义。他好像不再把历史看作是一个循环上升的过程。在 1938 年（或是 1939 年?）澳
230 大利亚的一次演讲中，威尔斯宣称，人类已经到达了顶峰，正在面临接连不断的灾难，不断堕落，最终走向灭亡。在《走投无路的心灵》（*Mind at the End of its Tether*，1946）中，他早年充满希望的态度已荡然无存：人类似乎面临着最后的灾难。但不应该认为，老年的威尔斯丧失了信心就证明了他曾经支持过的那种历史观遭到了普遍的拒斥。其他人曾怀有跟威尔斯一样的疑虑，甚至不少人现在也是如此，但威尔斯曾在《世界史纲》中描绘的那种进步仍然激励着许多当代人，他们对进步仍满怀信心。

# 第九章　历史学家们的态度与历史哲学的取径

## 一

历史哲学是哲学家而非历史学家讨论的议题。在研究历史哲学 
的过程中，哲学家也应该考虑历史学家对于历史实在与历史记录的看法。在今天，值得关注的主要是现代的历史学家。但哲学家在探究历史的性质与意义时，不会夸大任何时期的历史观的重要性，即使是他自己身处的时期也是如此。尽管人们常常争辩说，直至最近两个世纪才出现了“真正的”历史学家，但无可否认的是，自古代希腊、罗马的时代以来，卓越的历史学家层出不穷。不过，历史研究的自由度与天赋才能在 19 世纪得到了极大的提升，历史研究的契机也不断增加。现代历史研究最重要的特质不在于它采取的方法，而在于它广阔的视野。无论是东方人还是西方人的历史，几乎一切历史时期都得到了一定的关注。尽管许多历史学家关注的是历史的某些具体方面或个别部分，或者是从特定的视角出发，怀揣不同的态度来研究历史，但对历史生活的方方面面进行全面而综合的论述，

这种做法越来越受到人们的赞赏。

像德罗伊森（J. G. Droysen，1808—1884 年）和特赖奇克（H. von Treitschke，1834—1896 年）这样的历史学家着力于创作爱国的、民族主义的著述。特赖奇克曾写道：“对祖国的喜悲感同身受，唯有这样坚毅的心灵才能让历史叙事具有真实性。”西利（J. R. See-
232 ley，1834—1895 年）和弗里曼（E. A. Freeman，1823—1892 年）主要致力于研究过往的政治之历史；萨维尼（K. von Savigny，1779—1861 年）和梅因（H. Maine，1822—1888 年）投身于研究法律的历史发展；米尔曼（H. Milman，1791—1868 年）和哈纳克（A. Harnack，1851—1930 年）致力于教会史研究。布克哈特（J. Burckhart，1816—1897 年）和库尔顿（G. G. Coulton，1858—1947 年）对于特定的时段和地区进行了更为广泛的探究。布克哈特在《意大利文艺复兴时期的文化》（*The Civilization of the Renaissance in Italy*，1860）中以意大利文艺复兴时期的“思想和行为、宗教和艺术、学术和玄思——重建精神和道德氛围”为主题，他更为关注上层阶级的文化。而库尔顿虽然对欧洲中世纪的宗教生活怀有特殊的兴趣，但在其《中世纪概览》（*Medieval Panorama*，1938）一书中却描绘了“从诺曼征服到宗教改革的英国全景”，这部著作涉及农民、工匠、商人、牧师和贵族之生活的方方面面。最近几年，许多学者试图在文明史当中探究外部的运动与内部的情感与思想。在法国，亨利·贝尔（H. Berr，1863—1954 年）以“人类的进化”（*L'Évolution de l'Humanité*）为总题名，开展了一系列历史研究，其中数卷成果被收入英国的《文明史》（*The History of Civilization*）当中。撰写一部文明史是极为困难的，尤其是在编排纷繁复杂的史料这一方面。不过人们已经逐渐认识到，要想理解历史的意义，要想正确看待并充分了解历史的全部内容，这样的历史是必不可少的。只有在这样的根底之上，才能发展出站得住脚的历史哲学。

历史学家在进行历史研究时，是否能够超越对于史实的调查与叙述，更进一步地对史实做出评判，并根据对于生命之意义的理解，对史实进行阐释？这一问题已经引发了诸多讨论。许多历史学家都试图在他们的发现中找到一种具有实效的用途。甚至有人认为，这种潜在的用途构成了他们研究的主要动机。有趣的是，相较于知识与审美方面，人们对伦理方面的关注度更高，判断其是否适当的意见分歧也更大。博林布鲁克勋爵（Lord Bolingbroke，1678—1751 233
年）把历史称作“用实例教育人的哲学”，他认为历史会让人获得一种知识，这种知识关乎“生活与行为的某些普遍原则和规则，这些规则必须是恒真的，因为它们符合事物不变的性质”。历史学家将“在最可靠的基础之上，在古往今来对这些原则和规则进行的试验之上，在普遍经验对它们的确证之上”，建立起“伦理与政治的普遍体系”。这样看来，历史便具有了道德方面的特殊意义。约瑟夫·普里斯特利（Joseph Priestley，1733—1804 年）主张，研究历史就是在“培育美德”，因为“在历史中，恶行从不会显得诱人”。“历史让我们能够对人性的尊严与弱点形成公正的看法。”威廉·莱基（William E. H. Lecky，1838—1903 年）是研究道德史的专家，尽管他说“针对某些特定的美德所制定的标准，以及这些美德所附着的相对价值永远都在变化”，但他坚持认为“那些可被称作道德的基本因素的东西是不会改变的”。莱基在他著作的最后一句话中说道：“有一些永恒的道德丰碑是永远无法磨灭的。”阿克顿勋爵（Lord Acton，1834—1902年）坚持关注历史中的道德意蕴。在以“坚定不移的正直态度”运用道德准则时，他发现了“历史之权威、尊严和效用的秘密”。他称，历史的本质可被视为对于道德自由的追求。他对詹姆斯·布莱斯[①]说，一部自由的历史“可以成为一切历史的核心线索”，它展现了“那些道德力量在一切事件、一切时代之中所发挥的作用，这些道德力量时刻在创造，时刻在毁灭，总是在改变，它们塑造又重塑了人类的制度体系，并赋予了人类精神不断变化的能量形式”。阿克顿在1898年致函《剑桥现代史》（*The Cambridge Modern History*）的撰稿人的一封信件中，表达了他对普世史的看法：“我所理解的普世史，是所有国家历史之总和的一种独特的形式，它不是一种松散的结合，而是一种持续的发展，它不是记忆背负的重担，而是灵魂受到的启迪。普世史的发展一脉相承，各个国家在其中都处于从属地位。各国的历史终将被叙述，但这并不是为
234 了各国自身的利益，而是根据它们为人类共同命运所做贡献的时间和程度，参照并从属于一段更高的序列。”

这种主要以道德的眼光来审视历史学家工作的观点遭到了曼德尔·克雷顿（Mandell Creighton，1843—1901年）的质疑，他反对让历史学变成道德科学的一条分支。亨利·李（Henry Lea，1825—1909年）以是非观念在时空上的相对性为由，也对上述观点进行了

① 詹姆斯·布莱斯（James Bryce 1838—1922），英国法学家、政治家、历史学家。——译者注

批判。他主张，在考量人的行为时，必须要参照当时、当地的道德标准。但他的批判并未在相对于情境的、可变的行为模式与不变的道德价值之间作出区分。李在结论部分假定我们能够判定一种道德观念是“扭曲的”，此时他暗指了那种不变的道德价值的存在。他说，“把他（即西班牙的腓力二世）描绘为一种扭曲的道德观念的必然产物”，这是遵循科学方法的。美国历史学家塞耶（W. R. Thayer，1859—1923 年）重申了道德的观点，他写道：“正义的精神在外在化的过程中可能会采用不同的形式，但它本身不会改变。所以，人对他人的忠诚、对邻人的友善以及自我牺牲，这些都是人性中始终不渝的要素，就跟铁、金、氧是化学世界中不变的元素一样。”

利奥波德·冯·兰克（Leopold von Ranke，1795—1886 年）反对从任何带有主观偏见的立场出发进行历史研究，他被公认为当时首屈一指的历史学家。尽管兰克的一些同胞对他提出了激烈的批评，但不少德国以外的历史学家却深受其作品的启发，并继承了他的方法。他坚持通过“纯然的客观性”，依靠与所要研究的时段时间相近的史料，来不偏不倚地研究历史。尽管他声称要跟先验哲学划清界限，但在黑格尔的影响下，他仍然试图将每个时代都描绘为表达了一种基本的普遍思想，并且随着新思想诞生并得到综合，每个时代都会迈向一种愈发全面的生活。兰克把研究历史作为他毕生的志业。在他的第一部著作《拉丁与日耳曼民族史》（*Histories of the Roman and German Peoples*，1824）中，他写道，作为一名历史学家，他希望“如实直书”。为达这一目的，他开始广泛而细致地研 235
究他所要论述的那段时期的文献资料。他坚持认为，历史学家的终极目的在于普遍历史，只有具备了通晓全局的视野，才能对细节进行恰当的研究。他自身所向往的理想状态是，“纵览古今世界……以不偏不倚的目光看待普遍历史的发展进程”。但若要研究普遍历史，就必须对历史的细微之处进行周密的探究。兰克强调要对不同种族、不同民族、不同时代的独特性与特殊性给予承认。随着世界历史联系在一起，人们必须公正地看待伟人在各自特定的民族当中的个性。历史主要是“某些智者所造就的，他们或多或少地达成了一些条件，也各自产生了一定范围的影响”。但伟人都是在他们身处的时代和境况的普遍发展中产生的。有人认为，兰克的兴趣主要在政治方面，这种说法有一定道理，但兰克也经常提到文明。尽管他的作品往往关注一些特定的时段、国家与个人，但他的目的在于揭示它们对于文明发展所做贡献的内在意义。兰克对沃尔特·司各特爵士（Sir Walter Scott）的历史小说颇为反感，他称，历史的真实“远比浪漫小说更美，更有趣味”。历史必须要“记录我们这种野蛮、强大、善良、高贵、平静、污浊又纯洁的，多样化的存在所做出的行为与经历的苦难，从这种存在的诞生开始，追寻它形塑的过程”。兰克的态度本质上是道德性的，他认为“道德方面的影响控制着国家的盛衰”。他承认宗教在历史上的作用，但他也发现，宗教并不能为我们面临的所有问题都提供解决办法。因此他说，“上帝会出于我们不知晓的目的而发动战争”。他并未鼓吹基督教的历史观。他宣称：“我首先是一名历史学家，然后才是一位基督徒。”

跟兰克同时代的法国人基佐（F. P. G. Guizot，1787—1874 年）
236 致力于对文明进行专门的研究。他最负盛名的著作是《欧洲文明史》

（*The History of Civilization in Europe*，1828）和《法国文明史》（*The History of Civilization in France*，1830）。他写道，历史哲学“就在于阐明事件之间的联系……事件的原因和结果”。他本人对社会和个人的理想状态怀有特别的兴趣。他问道：文明是善是恶？有人谴责它“为人类带去了太多灾祸”；有人却赞美它“是人类取得最高的尊严与成就的手段”。一种包括全体人类在内的普世文明是否存在？人类的命运就是通过一代又一代的努力来实现这一普世文明吗？基佐确信，这就是人类在世间的命运。文明尚处于初生的阶段。许多人对文明当中显而易见的社会层面的内容印象深刻，因而他们只能够认识到那些满足社会需要的事物，而无法认可那些满足个人需要的事物。不过，在宗教、文学和艺术领域却存在着不少个人方面的满足。文明并不只包括那些促进社会福祉与社会幸福的事物。它还包括了个人心灵的发展。文明体现在“社会体系的改善和人类心智与能力的提升”上。基佐在上述两部著作的开篇都援引了一段话，这段话来自一位不知名的作者：“人类社会在尘世间诞生、延续并死亡；在那里，它们完成了自己的命运。但它们并不包含人的全部。在人投身社会之后，人的本性之中仍留存有更为崇高的部分；人凭借那种高尚的能力，高升到上帝那里，高升到了来世，高升到一方不可见的世界的不可知的幸福之中。我们都是个体，我们每个人都是各不相同的、独一无二的存在，但我们的人格是同一的，我们生来便能够真正地永生，我们的命运高于国家的命运。”基佐称，这段话所涉及的诸多问题“在文明历史的终末”都困扰着我们。①

---

① 基佐对这类问题给出的答案暗含在他的宗教观中，我们曾在第五章中讨论过。

基佐强调了人类迈向自由的进步。宗教改革是人类思想解放的关键一步。英、美、法三国的政治革命战胜了绝对的世俗权力。但
237 在这些革命结束后的这段时间内，基佐却觉察到了某种政治集权的趋势，因而也发现了对自由的某种限制。有一项普遍的革命成果并未受到严重的影响：探究的自由，这是“现代社会最为重大的事实之一”。总的来说，虽然速率和程度不尽相同，但文明的两个方面——个人与社会——都在稳步发展。基佐强调了现代西方文明的丰富价值。西方文明的诸多组成部分会努力奋斗以获得统一，但它们只是愈发接近统一，却从未完全实现统一。“人在反思自己的命运时认识到其中有三种不同的根源，而且可以说，人把构成整体的事实分为三种不同的类别。人意识到，自己要服从于某些事件，这些事件是规律的结果，是普遍的、不变的，是独立于他的意志的，但凭借自己的智性，人能够观察并理解这些事件。通过其自由意志操控下的行为，人也创造了一些事件，人知晓自己是这些事件的创造者，这些事件会带来一些后果，并进入人的生命组织之中。最后，人也会经历一些事件，在人看来，这些事件既不是那些普遍规律的结果，没有任何事物能让人脱离这些普遍规律，也不是人的自由行为，对于这些事件，人既不知晓原因，也不知晓其中的道理，更不知晓是谁的创造。”人可以把最后这类事件归因为偶然（这“什么也解释不了”）或上帝。

托克维尔（A. C. de Tocqueville，1805—1859 年）在某些方面与基佐的总体看法一致，他也认为，古往今来，社会始终都在朝着平等不断迈进。他们的同代人圣伯夫（C. A. Sainte-Beuve，1804—

1869 年）对这种观念提出了质疑，他警告说："从远处观之，历史会发生一种嬗变：它产生了一种错觉——最为危险的错觉——即历史是理性的。愚蠢、野心，以及构成历史的千奇百怪的意外事件，所有这一切都消失了。每一次意外都变成了一种必然。基佐的历史太过符合逻辑，这不可能是真实的。"尽管如此，自基佐的时代以来，有许多历史学家都相信文明取得了广泛而普遍的进步。美国历史学家希尔（D. J. Hill，1850—1932 年）主张说，"在人性之中存在一种价值尺度，可以用它来估测艺术、工业、经济、政治、文学和哲学方面的进步或倒退"。

随着关于自然世界的科学在 19 世纪取得进步，一部分学者探索 238
用类似于自然科学的方法来研究"历史科学"的可能性也就不足为奇了。在第八章中已经见到，巴克尔意欲实现的正是此类研究方法。1874 年，泽尔菲（G. G. Zerffi，1821—1892 年）在位于伦敦的英国皇家历史学会上发言时谈道，"要通过严格的科学方法，使一切历史现象"服从于"因果律"，他还宣称，如果假定偶然性、预定或自由意志存在，那么对历史进行科学研究便是不可能的。在后来的一篇关于"历史科学"的文章中，泽尔菲写道："历史学家最重要的职责就是向人们证明，事实不可能以其他方式发生，如果是相同的原因在发挥作用，那这些原因必然会产生同样的结果。"美国历史学家亚当斯（G. B. Adams，1851—1925 年）相信，历史科学与自然科学极为相仿。他提问道："历史学家处理的客观史实，即民族在过去的种种行动，它们的发生是不是被依照固定法则发挥作用的力量所决定的？而且在性质和操作方法上，它们是否类似于在自然科学领域发挥作用的力量?”他回答说：“我坚信，在这层意义上，历史就是一门科学。”在美国，所谓“新史学”（The New History）一派的倡导者相当赞同这一观点。他们强调心理学、民族学、人类学、社会学和政治学等科学在现代取得的进步，并主张历史学本质上是这些科学所获成果的协调合作。这些科学对于历史研究的重要性是毋庸置疑的，但即使把它们都统合在一起，也无法构成历史学家们所关注的那种历史。梯加特（F. J. Teggart，1870—1946 年）声称，这种“新”史学与旧史学之间的区别，仅仅在于它们选择了不同的事实资料来进行思考。即便如此，新史学也不像其倡导者所认为的那样新。正如施赖奥克（R. H. Shryock，1893—　）指出的那样：“对社会史、文化史更为广泛的兴趣在整个 18 世纪和 19 世纪始终如一。”J. R. 格林（J. R. Green，1837—1883 年）的著述，尤其是他的《英
239 国人民简史》（*A Short History of English People*，1874），就是一个杰出的范例。1903 年，J. B. 伯里（J. B. Bury，1861—1927 年）在剑桥大学发表题为“历史的科学”的就职演讲，他并不认为“科学的”就意味着要采用自然科学所运用的方法和概念。历史学要通过对史料进行系统的、详尽的分析，对未来和过去都给予足够的关注，并对历史的统一性和连续性加以理解，这样一来历史学才是科学的。

有的学者曾尝试建立一门更具体地研究社会心理的历史科学。丹纳（H. A. Taine，1828—1893 年）试图通过研究“民族心理”，特别是反映在艺术和文学中的民族心理，来探寻历史的本质。兰普莱希特（K. Lamprecht，1865—1915 年）立场坚定地断言说：“现代历

史科学首先是关于社会心理的科学。”为了把历史学提升到科学的地位，他采用了自然科学的方法，主张文化史要遵照集体心理学的路径。尽管他持有此类颇具争议性的观点，但兰普莱希特的作品大体上依然遵循着历史学家们所采用的传统方法。是否有很多历史学家为这种意义上的“历史科学”所打动依旧是存疑的。正如 G. L. 伯尔（G. L. Burr，1857—1938 年）所说：“心理学总是因为迷恋规律或类型而辜负自己，历史学则是因为对个体的关注”，个体指的是特定的人物、群体、事件、运动，任何具有固定的名称或者可以用专有名词来进行论述的东西。“历史学是什么，历史学为了什么，必须由历史学本身来发问”，而不应让与历史学相近的其他科学发问。伯尔曾规劝 J. H. 鲁滨逊（J. H. Robinson，1863—1936 年），一名“新”史学的倡导者，开始关注“历史学家们自己对于历史的看法……关注克塞诺波尔，他明确区分了处理重复出现的事实之科学与处理前后更替的事实之科学……关注格罗滕费尔特，他为作为一种价值研究的历史学而辩护……关注摩诺[①]……关注伯里。”比尔德（C. A. Beard，1874—1948 年）写道，当代历史学“已经推翻了物理学与生物学的暴政”，他把斯宾格勒的生物学类比称为“一种不切实际的形态学假设”。“历史学家受其技艺所限，必须要认识到科学方法的性质与局限，并打消以下这种幻想：科学方法能打造一种历史 240
的科学，这种历史的科学能够网罗历史的，或任何长时段的，或过去的事实的全部内容。”

最近这段时间，有一项根本性的问题愈发困扰着历史学家：在

① 即加布列尔·摩诺（Gabriel Monod，1844—1912 年），法国历史学家。——译者注

历史上，普遍综合是否存在？如果存在的话，那存在着什么样的普遍综合？弗林（F. M. Fling，1860—1934 年）早在 30 年前就明确指出了该问题的重要性。D. J. 希尔强调说，从根本上讲，历史中的综合具有质性特征而非量化特征，它的本质是理性的系统，而非普遍的重复："人类的社会生活、文明的进步、政治体制的形成与发展、帝国的盛衰、独立国家间的交往——所有这些变革都属于质变的范畴，无法以量化的方式进行计算，这就要求有一种新的比较方式与理解方式。""既然历史是特定事件的记录，那么其中就没有一件事具有普遍的必然性；既然人类历史的现象不像自然界的现象一般能够精确地重复再现，那么它们就不包含任何可以让人进行绝对概括的材料，因此也就无法揭露任何必然的行动规律。""历史学家的职责并不在于处理各种统一性，或是处理各种普遍的规则，历史学家应当处理人类行为的变化，这些行为的成败是在全国性的努力这一规模上进行衡量的。"不过，对于这种可能存在的综合所具有性质与范围，人们始终抱有相当大的疑问。英国历史学家费希尔（H. A. L. Fisher，1865—1940 年）坦陈："然而我被剥夺了一种智性上的兴奋感。比我更有智慧和学问的人在历史中辨明了一种情节、一种节律、一种先定的模式。这些和谐的事物与我无缘。我只能看到紧急的情况接踵而至，如浪涛般一波又一波，只存在一桩伟大的事实，由于它是独一无二的，所以无法对其进行概括，对历史学家而言，只有一条可靠的原则：他应该在人类命运的发展中认识到偶然性和不可预见性发挥的作用。这不是一种犬儒主义的和悲观的学说。进步的事实在历史的书页上一目了然：但进步并不是历史天生就具有的规律。下一代人的堕落可能会让上一代人取得的成就荡然无存。241
人们的思想也可能会趋向导致灾难与野蛮的路径。”A. J. 汤因比明确认识到了这种说法的某些意义，但他仍有力地证明了，历史存在着某种确定的模式。我们稍后将探讨他的研究。

## 二

“当历史科学正朝着各个方向高歌猛进时，”G. P. 古奇[①]曾在1913年评论道，“历史哲学却进展缓慢。”这种说法现如今仍是正确的。一些历史学家极力贬低历史哲学，甚至将之视为他们的眼中钉。而在哲学家之间，它遭遇忽视的程度超越了其他任何哲学主题。历史哲学的一些早期形式或许可以证明，历史学家们持这种态度是有道理的。就如一些早期的自然哲学同样被现代科学家嗤之以鼻。但是，正如这些早期的自然哲学逐渐被科学的批判哲学所取代，历史的批判哲学也在得到发展。早在1880年，德国历史学家恩斯特·伯伦汉（Ernst Bernheim）在他的《历史研究与历史哲学》（*Historical Research and the Philosophy of History*）中就曾抱怨过二者之间“非自然的疏离”。他首先批判了在历史哲学领域占主导地位的几种类型，接下来在历史研究及其方法的基础上，他对历史哲学应当采取的研究路径提出了建设性的建议，以此来促进历史研究与历史哲学研究间的协作。他把早期的历史哲学分为两类：

① 即乔治·皮博迪·古奇（George Peabody Gooch，1873—1968年），英国历史学家。——译者注

(1) 观念论—哲学的；(2) 自然论—科学的。伯伦汉指出，这两类历史哲学在原则和方法上都是片面的、不完善的。他想要迎接一种“新”的历史哲学，这种历史哲学与经验性的历史研究紧密相连，将“问题视作一个整体”。历史学并不只是“叙事”（erzählend），而是一门独特的科学，有着自己的研究方法。历史学不仅要对特殊的事物（事件、人物、群体、时代）进行说明，还要在本身就具有特殊性的“整体”之中寻找特殊的联系。自然科学方法可重复的“普遍性”在历史上有一席之地，但它本身的“普遍性”就是系统的“整体”。无论怎么谈论“自由意志”，怎么谈论自发、偶然、新事物的萌生，这
242 些事物都必须在历史中得到承认。他指出，历史哲学的一切问题都可以被归入这两种探究之中：有哪些推动历史发展的因素？历史进程中的“价值结果”是什么？伯伦汉提出的批评可能比他给出的建设性意见更富有意义。不过他最具价值的创见就在于提出了这两类问题，因为这指明了一种朝着历史哲学的现代形式的过渡。

没有人能够信誓旦旦地说，历史哲学的现代形式已然发展成熟了，但从一些先导性的著作中已经能够辨明它的特点。德国哲学家们贡献了一批最为卓越的早期作品，但并非所有杰作都出自德国哲学家之手。1883 年，威廉·狄尔泰（Wilhelm Dilthey，1833—1911 年）在他的《精神科学引论》（*Introduction to the Sciences of Mind*）中提请人们注意适于研究历史事实的方法与适于研究物理性质的方法之间的差异。文德尔班（W. Windelband，1848—1915 年）在他的演讲《历史与自然科学》（“History and the Natural Science”）中重申并详细地阐述了与狄尔泰相同的观念。格奥尔格·齐美尔（Georg

Simmel，1858—1918 年）在《历史哲学问题》（*The Problem of the Philosophy of History*，1907）中提出了一个关键问题："历史何以可能?"他提问的方式类似于康德的问法："知识何以可能?"齐美尔全神贯注于历史记录何以可能的认识论问题，他并未指明，历史哲学的一项根本问题就在于探究历史实际的终极基础。然而，历史哲学关注的是历史实际而非历史记录，历史记录本身只是历史实际的一个方面。

1887 年，意大利学者安东尼奥·拉布里奥拉（Antonio Labriola，1843—1904 年）已经指明了一些研究方向，但他的著作《历史哲学问题》（*The Problems of the Philosophy of History*）却并未得到太多关注。历史哲学并不是从一些先入为主的哲学观念出发来写作的"普遍历史"。它主要是对历史科学的方法、原理与体系进行研究。历史学不应被看作与自然科学拥有相似的特点。后者不需要讨论其研究对象的时空限定，但对历史学而言，这些特殊的构型却是至关 243
重要的。我们需要一种与心理学的遗传观点不同的关于历史文明的后生（epi-genetic）理论。他告诫说，不要把特殊的统一观念强加于历史事实之上，这是概念论者共有的谬误。我们不应预设任何形式的统一性。他同样对以下这种看法的正当性提出了质疑：把进步的观念极为笼统地应用于人类取得成就的整体之上。他坚信，对历史上的不同潮流进行分析并作出区分是相当有必要的。这样才更能够弄明白历史实际上是遭遇了倒退还是取得了进步。但拉布里奥拉后来认为自己在经济状况的发展序列与相互关系中寻觅到了历史的主要原则。与马克思和恩格斯一致，他也把这一原则称为"历史唯物主义”。

尽管罗马尼亚历史学家克塞诺波尔（A. D. Xenopol，1847—1920年）明确表示，他的著作本身并不属于历史哲学的范畴，但他坚信，历史的一些关键侧面对其作品具有重大的意义。他主要强调的是，历史学关注“前后更替的事实”，与那些主要关注“重复出现的事实”的科学判然有别。历史的前后更替无法用从自然界可重复的过程中总结出来的“普遍规律”来描述。用具有独特意义的综合思想来表达，历史的次序（sequences）可以被称为“序列”（series）。这些序列从未以相同的方式重复过，它们的时间关系与空间关系也不尽相同。克塞诺波尔承认，前后更替的历史事实之间存在因果关系，他也讨论了历史中因果关系的本质。在众多历史原因之中，他认识到了个人和群体的意识状态的重要性。“这种意识状态构成了一股力量，没有这股力量，其他任何原因都无法发挥作用。”不过，把历史上的因果关系仅仅归结为这股力量，或仅仅归结为此前出现的各种现象，都是“不准确的”。他对历史中存在的“无意识的力量”也给予了充分的关注。“人们看到，无意识是如何在事件的发展中渗透进其方方面面的。”历史的一种“基本思想”是，只有在事件发生之后，才可能把它看作是某项原因所产生的结果。

244 克塞诺波尔提出了价值与历史的关系问题，尽管他对这一问题的论述尚不够充分。他在这方面的主要关切是主张在历史写作中消除道德判断，或将道德判断减少到最低的限度。他并未认识到价值问题对历史哲学更广泛、更深刻的影响。但这一问题在芬兰历史学家格罗滕费尔特（A. Grotenfelt，1863—1941）的著作中得到了细致入微的思考。在《历史中的价值衡量》(*The Estimation of Value in History*，1903)中，他认为，当历史学家着手完成这门科学的最高任务时，他便无法完全回避哲学的那些重大问题，包括衡量价值的问题。在后来的一部著作当中，格罗滕费尔特考察了在历史上各民族的共同意识中、在历史学家的工作中以及在历史哲学中，以经验的方式发现的价值与价值判断。他得出的结论是，尽管历史只与“相对性的、时间性的实在与价值”直接相关，但“绝对的”、“超越时间的”价值也必须得到承认。我们必须要把实际历史中的理想状况，构想为通过这些绝对价值的阶梯，构想为这些绝对价值的象征。他表达了自己的“信念”：一个人能够从时间性的价值通往超越时间的价值的“点”就在于“个人纯粹的、切身的、内心的感受(Gesinnung)”。

海因里希·李凯尔特(Heinrich Rickert，1863—1936年)对现代历史哲学进行了最为细致全面的先驱性研究，他与恩斯特·特勒尔奇(Ernst Troeltsch，1865—1923年)齐头并进，后者的研究也几乎同等重要。此处仅能提及他的核心论点。李凯尔特相信，历史哲学的出发点是历史科学的逻辑，因而他的主要著作都致力于研究历史科学的逻辑问题。每一种知识的对象都可以被“普遍地”看待，因为它与其他同属一类的事物具有一些共同特征；也可以被“个别地”看待，因为仅凭它本身就能够判定一些内容。虽然历史学需要一定的普遍化，但其逻辑方法主要还是“个体化”的，因为历史学必须处理一个人、一个民族或其他群体、一个年代或其他时段的问题，历史学必须研究其特殊性，将之视为个体。历史学的“普遍性”

不同于自然科学抽象的普遍性，它是一个“整体”，在整体之中，
245 “特殊性”亦有其意义。“历史联系的‘普遍性’除了历史整体本身之外，别无他物；它不是一套普遍概念的系统，因为历史学总是从特殊性、独特性和个体性的角度来思考一切事物。”历史上的进化意味着新事物的出现，因此这不同于自然科学所总结的“规律”中隐含的重复与恒久的统一性。在历史中应当寻找因果联系，但李凯尔特指出，所有实际的原因都是特殊的，要与“规律”的概念性概括区别开来。不应当认为人类自由跟“毫无来由的行动”有关。李凯尔特的作品强调的第二个重点是价值与价值判断。在历史上，与价值无涉的事物对我们来说是没有意义的。每一位不仅局限于他那一隅之地的历史学家，在判定他认为什么东西比较重要或不那么重要的时候，都会涉及历史哲学的这方面内容。但是，与合格的历史哲学面面俱到的态度相比，历史学家的态度往往是较为片面的，因为历史哲学蕴含了一整套价值体系。有没有可能提出一套价值体系，使我们能够把握历史整体进程的意义？如果可能的话，那如何才能做到？历史学家在历史中找到了普遍的价值观念，但任何只是经验性的或只是相对主义的价值观都是欠妥的。思想需要一些“超越”历史事实的、理想的规范与标准，而我们以某种方式领悟了这一内容，并参照它们来评判历史事实。因此，李凯尔特与文德尔班和特勒尔奇一道，转向了对于绝对的超验价值的肯定，并把康德的批判哲学方法嫁接到了历史学之上。在这样做的过程中，所有这几位学者都极为强调超验规范的概念，以至于他们无法把其历史哲学的个别化方法应用于特殊的实际价值经验当中。李凯尔特似乎也感知到，

这种超验价值的客观性之基础存在着某种困难。因为他拒绝从历史上实际的人物、群体和事件过渡到超越它们的绝对者上去，他宣称，超验实在（Transcendent Reality）的概念对于历史哲学来说是“无益的”、“完全空泛的”，事实上，要是有了这一概念，那么历史学领域就会失去一切意义。有人可能会评价说，对于“超验价值”的客 246
观性与历史实际的关系，李凯尔特并未形成一种清晰的认识。此外，尽管李凯尔特在这一领域完成了卓越的先驱性工作，但他并没有构造一套综合性的、系统化的历史哲学。

这一批德国哲学家大都在进行逻辑分析，研究价值判断的性质，他们对普遍综合的问题并不十分重视。而这一问题是亨利·贝尔著作的主要关切。贝尔自1900年起就开始主编《历史综合评论》（*La Revue de Synthèse historique*）杂志，他把在这一过程中所采取的一些基本的观念与方法，汇集在《历史中的综合》（*La synthèse en histoire*，1911）一书之中。他对历史哲学的一些早期形式提出了尖锐的批评，通过援引费希特的一段话，他单独挑出了一个例子来说明他尤为反对的那种观点：“哲学家以哲学家的方式忙于研究历史，哲学家遵循着世界计划的先验进程，这一计划对他来说是一目了然的，**不需要任何来自历史的帮助**便能知晓；如若哲学家要利用历史，那也不会要求历史证明什么是可能的……而只是通过例子来证实，并且在历史的真实世界中利用那些不需要历史来提供帮助便已然被理解的东西。”另一方面，贝尔主张，职业历史学家的作品仅仅局限于利用庞杂的资料与文献仔细地搜寻并记录事实，这是不够的。对于科学知识来说，“综合”是必要的，而贝尔的著作就致力于讨论“历史综合”的性质。他把这部作品称作一部“逻辑论著”，认为它主要是对历史哲学进行初步的研究，并未阐述一整套体系。有一部分论述（主要是德国学者）显示出，与自然科学对统一性与重复性的关注不同，历史学只关注个别与特殊；另一部分论述（主要是法国学者）试图用普遍的社会学原则来描绘历史。贝尔对以上两种论述都进行了批判。他反对某些历史学家贬低一切历史哲学的做法。他坚信，历史哲学思考的是历史学家必须面对的问题，他也就这些问题提出了他的一些建议。他几乎讨论了当时所能获得的一切关于这一
247 问题的文献，但奇怪的是，他却没有提及他的同胞勒努维耶，尽管他与勒努维耶在基本思想上有诸多共通之处。

尽管贝尔的理由并不充分，但他仍指责李凯尔特一派的学者在“自然”与“历史”之间制造隔阂。历史上发生的独特事件并不纯粹是无序的：只有具备了连续性或发展性，它们才会得到历史学家的关注。随着事件的发展，除了变化之外，还存在一项不变的要素。历史在自然之中，自然也在历史之中。尽管可以区分各自的具体特征，但必须承认它们之间恒常的联系。“只有随着对原因的理解不断深化”，历史学家未来的工作才能得到正确的引导。“在历史中寻找原因，总是由经验论者摸索着进行的，也是由哲学家以一种简单的方式所构想的，但却不是由逻辑学家以确定无疑的方式组织进行的”。在“历史中的因果关系”一章中，贝尔强调要对不同种类的原因有所认识。“历史中综合的主要问题”就在于“规律”（如自然的规律）与“偶然性”和“缘由”（他用这个词来代替常用的“终极原因”）之间的关系。贝尔把偶然性当作机缘和个体性的某些形式来

进行讨论。对于历史来说，即使与规律相关，也存在着偶然的因素，因为“何时”“何地”能够在研究中发现这些事物，取决于某种在特定时间和地点存在的东西。偶然性在很多方面都是显而易见的，譬如有人会说，如果克利奥帕特拉的鼻子再大一点，历史就可能会截然不同。但贝尔坚持认为，思考偶发事件必须要结合这些事件的整体背景，这样一来就能够发现，历史并不是被偶然性所主导的。个体性的偶然存在于个人、群体、地理环境与时段之中。但这些事物之间都存在着某些统一性，它们的独特性也与之相关。一部分历史学家夸大了偶然性的作用，而另一部分历史学家则过分强调历史中的个体性，除了那些与“规律的秩序”或“缘由的秩序”有关的事物。贝尔最为强调后者，因为后者与心理因素相关。心理学是历史（记录）的辅助，因为历史（实际）“是灵魂（心理）的萌生与发 248
展”。进一步说，基础存在于个人之中。“我们总是会转而依靠个人。”“群众不会思考；一个族群，一个民族，在危急的状态下不会思考，也不会创造思想，它所用的是它已然获得的思想。”“是个人在进行创造。”但贝尔的历史综合观念的本质是，个人的思想与创造总是与（物理世界的）规律，与社会和“理性的法则”（与所追求的目的有关的思维逻辑）紧密相连。

## 三

贝尔本人并未尝试过进行普遍的历史综合。但他曾组织其他学者为之撰写不同的章节。任何此类合作完成的项目所产出的成果，必然不如单一历史学家的作品那般融贯统一。阿诺德·汤因比所著的《历史研究》[1]，因其范围，细节，对因果关系的深入探究，对统一性的理解，对诞生、成长与衰败的描绘以及对历史基本性质、基本意义的思考，成为了人类迄今为止所完成的最接近普遍历史的杰作。在论及这部作品之后，本书的任务也就理所当然地完成了。以此处有限的篇幅，即便是一段简短的总结也是难以完成的。但也没有必要做此总结，因为确切地说，我们关注的是他对于历史之性质与历史之阐释的省思。

汤因比并不是以一种不偏不倚的旁观者姿态来书写历史的，他意识到自己也是历史的参与者。他曾诉说过他似乎“与特定历史事件中的行动者有了片刻的交流”的场景。在一次“难以名状”的体验中，他“立刻便意识到，历史的流逝就如一股浩荡的水流缓缓淌过他，而他自己的生命就如这澎湃潮水中的一朵浪花一般涌动”（X. 139）。尽管历史的内在本质可能需要通过这样的方式从内心去感受，但历史研究若想要取得一定成果，还需要观念的形塑。对汤
249 因比来说，历史是无数观察现实的视角之一。H. A. L. 费希尔否认在历史中能够发现任何模式或节律，汤因比注意到了这一论述并对此持批判态度，他坚信，现在已经有了足够的证据可以对历史的特征这一问题得出可靠的结论。他反对奥斯瓦尔德·斯宾格勒的生物学类比，也反对他把历史说成是被无所不包的必然性通过一条崩溃和瓦解的规律来支配的。

---

① A. J. Toynbee：*The Study of History*，Oxford University Press，London and New York；I—III 1934；2nd ed. 1935；IV—VI 1939；VII—X 1954.

为了获得正确的视角，作为研究对象的整体必须超越国家，将文明社会更广泛的统一体包含在内。汤因比将其分为二十一类，就他的意图而言，该分类是有效的，但他并未声称这种分类具有“绝对的或普遍的”正当性。从原始社会到文明社会的演化，是“从静止状况到动态活动的转变”（I. 195）。不过他说“即便是在最先进、最发达的文明中”，“绝大多数普通人”的人性“实际上也只是原始的人性”（III. 243）。尽管如此，“处于文明社会当中、但并不完全属于文明社会的”无产者在历史上发挥着最为重要的作用，特别是在宗教领域。我们在此不会详述不同文明的具体细节。而关于文明的成长和崩溃，“挑战”与“应对”这两个概念具有特别的意义。成长与崩溃都取决于文明对自然和社会环境之挑战的应对模式和应对力度，以及应对的成败。历史并不是只是由物质条件决定的。汤因比把重心放在了产生于内部的应对上。应对的成功或失败可能取决于挑战的严峻程度，这是相对于应对者的才能与力量而言的。“有的挑战严峻性较为适宜，它能够刺激受考验的人类主体作出创造性的应对，但有的挑战过于严峻，受害的人类只能就此屈服……最具促进作用的挑战就是那种既不会过于轻松，也不会过于严峻的适中的挑战”（II. 393）。成长的过程与崩溃的过程判然有别。在成长的过程中，“一次挑战激发起一次成功的应对，又产生一次新的挑战，激发起另一次成功的应对，循环往复，直到失败为止”。而在崩溃的过程中，“一次挑战导致一次失败的应对，又产生另一次尝试，导致另一次失败，依此类推，直到崩溃为止”（VI. 281）。自然环境的挑战与 250
不同文明的起源有着极为深刻的联系。健康的文明从来都不是一成不变、停滞不前的文明。“如果想要在起源之后获得成长，仅仅是从动荡的状态归复平静的有限的运动是不足够的。为了将这种运动转化为一种重复的、反复的节律，就必须要有一种活力，迫使受到挑战的一方从平衡进入失衡的状态，让他面临新的挑战，从而激励他作出新的应对，以获得进一步的平衡，最后又开始了新一轮的失衡——循环往复，处在一种潜在的无限发展的过程之中”（III. 119；亦可见 128）。安逸对文明是有害的。物质自然在某种程度上会阻碍文明处于安逸的状态。人们必须不断奋进，以抵御自然的反击，保留他们从自然那里获得的东西。

历史不仅关注对自然的适应，历史也是为了文化目的而适应自然。“一切种族都具备文明化的能力”（I. 238）。不过，虽然种族间的差异是自然现象，但文明间的差异却不能只追溯到种族差异上去。地理扩张并不是评判文明发展的标准。汤因比主要倾向于从相反的角度思考这一问题。“从整体来看，地理扩张与社会崩溃之间的关联无论如何都是成立的”（III. 150；亦可见 134）。尽管在过去可能的确如此，但汤因比的意思肯定不是要排除未来诞生一种世界性文明的希望。一个正在进步的文明中可能有一成不变的技术，而一个正在衰落中的文明中也可能会有发展中的技术。在一个正在进步的文明中，新技术可能会解放人类思想来让它追求其他目标。为此，也为了解决其他问题，汤因比引入了“灵妙化”（Etherealization）一词，用以指称“能量或重心从存在或行动的低级领域转移到高级领域的过程”。灵妙化的范围较大，多样性也较高。外部领域的行动较为次要，而内部领域的行动更为重要（III. 193）。

有一些时段和状况相对而言更适于休憩和巩固，而另一些情况则适于积极的活动和进步。汤因比用中国的“阴”和“阳”这对术语来指称这两种情况。阴的状态涉及习俗的整合，而阳的状态则涉及文明的分化：这是“贯穿整个宇宙的、有节奏的脉动”的两个方面（III. 376；另见 I. 196；207）。有一些充满动乱、挑战十分严峻的时期被汤因比称之为“动荡年代”（Times of Troubles）。在这些年代，人们试图通过把注意力引向过去或者未来，或者通过超然于现世，来摆脱当下的问题。此前正在成长之中的文明之流会遭遇动乱或崩溃，由此引发了一种精神性的问题，而复古主义（Archaism）、未来主义（Futurism）和遁世（Detachment）都是解决该问题的尝试。“未来主义和复古主义一样，都是试图通过跳过或者进入另一条时间之流来逃离令人生厌的当下，同时又不放弃世俗生活”（VI. 97）。这两种方式都失败了。遁世——以汤因比讨论的那些希腊和印度的形式为代表——本质上是一种“智解脱道”，它竭力从情感的束缚中解脱出来。“它并没有为它试图解决的问题提供一种解决方案。”还有第四种可能：变容（Transfiguration），与之相关的“隐退与复归”具有重要的意义。因为短暂地从俗世中归隐并潜心于精神之后，就会出现一种复归，其目的就在于变容。这种方式与恒久地逃避世俗的尝试截然相反。 251

汤因比发现，文明本身并不具备完整的意义，所以对他来说，文明便不再是研究的“可理解领域”。他转而思考普世国家（universal states），思考将文明囊括在内的更广的范围。普世国家“发展形成的目的在于遏止战争，以合作替代流血”（VII. 55）。它们代表了“从长期的、无休止动荡年代中”（VII. 43）恢复并休养生息，带来了政治层面的统一感，并延续了其创造者和继任者们造成的影响。普世国家的公民将其视为人类不懈奋斗所追寻的目标，崇拜它们，并认为这些普世国家是不朽的。但历史无一例外地证明了，普世国家并不是人类奋斗的真正目标。它只能够带来短暂的和平。
252 尽管如此，普世国家在历史上带来的利好仍然具有极为重大的意义，这些利好是通过通讯系统、殖民地、语言、法律、历法、文官制度和货币来实现的，此外还有公民制度，因为公民制度并未完全贯彻执行，所以发挥的作用不那么显著。汤因比认为，尽管普世国家有时会迫害并试图压制宗教，但其主要受益者还是普世教会。普世国家的本质纯粹是人本主义的，这样一来，普世国家便不足以应对历史上的问题。“唯一能够包容全人类的社会是一座超越人类的‘上帝之城’（Civitas Dei）；倘若构想一个能够包容全人类的社会，但它又只包容了人类，那这只是一种纸上谈兵的妄想。”（VI. 10）

普世教会是比文明或普世国家更高级的社会类型。汤因比认为有四种普世教会：印度教、大乘佛教、基督教和伊斯兰教。在他看来，在某种意义上，四种普世教会在精神方面是等同的，没有一种是圆满而完美的，但每一种都代表了人类精神追求的突出方面。它们表达了人性的多样性，每一种教会都满足了某些“广泛存在的人类需求”（VII. 442）。它们是由“正在衰落的社会内部的无产者创造的”（I. 99）。它们诞生于动荡年代。这些普世教会的“显著标志”是，无论其信众如何看待其神性，“他们都有一位独一真神（One True God）作为其成员”。“这种人类与独一真神的交谊，在原始社会中就已经开始形成，在高等宗教中已然达成，这种交谊赋予人类某些关键的美德，而这些美德在原始社会或文明中都不存在。它赐予人类力量以化解分歧，这种分歧是人类社会的痼疾之一；它为历史意义这一问题给出了一种答案；它激发了一种行为理想，这种理想能够对那些凡人所不能及的力量构成一种强有力的精神激励，使人类生活在这个世界上成为可能；当摹仿（mimesis）的对象不是独一真神而是人类同胞之一时，它还可以用来化解摹仿中固有的危险”（VII. 507）。

从汤因比对历史的探究来看，他拒绝承认针对任何宗教的任何主张“是精神性真理唯一的、最终的启示”（VII. 428，注释 2）。他 253
极为笃定地表达了这种观点。“如果否认神明可能也选定了其他宗教，否认其他宗教足以成为向某些人类灵魂启示他自身的渠道，那在我看来这就是犯了渎神罪。”如果基督教中也有信徒否认这一点，那他就不能自称为基督徒。汤因比的历史观不同于正统基督教的历史观，也就是奥古斯丁、施莱格尔和莱因霍尔德·尼布尔所阐述那种传统历史观。[①]有时汤因比的说法表明他认可基督教关于上帝道成肉身的教义。“正如圣阿塔纳修（Saint Athanasius）所领悟到的那样，上帝必须降临人间，才能让人升往天堂”（VII. 514）。人类的创造者“以仁爱的化身彰显他的能力”（VII. 565）。他谈道，“仁爱感动了上帝，使他化身为人，成为人类的救世主”（VII. 536）。“现在，当我们伫立在此，以双眼凝望遥远的海岸时，一个身影从洪波中升

① M. 怀特先生（即马丁·怀特［Martin Wight，1913—1972 年］，英国国际关系学家，曾在英国皇家国际事务研究所与汤因比共事——译者注）从正统观点出发对汤因比的立场提出了批评。怀特先生的做法似乎也证实了这一点：VII，附录三，第 737—748 页。

起，顷刻便填满了整个地平线。那便是救世主……”（VII. 278）。他称，《新约》故事的根本就在于那些跟神有关的事件之独特性。但《新约》故事是对真实史事的记录，还是一种诗的形式呢？他提问道：“上帝是否会因为人类的否决而被禁止通过诗歌（Dichtung）来显露自身呢？若上帝会如此，那么他是否也会因人类的否决而被禁止用真理（Wahrheit）来显露自身呢？”（VI. 附录 538）。但随着他对所有这四种普世教会进行深入思考，他推测说，“在下一个世代，即在此之后人类历史普世化的时代，从第二代文明的废墟中萌生出来的四种高等宗教，互相之间注定会有一次密切的精神碰撞，无论这重大的即将发生的精神事件的结果如何，它显然可能会开创这个世界上人类生命的新纪元”（VIII. 628）。

汤因比对历史的终极阐释从根本上说是宗教性的。在此有必要把他关于精神生活的一些论述总结起来。在一篇附录当中（VII. 701—715），他探讨了“有利于精神进步的境况跟有利于世俗进步的境况”之间互相对立的性质。在一项似乎不足以支撑其结论的
254 探究中，他把这一对立写成是“宗教的律法”。不过，“为了更广泛意义上的精神生活”，可以“违背”该律法，这涵盖了“审美的与非宗教的文化经验和活动”（VII. 702—3；547）。他得出了两项结论：（1）“在对于荣福直观①这一宗教目标的追求和对于任何形式的物质权力的追求之间，存在着内在的不相容性”；（2）“精神活动的世俗脉络就是一个中间项，它介于宗教与对物质权力的追求之间”

① 荣福直观（Beatific Vision）指的是个人与上帝终极的、直接的交流。个人若能达成荣福直观，便能够获得圆满、完美的救赎并升入天堂。——译者注

（VII. 710）。在世俗文化的各种体验中，汤因比讨论了音乐、诗歌（文学）和视觉艺术，但没有涉及自然科学领域的知识成果。“挑战”与“应对”这对关键概念也应当被应用到宗教领域。精神与物质的对立本身就被视为具有重大的意义，在这一对立之中存在着一种对于决策的质疑。个人拥有做出关键决策的自由，这是历史所揭示的现实的基本特征。尽管汤因比把自由说成是“相对的”，但其论述的一般含义是，从本质上讲，自由是绝对的：相对性指的是在不同的情势下行使自由有不同的方式。他充分认识到这是历史的基本要素，而许多哲学家、历史学家和神学家却忽视、淡化或否认了这一点。善恶、生死之间的挑战，“来自上帝，这些挑战可以在人类灵魂中激发创造性的应对，而这些应对是真正自由的人类行为”（IX. 382）。通过在人类面前树立起“一种精神圆满的理想状态，人有充分的自由接受它或者拒绝它。仁爱的律法让人有犯罪的自由，也有成圣的自由”（IX. 405），上帝向人类发起挑战。负罪者有机会通过苦难来学习、悔改，寻求上帝的恩典以获得帮助。人类与上帝沟通的渠道并不是智性方面的，而是“潜意识的”。各门宗教都利用了从自身以外获得的智力形态，并常常受其束缚。“基督教会作为一个机构，一直深陷于它自己编织的希腊化神学之中”（VII. 484 注释 1）。汤因比反对任何用当代思想来表达我们这个时代的宗教的尝试。不进行这样的尝试，摆脱了过去的纠葛，那宗教想必也就没有了智性方面的 255
确切表达。这表明，只要能够达成这一目的，（作为宗教的）精神生活将仅仅是一种对于荣福直观的神秘体验（VII. 475 注释 1）。

尽管汤因比称，历史真正的关注点“在于社会生活，无论是其内部方面还是外部方面”（I. 46）；尽管他论述了文明社会、普世国家和普世教会，但在他对于历史的阐释中，特定人物的个性似乎具有根本性的地位。尽管个人的一生显然不可能完全处于孤立的状态，但每个人的灵魂却是独一无二的。“一切精神现实都在于人，因而一切精神价值亦在于人”（VII. 562）。“社会是也只可能是人类个体进行交流的一种媒介。是人类个体而非人类社会创造了人类历史”（III. 231）。社会只是“人与人之间一种特殊的联系”（III. 223）。这符合汤因比的一项主要论点，他在整部著作中通过各种方式对其进行了阐述：任何一类人类社会本身都不具备完整的意义。创造“归功于有创造力的个人，或至多归功于有创造力的少数人”（III. 239），“当然，在有创造力的少数人背后还存在着有创造力的个人”（III. 365 注释）。他对于内向性的强调暗含了个人的实在性，这尤其体现在他对历史的基本理解中。“正是通过人格的内向发展，人类个体才能够在其外向的行动领域中，施展那些推动人类社会发展的创造性行为”（III. 239）。发展的标准“存在于迈向自决的进步中”。任何社会组织本身都无法成为“灵魂的精神性救赎的替代品”（IX. 347）。当“我们从宗教历史的角度来进行思考”时，认为个体灵魂（包括那些过去的灵魂）自始至终都是“为了社会而不是为了他们自己或上帝”而存在，这种观点是“令人生厌”且“难以想象”的，在宗教历史当中，“个人灵魂通过现世逐渐接近上帝……这就是具有至高价值的目标”（VII. 564）。“如果我们认为人类的真正目标是
256 ‘永远颂扬上帝，永享上帝的恩典’，我们就必须相信，每一位被上帝擢升到人类的精神地位的生物都有机会获得这能够与上帝相通、

能够见证荣福直观的光荣契机”（VII. 565）。有趣的是，汤因比并未就此对永生的希望和转世的信仰进行细致的讨论。

在第十卷中，有一章题为“探寻历史事实背后的意义”（X. 126—144）。作者援引历史上的经典宗教作品与诗歌作品，构成了这一章的主要内容。在汤因比的著作中还有许多其他的段落揭露了他对历史的终极意义的看法。“历史的视角向我们展现了，物理宇宙在四维的时空框架中离心的运动；向我们展现了，我们自己这颗星球上的生命，在五维的生命时空框架中演化的运动；向我们展现了，人类的灵魂通过其精神天赋被拔擢到第六维，以命定的方式行使其精神自由，或趋向造物主，或背离造物主”（X. 2）。“历史事实背后的意义……是一种上帝的启示，也是与他交流的渴望；圣徒相通（Communion of Saints）才能见到荣福直观，但在追求荣福直观时，我们永远都处于从追寻上帝转向颂扬人类的危险之中……”（X. 126）。上帝永存于历史之中，他总是在历史上施加影响。“圣灵在和平的纽带中获得统一，这一经验唯有诗歌才能传递，这是一种团契的启示，这不是人的作为，而是上帝的行事……”（X. 140）

在他相对简略的对于恶的思考中，汤因比似乎指向了一种凌驾于历史之上的超时间的境况。在乍现的启迪之中，“一种人类的理解可能会领悟到，恶作为一种创造工具为上帝服务，这是上帝在时间中进行创造性工作的实际状况，而这一实际状况在那些更高的界域中被超越了，在歌德的《浮士德》第二部的最后一幕中，一位具体实在的马里亚努斯博士（Doctor Marianus）便步入了那些更高的界域；如果涅槃的概念被理解为意味着消亡，而且是时间中的生命

257 （Life-in-Time）可悲的创造性经验的消亡而非生命本身的消亡的话，那么这种直觉就会为佛教与基督教同享”（IX. 402）。因而他在另一处地方写道：“一个人在此生通过与上帝进行交流**打破时空的束缚**，倘若这种交流成为惯常的行为，他便会从未开化的状态超凡入圣。”（VII. 514）

作者感谢汤因比博士和牛津大学出版社授权引用《历史研究》的内容。

# 索 引

（页码为原书页码，即本书页边码）

光　启
新史学
译　丛

《牛津历史著作史》（五卷本）

第一卷　从开端到公元600年

第二卷　公元400年到1400年

第三卷　公元1400年到1800年

第四卷　公元1800年到1945年

第五卷　公元1945年至今

《全球史学史》

《当代史学前沿》

《历史的机运》

《从希罗多德到人文网络：史学的故事》

《历史与历史学家：理查德·威廉姆·索森选集》

《过去的诞生》

《进步主义史学家》

《从经验主义到表达主义：布兰顿解读塞拉斯》

《时间、叙述与历史》

《历史的艺术：18世纪四位伟大历史学家的研究》

《实践的过去》

《意大利史学专业化》

《牛津世界历史研究指南》

《历史阐释：从孔子到汤因比》

《多向的历史：20世纪的历史学探询》

《从文化史到社会史：战后历史学家的思想轨迹》

**图书在版编目(CIP)数据**

历史阐释:从孔子到汤因比/(英)奥尔本·格雷戈里·韦杰瑞著;冉博文译.—上海:上海三联书店,2025.5

ISBN 978-7-5426-8535-3

Ⅰ.①历… Ⅱ.①奥… ②冉… Ⅲ.①史学-研究 Ⅳ.①K0

中国国家版本馆CIP数据核字(2024)第107699号

历史阐释:从孔子到汤因比

著　　者/[英]奥尔本·格雷戈里·韦杰瑞
译　　者/冉博文

责任编辑/李天伟　殷亚平
装帧设计/吴　昉
监　　制/姚　军
责任校对/王凌霄

出版发行/上海三联书店
　　　　(200041)中国上海市静安区威海路755号30楼
邮　　箱/sdxsanlian@sina.com
联系电话/编辑部:021-22895517
　　　　发行部:021-22895559
印　　刷/上海雅昌艺术印刷有限公司

版　　次/2025年5月第1版
印　　次/2025年5月第1次印刷
开　　本/655mm×960mm　1/16
字　　数/200千字
印　　张/19
书　　号/ISBN 978-7-5426-8535-3/K·785
定　　价/95.00元

敬启读者,如发现本书有印装质量问题,请与印刷厂联系021-68798999